Change Your Mind and Keep the Change

Advanced NLP Submodalities Interventions

こころを変えるNLP

神経言語プログラミング基本テクニックの実践

スティーブ・アンドレアス＆コニリー・アンドレアス

Connirae Andreas, Steve Andreas

橋本敦生＝監訳　浅田仁子＝訳

Atsuo Hashimoto, Kimiko Asada

春秋社

序

スティーヴ＆コニリー・アンドレアスが初めてわたしのＮＬＰセミナーを受講したのは、今から一〇年ほど前の一九七七年の秋でした。以来、夫妻はわたしが教えた数々のパターンに粘り強く取り組みつづけ、それらを繰り返し使って、ついには完璧に理解しました。スイッシに関する第三章を読むと、夫妻が具体的なパターンをどう選び、それを役立てるために、どう徹底的に探求して要点を見きわめていくか、また、尋常でないケースや困難なケースにスイッシをどう適応していくかがよくわかります。

わたしの教え子の大半は、わたしが教えたパターンの成功例について報告してきます。ところが、スティーヴとコニリーは失敗例を知らせてきます。ふたりにとってはそちらの方がはるかに興味深いからです。成功例は既にわかっていることが確認できるだけでつまらないが、失敗例は新たに学べる点を教えてくれるので興味が尽きないというのです。夫妻がいかに主観的体験の多様性とその多様性に潜む規則性に魅せられているかは、この八年間にふたりが行なってきたＮＬＰのトレーニングの質によく表れています。ふたりの指導は全体のまとまりとエコロジー、詳細への気配りで広く知られ、それらは本書にもはっきり反映されています。

ＮＬＰを学ぼうとする人たちはたいていそれまでに開発されたパターンをマスターすると満足してしまいます。わたしとしては、自分が教える具体的なパターンだけでなく、そうしたパターンを生み出した洞察や姿勢、思考過程も学んでもらえたら、これ以上の喜びはありません。ＮＬＰのモデリング・テクニックを使いつづけて、新たに有用なパターンを開発するまでに至る人はそう多くはいませんが、スティーヴとコニリーはそれをやってのけています。もちろん、これも本書にはっきり示されています。第八章「批判に対応するときの戦略」では、重要なスキル――フィードバックを積極的に受け入れる姿勢――をモデル化し、それを明快で優雅な体系に洗練する夫妻の能力が実証されています。

アンドレアス夫妻はわたしが行なったセミナーのビデオテープを元に、『神経言語プログラミング 頭脳《あたま》をつかえば自分も変わる』（酒井一夫訳、東京図書）をまとめてくれました。本書はその優れた続編になっています。心のありようを変える方法をさらに探究したいと思っている皆さんに本書をお薦めできることを心から嬉しく思います。

リチャード・バンドラー

謝辞

もしリチャード・バンドラーのあの創造的な天分がなかったら、本書が誕生することはなかったでしょうし、わたしたちの近年の仕事の多くも遂行されることはなかったでしょう。彼には、人々の生活改善に活用できる新しい方法を次々に教えていただき、また、さまざまな実演やヒントや謎めいた説明でじらしていただいたことを心から感謝しています。抑えがたい衝動を爆発させる方法、「最後の藁で」閾値を越える方法、スイッシ、ゴディバ・チョコレートを使う方法、動詞の時制を変える方法など、本書に紹介するパターンの多くはリチャードが開発したものです。

本書ではわたしたちが開発したサブモダリティのパターンも紹介していますが、これらのパターンにもリチャードから学んだサブモダリティの原理が活きています。わたしたちはリチャードが教えてくれたものの持つパワーにおおいに刺激され、考えました。「ほかには、どんなことにこれを応用できるだろう?」そして、タイムラインや判定基準の変更、内的準拠枠/外的準拠枠が関わる出来事を人々がどのように構成し表現しているのかについての探求が始まり、「批判に対応するときの戦略」ができ上がりました。

わたしたちは触運動覚の状態へアクセスする方法をリチャードから学びましたが、これを最初に開発したのはエド・リースです。わたしたちはこのパターンにデザインの変更方法を加えました。

この三年ほど、こういったパターンを検討しつづけてきましたが、そんなわたしたちに力を貸してくれた数多くのワークショップの参加者やクライアントの皆さんにも心から感謝しています。皆さんは興味深い意見を述べ、きつい質問を投げかけ、指示を実行するためにユニークな方法を編み出してくれました。さらに、主観的な体験の構成方法は信じられないほど多様であることを如実に示すすばらしい実例をふんだんに提供してくれました。

最後に、編集面でたいへんお世話になったマイケル・エリック・ベネットとドナ・ウィルソンにもこうしてお礼を伝えられることを嬉しく思います。おふたりはわたしたちが行なったセミナーの筆記録を起こし、初稿のほとんどを用意してくれましたし、最終稿も念入りにチェックして、本書で使える形にしてくれました。わたしたちだけでは、とうていこんなに早くはできませんでした。本当にありがとう。

こころを変えるＮＬＰ◎目次

序　リチャード・バンドラー　i
謝辞　iii
はじめに　3

第一章　タイムライン　9
時間をどう捉えているかによって、その人の体験は驚くほど影響を受ける。本章では、自分や他者の時間のコード化をどう見つけるのか、それらをどう変更するのかを具体的に説明し、タイムラインを変えることによって重大な個人的変化がどう発生するのかについて、興味深い例を挙げている。

第二章　時間を利用する　55
動詞の時制は、どれを使うかによって、チェンジ・ワークをサポートすることもあれば、望んでいる効果の発生を妨げることもある。

第三章　スイッシ　79
「状況に応じたスイッシ」を行なうときの委細と、聴覚と触運動覚を使ったスイッシのやり方を説明し、「難しい」状況や「特異な」状況でスイッシを効果的に作動させる実例も紹介している。

第四章　判定基準の重要度を変える　121
ときに、「正しいこと」「他者を喜ばせること」「権力」などの判定基準を重視しすぎて、「健康に気をつけること」「他者の要求に応じること」といった他の判定基準を軽んじる人がいる。サブモダリティを利用すれば、自分の判定基準の重要度をすばやく変えることができる。

第五章　抑えがたい衝動を取り除く　173
他の方法ではびくともしなかった食に対する強迫的な欲求、怒り、嗜癖等の強烈な反応も、まず衝動を爆発させ、その後スイッチを使えば、簡単に変化させることができる。

第六章　「最後の藁で」閾値《いきち》を越える　223
破壊的な行動や人間関係から相手を脱出させるにはどうしたらいいのか。

第七章　内的準拠枠と外的準拠枠　255
自分ひとりで「ごく自然に」結論を出せる人もいれば、他人の意見に安易に感心して、ふらふら意見を変える人もいる。本章の情報を活用し、相手が自分で決定を下せるようにしてあげよう。

第八章　批判に対応するときの戦略　281

批判に対してごく自然にうまく対応するにはどうしたらいいのか、その段階的な方法を紹介する。リソースに満ちた状態を維持して批判を評価し、その「フィードバック」をどう活用して未来の行動を改善していくかを判断しよう。

第九章　触運動覚の状態にアクセスする　311

薬物を摂取した状態を蘇らせるのは、単なる娯楽のためだけではない。麻酔剤や鎮痛剤は必要だが、実際に薬物を摂取するときの否定的な副作用はごめんだという人たちは、以前からこの方法を利用している。この方法は、強烈な触運動覚的要素のある状態であれば、どんな状態にも使うことができる。

第一〇章　サブモダリティを使うその他の介入　339

心のありようを変えるための「超短期療法《ブリーフェスト・セラピー》」。卓越性のモデリング。

NLP用語集　357

監訳者あとがき　364

こころを変えるＮＬＰ——神経言語プログラミング基本テクニックの実践

はじめに

　言葉はこんなふうにも役立つものだということを表わす例として、とても気に入っている話があります。それはわたしたちが一九七〇年代半ばにカリフォルニアで実際に体験したことです。そのときわたしたちは友人のマイクといっしょにあるパーティに出かけました。すきっ腹を抱えて会場に到着したマイクは、ダイニングルームのテーブルにチョコレート・ブラウニーの大皿があるのを見て、ついいくつもつまんでしまいました。そして、パーティの主人役から、「マリファナ・ブラウニーをご用意しました。一個でひと晩充分にお楽しみいただけます」と案内があった頃には、もう九個ほど食べ終わっていました。その晩遅く、マイクはかなりでき上がった状態になりました。熱いお湯に浸かったあとが特にいけませんでした。わたしたちがお湯から上がって服を着ていると、マイクがゆっくり大きな声で「今ぼくは左のソックスを履いている。……今度は左の靴を履いている」といっているのが聞こえてきました。スティーヴが笑っていいました。「マイク、実況中継は要らないよ」マイクはそれにゆっくり答えました。「うん、確かにきみには要らない。でも、このぼくが要るんだ」

生活の中で言葉を適切に使うことによって、わたしたちは体験にレッテルを貼り、それらを分類して整理することができます。そうすれば、レッテルによる分類をファイリング・システムのように使い、特定の体験が有用になったとき、それを「思い起こす」ことができます。メニューに並ぶ言葉を見れば、そこに書いてある食べ物の味や食感を思い起こし、どの料理を頼むか決めるのに役立ちます。言葉は食べ物そのものではありません。ただその食べ物を説明しているだけです。これはどうということのない明白な事実のように思えます――メニューを食べようとする人はほとんどいませんから――が、世の中には、ろくに体験したこともないことについて、いくらでも話せる人があふれています。

本書にある言葉はどのように役立つのでしょう？　それには二通りあります。ひとつは、過去のさまざまな体験にアクセスし、それらの新しい有用な組み合わせや配列、活用法を知るということです。今ひとつは、心の機能についてもっと知ることができるように具体的な指示が提供されているので、それらを活用することによって新しい体験を創造できるということです。ただし、そうした指示は道路地図と同じで、時間をかけて実際にそれに従い、自分の感覚を使って現実の土地そのものを体験して初めて役立つのはいうまでもありません。

本書では、皆さんが学習しやすいように、さまざまなパターンをできるだけ明確に系統立てて紹介しています。詳細を説明し、これまでに発生したミスについてもすべて明らかにして注意を促しているので、不適切に使おうと思ってもなかなかそうはいきません。これらのパターンを時間をかけて完璧に自分にものにすれば、クライアントに適用する際の柔軟性や技量を高め、自分の行動が体系的で有効であることに自信を持つことができます。

ＮＬＰをテクノロジー一辺倒だと非難する人がたくさんいます。そこには、冷淡で思いやりが感じられないという含みがありますが、一方でそういいながら、セントラルヒーティングというテクノロジーを使って家を温め喜んでいるのもその人たちです。先祖と同じように火を焚いて、煙にいぶられるような真似はしません。また、そういう人たちは子供の健康を守るために抗生物質や予防接種を利用しますが、その背後にある驚くほど複雑なテクノロジーのことはまったく考えません。

つづりの苦手な子供は、何ヶ月思いやりをかけつづけても、正しくつづれるようにはなりません。常にからかいの種にされ、いつまでも自分は落第だと感じたり反省したりします。しかし、一～二時間ＮＬＰのテクノロジーを使えば、その子につづり方を教え、達成感と自尊心を与えることができます。また、恐怖症の場合、世界中がどんなに共感してくれてもなんの足しにもなりませんが、ＮＬＰのテクノロジーを三〇分使えば、患者は断続的に恐怖に襲われる生活から脱することができます。死の淵にある友は、手を握ってあげれば安らかに死を迎えることができるかもしれませんが、、適切な医療技術を投入すれば、命が助かるかもしれないのです。

もちろん、どんなテクノロジーも、冷淡で思いやりのかけらもないようなやり方で与えれば、間違った使い方をされることもあるでしょう。政略結婚に翻弄されたルクレツィア・ボルジアの映画で

「入院患者の扱い方」を学んだに違いないと思うような看護師や、アドルフ・ヒットラーのような口調のセラピストが話すのを聞いたこともあります。本書はテクノロジーをとりわけ重視していますが、それは、詳細なテクノロジーは結果を出せるとわかっているからであり、「世にも冷淡な」テクノロジーも人間愛と敬意を込めて与えることができるとわかっているからです。

本書で取り上げたパターンの多くは、一九八四年初頭の小さなセミナーでわたしたちがリチャード・バンドラーから直接教わったものです。そのセミナーで学んだ数多くの具体的なパターンは、ほぼすべて本書に収めることができました。しかし、それよりも重要なのは、リチャードが自分の手の内を見せ、微妙な区別をどうつけるのか、具体的な質問をどう投げかけるのか、探求を進め発見を増やすにはどんな手順を踏むのか、といったことまで教えてくれたことです。一方で彼は、特に説明をつけずに実演したり、さまざまな出来事を曖昧に描写したり、こちらをじらすようなヒントをぽろっともらしたりもしました。そういうときには、よくじれったい思いをしましたが、それゆえに好奇心をそそられ、さらに調べてみようという意欲も湧いてきたものです。以来、わたしたちは教えてもらったツールを使い、じりじりさせられるヒントをあれこれたどり、充分に詳細な具体的パターンを開発してきました。こうしたパターンは学習しやすいものになっているはずです。

わたしたちがこれらのパターンをアドバンスト・サブモダリティ・トレーニングで指導するようになって、もう三年余になります。本書の多くはさまざまなトレーニングの筆記録を編集したものです。部分部分をつなぎ合わせ、ひとつのトレーニングの形にまとめたのは、その方が読者が読みやすいのと、生の指導で交わされる会話形式を保ちたかったからです。それ以外の部分は、ビデオテープや筆記録を参照することなく書いています。ほとんどの場面で、わたしたちのどちらが話しているのかを明らかにしていません。何ヶ月もかけてふたりで編集したために、わたしたちにもどちらが話したのかわからなくなっているケースが多いということもありますし、また、どちらが話しているかというのはたいした問題ではないということもあります。もちろん、実演の筆記録にははっきり記されていますし、実演の様子はビデオテープにも収められています。

多くの点において、本書は二年前にわたしたちが編集したリチャード・バンドラーの『神経言語プログラミング　頭脳《あたま》をつかえば自分も変わる』〔酒井一夫訳、東京図書〕の続編といえます。本書は、読者がこれを読んでいるものとし、基本的なサブモダリティのパターンに関して予備知識的な理解があるものとして書いてあります。もしそうした予備知識がないなら、本書に取り上げたパターンの価値を完全に自分のものにするためには、本書を読む前にまず上記の本を入手することを強くお薦めします。

また、本書は各章を順に読んでいくことをお薦めします。体験の配列《シーケンス》、すなわち体系《シンタックス》はＮＬＰの重要な組織原則であり、本書の各章の配列は入念に考え抜いたものであるからです。章の多くは、それに先立つ各章を注意深く読み理解していることを前提としています。それまでの章や『神経言語プログラミング　頭脳《あたま》をつかえば自分も変わる』によって得られる予備知識なしにいきなり途中の章から読むと、素材を充分かつ完璧に理解するのはかなり難しいだろうと思います。〔訳注：巻末に用語集を追加しましたのでご利用ください〕

古いジョークに、人間の脳は「非熟練労働者にも創ることのできる唯一の自己維持型万能コンピュータ」だとするものがあります。しかし、それは取扱説明書のないコンピュータでもあります。NLPが開発したさまざまなパターンは、本質的には人間の「ソフトウェア」です。文化的／社会的なリソースである学習可能な体験を組織化する方法であり、人間の創造性や発明の才が生み出した他のあらゆるものと変わりありません。本書は、わたしたちを今のわたしたちたらしめている精神的なパターン形成を探り、対応の仕方を迅速に変更するときに使えるツールを提供しています。NLPに関する本は、一九七五年にリチャード・バンドラーとジョン・グリンダーが最初の本を出して以来、三十余冊出ていますが、本書もその一角に加わることになりました。そして、これはほんの始まりにすぎません。

スティーヴ・アンドレアス
コニリー・アンドレアス

一九八七年九月

第一章　タイムライン

わたしたちはさまざまな人に出会いますが、たとえば、「おや、彼女は過去に生きる人か」、「彼の頭にあるのは先のことばかりだ。ちょっと立ち止まって花の香りを楽しむなんてこと、絶対にしないタイプだな」、「彼女は今日のためにだけ生きている。この先どこへ向かおうなんて、まったく考えていない」と思うような人に出会ったこともあるでしょう。この三者の特性は、時間を内的にどう表わしているかによって決まります。過去、現在、未来という時間の表わし方は、その人のスキルや限界の根拠になっています。そのために、時間の表わし方を変えなければ調整できない問題も出てきます。

過去のことは「背後に置いて」忘れてしまうという人がいます。そういう人は、まさにそのとおりのことを行なっています。背後に過去を置けば、もはやそれを見ることはできません。それは過ぎ去ったことになります。一方、先のことははっきりわからないという人もいます。そういう人のタイムライン上の未来は実際にぼんやりしています。未来がまったくない人もいます。

時間は体験を組織化するときの非常に基本的な要素です。時間のない世界に生きるのはどんなふうか、考えてみてください。時間がなければ、因果関係が成り立ちません。要求を満たすためになにをしたらいいのか、いつそれをしたらいいのかを知ることができません。ごくまれな例外を除いて、誰にも時間の観点から体験を整理するなんらかの方法があります。

わたしたちは探索を続ける中で、人々の時間の表わし方に興味深い多様性があることに気づきました。既に数多くのグループにタイムラインについて教えましたが、いまだにこれを使って遊ぶのが楽しくてたまりませんし、この先もずっと楽しんでいくだろうと思います。

顕在化の実演

リンダ、あなたのタイムラインを顕在化させてもかまいませんか？（いいですよ）では、まず、なにか単純な行為を考えてください。たとえば、歯みがき、車での通勤、皿洗い、洗顔といったようなことで、過去にしていて、今もしていて、未来にもするはずのことを選んでください。

リンダ：　歯みがきにします。

けっこうです。では、ここで、ずっと以前に歯みがきをしたときのこと――そうですね、五年前のことを考えてもらいたいのですが。

リンダ：　特定の場合を全然思い出せません。

かまいません。でも、五年前に歯をみがいたことはわかっていますよね？　それなら、五年前に歯をみがいたことを思い出したつもりになるだけでいいんです。

リンダ：　わかりました。

さて、今度は一週間前に歯みがきをしたときのことを考えてください。……*（はい、考えました）では次に、今歯みがきをしていると思ってください。……つづいて今から一週間後に歯みがきをしているときのことを考えます。……さらに、今から五年後に歯みがきをしているときのことを考えます。では、今これらを思い描いたときの感覚をすべて同時に感じ取ってください。そうすると、同じことをしているのに、それぞれになにか違いがあることに気がつくはずです。……過去の歯みがきと未来の歯みがきは、どのようにして見わけていますか？　ずっと以前の歯みがきと、つい一週間前の歯みがきとは、サブモダリティのどんな違いによって区別していますか？

*訳註「……」は、「ここで心の中に入り、今の指示や言葉をじっくり味わってください」の意味。

リンダ：　それは簡単です。五年前には別の家に住んでいたので、その家にいる自分が見えるんです。だから、すぐにずい分前のことだとわかります。

こういう答えが返ってくることはよくあります。最初はどうしても内容《コンテンツ》の差異に目が行きます。でも、それはわたしたちが求めているものではありません。わたしたちがほしいのは、サブモダリティにコード化された**プロセス**の差異です。リンダ、ずっと以前とつい最近とを比べてみて、ほかになにか違いに気づきませんか？　もし必要なら、五年前も今の家に住んでいたつもりになってみてください。そうすれば、サブモダリティの違いにだけ注目できるはずです。たとえ同じ家に住んでいたとしても、五年前と昨日との違いはたぶんわかると思います。

リンダ：　わかりそうにありません。わたしには、五年前の様子も（身体の六〇センチほど左を指す）、一週間前の様子も（身体のすぐ左を指す）も、まったく同じように見えます。

リンダの身ぶりを見ていた皆さんには、彼女の時間の整理法がひとつ見つかりましたね。リンダは異なる場所を指し示しました。

リンダ：　あら、そうだわ！　ふたつを別々の場所に思い描いているような気がします。

すばらしい。では今度は、一週間後の未来と五年後の未来をどんなふうに見ているかチェックしてください。

リンダ：　これも別々の場所にあります。両方ともわたしの右側です。おもしろいわ。一週間後の未来は一週間前の過去よりもわたしから遠いところにあって、五年後の未来ははるか彼方にあります。

それでけっこう。こういったことに気づいてほしかったんです。ほかになにか違いがないかもチェックしましょう。未来の描き方と過去の描き方で、なにかほかに違っていることはありませんか？

リンダ（時間をかけて調べている）：　未来の方がおおまかな描き方をしているようです。

未来の方が過去よりも不鮮明に描かれているというのはよくあることです。では、五年前のイメージをチェックして、一週間前のイメージと比較してみてください。場所以外になにか違っていますか？　サイズとか明るさとか。

リンダ：　五年前の絵の方が少し小さめでしょうか。さっきはこれに気づきませんでした。……未来もそんな感じです。五年後の方が一週間後より小さめです。

▼エクササイズ

実演はこれで充分でしょう。わたしたちが皆さんにしてほしかったことはわかっていただけたと思います。これから三人一組でこれをやってもらいますが、このエクササイズでは、わたしが指示を与えたら全員すぐに内面に入り、自分がサブモダリティをどうコード化して時間を整理しているかをチェックしてください。まず単純な日常的行為で、過去に繰り返ししていて、未来にもしつづけるだろうと思うことを考えます。たとえば、通勤、歯みがき、皿洗い、シャワーなどといったことを選びましょう。それをずい分以前にやったときのことを考え、次につい先日やったときのことを考えます。つづいて、今それをしていると思ってください。さらに、近い未来の場合、最後に遠い未来の場合を想像します。

それぞれの時点で同じ行為をしていると考えるとき、内容は同一にしてください。そうすれば、行為の**時点**だけが異なることになります。そして、時間の思い描き方について、サブモダリティの差異を見つけてください。こうした差異は、異なる時期に朝食を食べている様子を**同時**に思い描いてみるといっそうはっきりするでしょう。五年前に朝食を食べている様子と五年後に朝食を食べている様子を**同時**に想像したら、ふたつの思い描き方はどんな点が違っていますか？　こうした体験はひとつずつ順番にアクセスすると、非常に異なった描き方をしてしまうものです。もし同時にすべてを想像するのが難しかったら、「アズ・イフ」フレームを使ってください。ちゃんとできているふりをするだけでかまいません。

三人一組になりますが、最初はそれぞれが黙ってこれをやってください。自分がどういうやり方で時間を整理しているかについてできるだけたくさん見つけたら目を開き、グループの他のふたりに自分のタイムラインについて順に説明します。

パートナーが自分のタイムラインについて説明している間、時間の整理法を示す**非言語的**表現をしっかり観察してください。どんな人も時間に関する体験を示す非言語的合図をしょっちゅう出しています。先ほどリンダも、異なる時間を示すのに異なる場所を指し示しました。誰かが「いや、ぼくは時間を整理したりしないよ。遠い過去も（肩の上方を指す）、現在も（顔の正面三〇センチほどのところを指す）同じ、未来だって（腕を伸ばしたあたりを指す）同じ。みんな同じさ」などといった場合、これがとりわけ役立ちます。わたしが「自分の」タイムラインを非言語的に示すときは、背後を指して遠い過去を表わし、顔の真正面で手を振り動かして現在を表わし、手を前に突き出して未来を表わします。ひょっとしたら、「そう、ここが過去（両手を三〇センチほどの幅に開く）、ここが現在（両手を六〇センチほどまで広げる）、ここが未来（両腕を大きく開く）」というような人もいるかもしれません。こうした非言語的な表現に気をつけると、その人の時間の描き方をうまく捉えることができます。最初の例では**場所**が重要なサブモダリティであり、二例目では、場所も使われていますが、**サイズ**の方が重要になっています。空間に占める場所は、時間の整理法の一要素としてほとんどの人が使っています。

三人が時間の表わし方を説明し終えたら、パートナーのタイムラインについて不明瞭に思う点を質問し、言及されていないサブモダリティがないかどうかをチェックしてください。**細部、透明度、明**

るさ、焦点、色など、時間をコード化するときに使うと思われるサブモダリティでもれているものがないかを調べます。たいていの人は、場所と別のサブモダリティを組み合わせて時間を整理しています。

場合によっては、特に過去と未来の違いを、フルカラーか白黒か、静止画像か動画か、というようなデジタルな差異によって気づくこともあるでしょう。こうした区別もよくあります。このような場合には色の濃淡や動きの速さといったアナログな差異もたぶんあり、それによってどのくらい遠い過去や未来のことなのかを示しています。たいていは、なんらかの連続体に沿って出来事を整理しているものです。しかし、これはきちんとチェックしなくてはいけません。まったく異なったやり方で時間を整理する人が必ずいるからです。なにごとも決めてかかってはいけません。

自分のタイムラインやパートナーのタイムラインの特徴をつかんだら、自分のタイムラインを一時的に調整する実験をしてもらいます。特に目立った特徴を選び、それをなんらかの方法で変化させたり反転させたりして、それが体験をどう変えるかを調べてください。たとえば、リンダは過去よりも未来の方が広がりが大きいことに気づきました。そういう場合は、過去のイメージの広がりを大きくし、未来のイメージの広がりを小さくしたら、どんな影響が現れるかをチェックします。

もしサイズが重要なサブモダリティで、最近の体験ほど大きくなり、過去に起きたものほど小さくなっている場合は、実験としてこれを反転させ、最近の体験を小さくし、過去の体験を大きくしてみます。こうすることによって過去と未来の出来事の相対的な重要性は変化しますか？　こういうタイムラインを持つと、世の中での機能の仕方はどう変わるでしょう？　それぞれの長所と短所は？

わたしのタイムラインでは、未来は胸の高さから始まり、四五度の角度で右手へ上昇しています。そこで、四五度の角度で下降させ、この変更によってどんな影響が出るかを見ることができます。わたしという人間の人となりはこれによってどう変化するでしょう？　こうしたやり方で実験すると、生じた変化を奇妙に感じたり、不安に感じたりすることに気づくかもしれません。これによって、先ほど発見した自分のタイムラインは気まぐれに発生したものではなく、あるいは単にわたしたちの指示によって生じたものでもなく、自分の体験を整理し、それに対応するための重要な方法であることがはっきりとわかります。奇妙な感じや不安は、試しにやってみた変化に不慣れなせいで発生しただけというケースがほとんどです。しかし、ときには、変化させるとエコロジーの問題が生じるようなことをしようとしたために——たとえば、現実のコード化に関わる基本的な要素を変えようとしたために——そうした反応が生じることもあります。変更を試す場合は、くれぐれも慎重にゆっくりやり、エコロジー面で混乱があるという明確な合図が発生したら、無理に変更するのはやめてください。

次は、同じグループのパートナーたちが使っているサブモダリティで実験してみましょう。たとえば誰かの未来が透明だったとしたら、自分の未来の表象を透明にして、そうした変更によって自分の反応がどう影響されるかに注目します。

最後は、自分以外のタイムライン全体を使った実験です。自分のやり方とはまったく別のやり方で時間を整理している人を見つけましょう。特に奇妙に感じられるもの、風変わりなもの、奇抜なものを選び、それを体験してなにが起きるか調べてください。そのタイムラインを使うと、自分のタイムラインではできなかったどんなことができるようになりますか？　それを使うと、なにが得意になりますか？　それによって、どんな限界が生じますか？　このエクササイズは、自分とまったく異なる人を見つけられるとたいへん興味深いものになります。似たり寄ったりの人のタイムラインを試しても、それまでの選択肢に加わるものがさほど見つからないからです。

タイムラインは、たいていの人にとって、現実を把握する主要な方法です。異なる時間の整理法と比較することによって、自分本来の整理法の効果について深く知ることができるようになります。問題や限界がある状況で自分のものとは異なる時間の描き方を試すと、有用でおもしろい応用方法がよく見つかります。

皆さんの多くは既に使っている時間の整理法をそのまま使いつづけたいと思っていることでしょう。別のタイムラインを試したあとは、必ずきちんと自分のタイムラインにもどすのを忘れないでください。新しい時間の整理法の方がいいと思ったら、どうぞ自由にそれを使ってください。しかし、必ずまずエコロジーに問題がないかを念入りにチェックしてください。その新しい整理法を持って未来に行ったときのことを想像しましょう。それはどんなふうに機能して、役立っていますか？　過去に限界を感じた特定の状況では新しい整理法を使い、その他のうまくやってきた状況ではこれまでどおりのやり方でいきたいと思うかもしれません。ＮＬＰは柔軟性を高めるためのものだということを忘れないでください。

◎エクササイズの要点

1. **顕在化**　三人一組になり、自分自身のタイムラインを見つけたら、他のふたりにそれを説明する。

2．**実験**

a．まずこれまで自分が使ってきたサブモダリティを調整し、それによって白分の反応がどう変わるかに注目する。

b．つづいて他者が使っているサブモダリティを試してみる。

c．誰かのタイムライン全体を試してみる。

＊＊＊＊

討論：　場所を使った時間の整理法と、眼球の動きによるアクセシング・キューとの関係

自分には場所を使った時間の整理法がないという人はいますか？　先ほどもいいましたが、時間の整理で一番使われるサブモダリティは、空間に占める場所です。考えてみれば、これはもっともなことです。多くの出来事を同時に思い描くのに、視覚はもってこいです。そして、多くの表象を一定の順に配列しなくてはならない場合、場所を使うと非常にうまく処理できます。すべてが同じ場所にあったら、一度に見られるのはひとつきりで、それらをコード化する際には、明るさや色、サイズといったものをひとつずつ変えなくてはなりません。

たいていの人にとって、過去はその人の左側にあり、未来は右側にあります。リンダがそうでした。これに当てはまらない人はどれくらいいますか？

ヘンリー：　ぼくの場合、過去が右で、未来が左です。

つまり、一般的なパターンの逆というわけですね。あなたの眼球の動きによるアクセシング・キューも反転していますか？

ヘンリー：　はい。

タイムラインは通常その人のアクセシング・キューと一致しています。たいていは、視覚による記憶と同じ側に過去があり、視覚による構築を示す側に未来があります。しかし、タイムラインとアクセシング・キューとが逆になっている人がいないわけではありません。そうした人のひとりは、自分の未来はひどく「固定されている」感じがするといってよく不平をこぼしていました。その未来に比べると、過去ははるかに融通が利く感じで、彼がいうには、「自分史を変えるパターン」は軽々と行なえたとのことです（このパターンは『あなたを変える神経言語プログラミング』〔酒井一夫訳、東京図書〕に所収）。彼の構築的視覚のアクセシング・キューは右側で、過去を示すおおまかな場所と一致しているわけですから、過去のイメージを簡単に変更できるのは予測がつくというものです。しかし、未来の変更はそうまくはいきませんでした。視覚による記憶の持つ固定的で詳細であるという特徴が未来に備わっていたからです。わたしたちの多くは構築的なイメージを使って未来を描きますが、彼にはこれが簡単にはできなかったのです。しかし、タイムラインを反転させると、彼の未来はずっと開放的になり、融通も利くようになりました。

ロクサーヌ：　わたしの場合、アクセシング・キューは普通ですが、タイムラインが反転しています。

タイムラインの左右を入れ替えて眼球の動きによるアクセシング・キューに一致させ、それにどんな影響力があるかを見てみるとおもしろいかもしれません。

試しに自分のものとは異なるタイムラインを取り入れてみると、特にある特定の状況において、きっと嬉しくなるようなことがあるだろうと思います。しかし、別のタイムラインを採用する前に、以前のタイムラインがしてくれたことで価値のあることを必ずチェックしてください。主な生活状況――仕事、遊び、家族など――をすべてチェックしましょう。特定の状況では新しいタイムラインの方が好ましく思えることがあったとしても、ある状況では元のタイムラインをそのまま使いたいと思うことがあるかもしれません。

時間に対する志向

過去志向の人、現在志向の人、未来志向の人について、また、そうした志向が時間の整理法とどう関係しているかについて、もう少しお話ししましょう。たとえば、以前ワークをしたある女性は、真後ろに過去があり、真正面に現在、未来はその先で立ち消えになっていました。さて、時間の観点から見て、この女性はどういう人だったでしょうか？　もし彼女のタイムラインを試してみたら、あなたの志向はどういうものになるでしょう？

アル：　よくわかりません。ややこしいです。

では、未来は見えますか？

アル：　いいえ、あまりよく見えません。

現在のイメージが透明で、その向こうが透けて見えるというならともかく、そうでなければ見えないはずです。それに、彼女のイメージも透明ではありませんでした。もし現在がすぐ目の前にあり、その背後に直近の未来があったら、未来は見えません。その場合、時間に対する志向はどうなりますか？

サリー：　現在です。

そのとおりです。しかも、例に上げた彼女の場合は、目前の現在でした。彼女が「今」といったら、本当に今すぐという意味で、まさにこの瞬間のことでした。今から五分後は彼女にとっては未来です。現在を非常に狭い意味で使っていました。

では、以下のことを試してみましょう。もし未来が右の方へ斜めにずれていき、どのイメージの内容もだいたい見られるようになったとしたらどうですか？　さらに、未来に行くにしたがってイメージが大きく明るくなっていくとしたら、どうでしょう？　ずっと先の未来がそれまでより重要なものになるはずです。遠い未来のために生きていく傾向が生まれ、現在や過去に対する反応は少なくなるでしょう。

もし直近の未来や現在が遠い未来よりも大きく明るく輝いていたら、自分の行動の影響について長期的な見通しを立てたり熟考したりするのには苦労するかもしれませんが、近い将来のイベントの企画はとてもうまくやってのけるでしょう。タイムラインを調べると、それを有益な形に変更する方法について、なんらかのヒントを得られることがよくあります。

キャロル：　わたしは最初はものすごい現在志向でした。大きくて明るい現在が間近にあり、未来と過去は小さくてぼんやりしていました。でも、それを変え、現在のすばらしい部分はすべてキープできるようにしながらも、その明るさの一部をその後の数週間に移動させました。その結果、直近の未来に対する反応が増し、以前より物事がはかどるようになりました。

有益な変わり方ができたようですね。さて、もうひとつ、皆さんに試してもらいたいタイムラインがあります。ある男性のタイムラインですが、彼の場合、過去は自分の前面に直線となって伸びていました。未来は右の方に大きくそれていました。「過去が目の前にちらついて…」という言い回しはわかりますね？　彼はそんなふうにずっと生きてきました。こうしたタイムラインを持っていたら、皆さんの体験はどう変わるでしょう？　確実に過去に注意が集中するようになります。過去がすばらしいものであったか最悪のものであったかによって、それを好ましく思ったり思わなかったりするでしょうが、それとは別に、現在や未来にあまり注目しなくなってしまうでしょう。こういう人が自分史を変えるパターンを利用したら、さぞかし大きな影響があるはずです。過去の表象に強烈に反応するからです。

カール：　特定の状況では、ぼくもかなり過去に集中してしまうことに気づいています。ぼくの過去は、身体の右前上部のこのあたりにありました。だから、左側のこのあたりまでちょっと移動させ、「ビー、パタン！」といってドアを閉めてしまいました。

で、その効果は？

カール：　いや、まだなんとも。

今その新しいタイムラインを未来の状況に当てはめてみれば、それがどう機能しているのか、なにか調整が必要なのかどうかについて、有用な手がかりを得られます。理想は、タイムラインに関して多少の柔軟性を持つことです。つまり、過去志向が役立つ場合には過去を見える位置に動かし、現在志向や未来志向を強めたいと思う場合には、じゃまにならない位置に過去を移動させられるようになることです。

皆さん、そろそろわかってきたのではないかと思います。一般的に、**真正面にあって目立つもの——大きくて明るく輝いていたり、色鮮やかだったりするもの——はすべて非常に強制力があり、もっとも注目されるというわけです。**

役に立つタイムライン

フレッド：　役に立つタイムラインというものについて、お話をうかがいたいのですが。

そうですね、論点はやはり、「どんな目的に役立つのか？」、あるいは「誰のために役立つのか？」です。どんな可能性があるかは感じ取りつつありますね。わたしからはきわめて標準的なことをお話ししようと思います。たいていの人は、境が曖昧なゆるいカーブのタイムラインを持っています。リンダがそうでした。過去は通常、左手に伸びる線で、現在は自分の正面、未来は右に続く線になっています。イメージはそれぞれの背後に積み重なっていることもありますが、普通は少しずつずれて並んでいて、連続する各イメージの一部が見えています。

あるタイムラインが役立つかどうかは、その人がなにを目標としているかによりますし、どういう状態ならその人にとってエコロジーに問題がないのかにもよります。「これが正しいタイムラインだ」といってしまうと、「これが正しい適切な在り方で、この世界での生き方として、それ以外に役立つ方法はない」といっていることになります。タイムラインがその人らしさを決めていることもあります。しかし、そのタイムラインゆえになんらかの状況でトラブルに陥ったり、別のタイムラインを使うことによって、自分のタイムラインでは今できないことができるようになったりするのであれば、少なくとも特定の状況において、代わりのタイムラインを探るのは適切だといえるでしょう。

タイムラインの配置

非常に有能で腕が立つと思う人を見つけて、その人がどのように時間を整理しているかを調べ、その整理法を試してみると、役立つことがよくあります。たとえば、長期計画を立てるのが得意な人は、未来を横方向へ伸ばすのではなく、正面のごく近いところに置く傾向があります。知り合いに、長期計画の立て方をビジネスピープルに教えている人がいますが、彼は実にうまく長期計画を立てます。目前に置いている彼の五年計画と一〇年計画は、いずれもきわめて詳細で周到なものです。一〇年先はほんの六〇センチほどのところにあります。これは彼にはすばらしく効果的に働くし、本人もとても気に入っているのですが、わたしが試してみると、未来が自分に上にのしかかってくるような感じがします。わたしとしては、未来はもう少し離れていて、内容ももう少しおおざっぱなものの方が望ましく感じられます。その方がもっと現在の中で動き回る余裕ができますから。

この知人の未来のタイムラインは圧縮されていますが、もし未来のタイムラインがこういうふうに圧縮されたものではなく、大きく広がったものだったとしたら、生活にはどんな違いが生じるでしょう？　明日をこの部屋の中ほどのところに、来週を廊下の先に、来月はずっと向こうのほとんど見えないところに置いて試してみてください。こんなふうに「広がった」タイムラインを持っていたら、行動はどんなものになるでしょう？

アン：　わたしだったら、そんなずっと向こうのどこだかわからないようなところにあることは、あまりやる気にならないと思います。そこに行き着くまで暇を持て余しそうです。

マイク：　そうなんです。ぼくが論文を書いていたときが、そうでした。締め切りはまだまだずっと先だったので、他の計画をあれこれ追加する余裕がたっぷりあり、新しい仕事をいろいろ引き受けて、論文の執筆を延ばし延ばしにしていました。しかし、ようやく事態の成り行きに気がついたぼくは、締切日を「リールを巻くように引き寄せて」、現在からすぐのところに置きました。その結果、論文以外のことを追加する余裕はなくなり、新しい計画はすべて論文を書き終えた後に入れざるをえなくなりました。

これはいい例ですね。タイムラインを圧縮すると締め切りを守るのに役立つことがよくわかります。

ラルス：　ぼくはその逆をしないといけないようです。ぼくの未来は全部がすぐ近くにだんご状態になっていて、いつもそれに圧迫されている感じです。少し広げると、ずっとリラックスできます。

今、血圧が三〇ポイントも下がったような顔をしましたよ。でも、エコロジーに問題がないか、念入りにチェックしましょう。翌日もその広がった新タイムラインを使っているところを想像してください。……それから翌週の様子も……。以前と変わらず、片づけたいと思っていることを片づけられていますか？　それとも、「のんびり」しすぎていますか？

ラルス：　いえ、のんびりしすぎということはまったくありません。それどころか、これまでよりうまく計画が立てられるように思います。以前は未来が一ヶ所にかたまりすぎていて、きちんと計画を立てようにも、よく見えませんでした。

それならけっこうです。さて、わたしたちがこれまでに気づいたことはほかにもあります。それは、人によっては大きく輝く目標のある長期的な未来を持つと、文字どおり「生きる目標」のようなものが生まれ、長生きする傾向も強まるということです。ガン患者を対象にしたある研究では、ガンを生き延びた人々には未来志向の傾向があり、生き延びられなかった人々には過去志向の傾向があったことが明らかになっています。

ボブ：　ぼくは以前の方が今よりもずっと未来志向でした。この二年ほどの間にペースダウンして、未来は以前ほどくっきりとは見えなくなりました。当然、いい点も悪い点もあります。

そのとおりです。未来に執着しすぎれば、現在のことがおろそかになるでしょう。自分が今最悪な時間を送っていることや家族も最悪な時間を過ごしていることに気づかないかもしれません。一方、今楽しむことだけに夢中になっていると、将来の成り行きに目を向けることはないでしょうし、そんなふうでなければ楽しくなったはずの未来も、さほど楽しいものにはならないでしょう。ないがしろにした内容次第で、未来はひどく短くなったりもします。

過去と未来の違い

別の質問をさせてください。皆さんは過去と未来の違い、特にデジタルな差異になにか気づきましたか？
ボブ：　ぼくの場合、過去のイメージはすべて自分自身の目で見ていますが、未来のイメージは分離体験して見ています。
アン：　わたしの場合、過去も未来も、イメージの周囲がぼんやりして霧が立ち込めている感じです。でも、その霧の色は、過去が灰色で、未来は銀色です。
アン：　灰色と銀色とでは、どちらが好きですか？
銀色の方がずっと魅力的です。だから、わたしのすぐ前にあります。
サリー：　わたしの場合も似たような感じです。過去はとても暗くて、未来は周囲が明るくなっていきます。ずっと先の未来のイメージは小さすぎて、見えるのはその明るさだけです。
つまり、あなたには明るい未来がある！
クリス：　トムのタイムラインはとても変わっていました。
トム、あなたのタイムラインをみんなで試してみてもいいですか？
トム：　もちろんです。著作権なんてありませんから。
どうやって試したらいいか、具体的に説明してください。
トム：　ぼくの未来には頂上があります。未来は右方向へ伸びているのですが、直近の未来で頂点になり、その後の未来はその背後へ落ちていきます。山の裏側へ下りていくような感じです。だから、見ることはできません。
自分のタイムラインのその部分を変えようとしたことはありますか？

トム：　まだありません。

未来を思い描いて、頂上になっている部分を平らにし、右方向へまっすぐ伸びる直線にしたらどうなるでしょう？　どう変わるでしょう？

トム：　よくわかりません。

未来を平らにして、すべてが一直線上に並んだら、頂上があったときと比べて、直近の未来に対する集中は増しますか？　減りますか？

トム：　全部が一直線上に並んでいるのを見られるなら、遠い未来の方を重視しそうです。

そうでしょうね。直近の未来に頂上があれば、タイムラインのその部分に注意が集中し、それ以降に来るものはぼやけてしまいます。もっと遠い未来が見えれば、それに対応する可能性も増すでしょう。

アナログの連続体とデジタルの分類

トムのタイムラインにある頂上は、タイムラインに発生するはっきりした切れ目の好例で、段階的な変化とは大きく異なっています。そういった形の切れ目は、その人の反応の仕方におけるデジタルな変化や明確な変化を示す合図として、よく注意しましょう。たとえば、ある男性のタイムラインは、なだらかな連続体ではなく、泡とかポップビーズとかでできたひも状のものでした。それぞれの泡には約六ヶ月分の記憶が含まれています。泡は時間の経過どおりに並んでいましたが、各泡の内部にある出来事の順番はでたらめでした。彼の場合、自分史を変えようと思ったら、簡単に変えられたでしょう。新しくリソースとして取り入れる記憶は、直前直後の出来事がどんなものであれ、それらに入念に適応させる必要がないため、簡単にインストールできるからです。

たいていの人は場所をアナログのサブモダリティとして使っていますが、中には場所をデジタルに区別している人もいます。こうしたデジタルの区別を知ることはとても重要です。非言語的な身ぶりに注意していると、明確な区別の存在を警告してくることがよくあります。スタッカートのような身ぶりや、コインを裏返すように手を宙でさっとひっくり返す仕草は、たいていデジタルの区別やそれに代わるものがあることを示しています。ときには、ものをスライスするような動作で垂直方向や水平方向に線を引き、二ヶ所の境界をはっきり示す人もいます。これとは対照的に、手を段階的に動かすのは、通常、アナログの連続体を明示しています。

タイムラインを変える

女性：　タイムラインの変更方法でこれまでに説明していただいたのは、視覚を使って望みの形に配列し直すというところまでです。ほかになにかしなくてはならないことはありますか？

必ずくれぐれも慎重にエコロジーの問題がないかをチェックしてください。タイムラインは、なにが現実で、なにが現実ではないかをつかむ感覚と深く結びついているからです。過去は既に発生しており、ゆえに現実ですが、未来はまだ発生しておらず、ゆえに現実ではありません。こうした区別の変更に着手するということは、その人の現実を著しく侵害することにもなりかねません。皆さんが提案する変化に本当にエコロジーの問題がなければ、その変化はあっさり生じるはずです。

また、どんな変化も一時的なものとしてフレーミングします。「これを試してみましょう。もし気に入らなかったり、なんらかの点で不適切だったりしたら、いつでも元のやり方にもどってかまいません」といいましょう。本当に完璧に行なうには、該当するすべての状況で新しいタイムラインを使っているところを想像するよう、指示します。「この新しいタイムラインがあると、どんな感じですか？　そのタイムラインによって、したいと思うことをできるようになるか、それとも、最後には問題や限界が生じてしまうかをよく見てください」といいます。タイムラインを変えるということはきわめて重要な変化――生活のあらゆる面に影響を及ぼしうる変化――を起こすということです。安易な気持ちでやっていいことではありません。変えてしまう前に、自分がなにをしようとしているかを必ずよく理解してください。その新しいタイムラインでは動きが取れなくなるのではないかと心配する気持ちが少しでもあると、ずっとそれに悩まされることになります。そうなって当然なのです。

わたしが相手に新しいタイムラインを永久的にインストールしようとするときは、どういうところで新しい選択が必要なのかをその人に考えてもらいます。それから、未来ペースとして、未来のいくつかの状況にそのタイムラインを持ち込んだところを想像してもらいます。もちろんその後、新しいタイムラインが全体に浸透しているかをテストして確認します。これまでとは違う状況をひとつふたつ考えてもらい、それらの状況の中で自分がどう反応しているかを見きわめてもらうのです。相手が結果に満足していれば、ワークはお終いです。新しいタイムラインをインストールしたときは、その人が新しいやり方で時間を整理するようになっているかだけでなく、できるようになりたいと思っていたことができるようになっているかどうかもチェックしてください。

ドーン：　最初は混乱するものなんでしょうか？　わたしの場合、ある人のタイムラインを試したとき、とても混乱したのですが。

あなたのいう「混乱」が、新しいタイムラインに対して不慣れな感じが消えないとか、「落ち着く」のに時間がかかるという意味なら、それはよくあることです。自分にぴったり合っていないという感じを意味しているなら、そのタイムラインが適切ではないからかもしれません。もし単なる試しではなく、それをインストールするつもりなら、これを役立たせるためにほかになにか必要なものがあるかどうかをきちんとチェックしなくてはなりません。

ジョー：　ほかの人のタイムラインに挑むと、わたしはクタクタになります。実際に身体がどっと疲れます。

今あなたは新しいタイムラインに「挑む」という表現を使いましたね。なんだか敵を相手にしているというか、重責と取り組んでいるというか、そんなふうに聞こえます。確かにこれをして疲労を訴える人はたくさんいます。わたし自身はそういう体験はしていませんが、それはおそらく、わたしが猛烈に努力するのではなく――無理やりイメージを新しい場所に押しこもうと力《りき》むのではなく――ただタイムラインがわたしにしてくれることをするがままにさせているからだと思います。イメージは新しい場所にあっさりと現れます。これで納得できますか？　異なるタイムラインを試すとき、ほかの人たちはどんなふうになりますか？

マーク：　すごくいっしょうけんめいにやったので、目が疲れました。

ジューン：　わたしの場合、新しいタイムラインを試すのは、気楽に空想を楽しむような感じです。

なるがままにして、コントロールしようとはしません。

つまり、「アズ・イフ」フレームのようなものを使って、新しい体験を味わっているというわけですね。マークはジューンのやり方を試してみるといいかもしれません。すでに新しいタイムラインを持っているふりをするのです。でも、必ずしもそれをはっきり見届けて、それがそこにあると知る必要はありません。そんなふうにすれば、目の緊張もいくらか取れるんじゃないでしょうか。

未来を追加する

ベティ：　わたしは自分のタイムラインに未来がないことがわかって、びっくりしました。わたしのタイムラインはここで（身体の右側三〇センチほどのところを指す）ふっとなくなっているんです。わたしはいつもみんなから、そんなに今だけにこだわって生きていてはいけない、先のことを考えないと、と注意されてきました。どうやったら未来をもっと追加できるのでしょうか？　ひとつ追加してみようとしましたが、なにが起きるかわからない未来の線上にあれこれイメージを置いていくなんて、わたしには意味もないことに思えるんです。

ええ、よくわかります。これは、エコロジーの問題として検討すべき重要なことです。あなたはどうも過去のイメージと同じくらい詳しくて鮮明なイメージを未来に置こうとしているようです。もしあなたの未来が細部まで鮮明に描かれているものだったらどういうことになるか、考えてみてください。誰と結婚するのか、結婚生活はどうなるかが正確にわかり、どんな仕事についているのかなどがはっきり見えるとしたら、どうですか？　未来をやたらに詳しく描いてみても、「実際の」未来はなかなかそのとおりにはなりませんから、失望することも多くなるのではないでしょうか。

誰かのために未来を創るとき、自分には将来なにが起きるかはわかっていないという事実を必ず考慮に入れなくてはなりません。皆さんの多くは、未来はなんらかの形で不確実性を示していることに気づいています。未来は霧に霞んでいたり、焦点がぼけていたりしますし、透明なことさえあります。自分の未来に複数の進路があるのが見える人もいます。ホースから水が噴出するように複数の道が伸びていて、そこから選択できるというわけです。ある女性の未来はぶくぶくと泡立つイメージで、その泡はゆっくり漂いながら、あちこち位置を変えることで不確実性を表わしていました。

ベティ、あなたが試せることがいくつかあります。ひとつは、未来は選択可能な道が**セット**になったものだという見方をすることです。一本の線ではなく、何本もの枝が伸びていて、その一本一本がこれから展開する可能性のある未来を示していると見るのです。

ほかには、**自分の価値観**や、**自分の目標**のおおまかな表象を未来に取り入れるというやり方があります。自分の進みたい方向を表わす象徴を未来に置くのです。これなら、自分がなにを望んでいるのか——将来どの価値感を満足させればいいのか——がわかり、それらをどう行なうかについては、かなり融通が利きます。

ベティ：　それならよさそうです。……

では、未来のあなたにとって本当に重要なことはなにかを考えましょう。自分の人生にもっとあったらいいと思うことはなんですか？　なにかきちんと身につくことをやりたいと思いますか……？　能力を伸ばしていきたいですか……？　周囲の人たちとよい人間関係を築きたいですか……？　無意識の手を借りて、将来こうなったらいいと心から思うことの表象を創りましょう。

ベティ：　はい、うまくいっています。……本当に違ってきました。……同じグループのパートナーたちがしていたように、今、右に伸びる線上にいろいろ置いています。

自分に合ったものかどうかにもよく注意してください。このタイムラインを持っていたら、なりたいと思っている自分に近づけますか？　まだなにか追加したり変更したりしたいものがありますか？

ベティ：　この形が気に入っています。どう変わるのかはよくわかりませんが、自分が変われそうな気がします。先のことが今までよりちゃんと考えられますし、今興味のあることを考えるだけという態度は取れなくなっています。バランスがよくなった感じです。ありがとうございます。

わたしたちはこれまで、未来のタイムラインを欠いた数多くの人々に未来のタイムラインを追加してきました。これを行なうときには、未来の表象を、事実としてではなく可能性として保持するよう指導しなくてはなりません。限定的で詳細な未来をインストールすると、相手を失望させたり、きわめて具体的な内容を厳格に追求させたりするよう設定してしまうことになります。どうしても詳細を含める場合は、必ず道を何本か加えるようにしてください。そうすれば、どうにもなりそうにない一本道で立ち往生することはなくなります。

タイムラインにはっきりした終わりがある場合もあります。特にその人が年配の場合は、その人が自分の死をプログラミングしていないかどうかをチェックした方がいいかもしれません。これは、交流分析が「人生脚本」とか「死の脚本」と呼んでいるものです。それに注目して、その変更を考慮すると、とても役に立つはずです。

サリー：　わたしは以前交通事故で重傷を負った女性にスイッシを使おうとしたことがあります。でも、魅力的な未来を構築するよういくら頼んでも、出てくるのは強烈な否定的反応ばかりで、彼女はひどく動揺して泣き出してしまいました。彼女は何度未来を思い描いてみても、自分が死んでいるところか重傷を負ったところしか見えなかったために、自分の未来を楽しいものだと思うことができないのだということがわかりました。彼女の過去のタイムラインは左肩あたりで急にイメージが拡大し、身体の正面のある位置まで伸びています。タイムラインが現在に近づくにつれてイメージは一ヶ所に集まるようになり、そこからはどこにも行かなくなっていました。タイムラインがプツンと途切れているのです。そこで、彼女には徐々にラインを未来へ延ばしていってもらいました。「今から五分後にはなにをしていますか？　来週はどうですか？」という具合に。そして、とうとうまた未来が持てるようになりました。それがもたらした変化には、目を見張るものがありました。彼女にはさまざまなことを試しましたが、未来がないときには役に立たなかったものがどれだけあったことやら。

この例には、タイムラインの構築という課題をチャンク・ダウンし、小さな段階に分けてやり遂げていく様子がよく現れています。「未来を持たない」人にはスイッシが使えないという点にも注目してください。未来がなければ、スイッシは無意味ですし、その他の数多くのことも無意味になります。

ゲアリー：　その女性には、「信念を変える方法」は使えたでしょうか？　彼女は明らかに、自分の未来は終わった、自分は死んでしまったと信じていましたよね。

サリー：　それはおもしろいと思います。というのも、彼女は事故に遭う前はとても痩せていたのに、事故後は太ったんです。元のように痩せたら死んでしまうのではないかと思っているので、痩せるのに苦労しています。

つまり、痩せることと死ぬことは同じだと考えているんでしょうね。信念のいくつかを試しに変えてみるとよかったかもしれません。一方、彼女の体重増加は、未来がないために発生した可能性もあります。現在志向が強いと、そのとき味わっている食べ物の味には強い強制力がありますから。それに、どっちみちすぐに死ぬと思っていたら、体重を減らそうという気にはまずなりません。

タイムラインを創る

これまで取り上げたのは、タイムラインの未来部分を欠いているケースでしたが、わたしは以前、タイムラインをまったく持ちたがらない女性に出会ったことがあります。彼女はエクササイズを行なうのを拒否しました。同じグループになった人たちは、「あるふりをすればいいんだよ。ちょっとやってみて、楽しいから」などというのですが、「いやよ、そんなこと、したくない。わたし抜きでやってよ」と、どうしても譲りません。そんなふうに誰かが「いやだ！」というときには、その人を尊重し、「これはエクササイズなんだから、指示に従おう」というのではなく、エコロジーの問題について考えなくてはいけません。まずほかの調整をしてからでなければタイムラインを試さない、という彼女の主張は、まったくもって正しかったのです。彼女と腰を下ろし、さらに情報を集めると、彼女が示す抵抗は、セミナーでの彼女のあり方と完全に一致していることがわかりました。彼女は時間に関して混乱することが多く、ほかの人たちがするような方法で物事を整理していませんでした。体験はすべてごたまぜにしたままで、発生した時による整理をしていなかったのです。あらゆることをタイムラインの中にきちんと整理するのをあれだけ拒絶したのは、それを受け入れると、高く評価していた自分の自発性を抑えることになるからでした。このケースでは、彼女が「自発性」をリフレーミングできるよう手を貸しました。自発的にタイムラインを持てるようにして、彼女がもっと柔軟性を高められるようにするためです。つまり、タイムラインを持つかどうかを自分で選べるようにしたわけです。

マーク：　彼女はそれまで本当にタイムラインを持っていなかったということですか？

ひとつも見つけられませんでした。でも、がんばったんですよ。タイムラインを持っていることを意識していない人と取り組んでも、たいていは見つけられますから。ところが、この女性の場合は、どんなにがんばってもひとつも見つけられませんでした。ただ、おかしなことに、自発性に関するエコロジーの問題を処理し終えると、彼女は自発的にタイムラインを創り出しました（笑）。ゆっくり慎重に構築する必要もありませんでした。あるべき場所にあっさりでき上がったのです。

ジューン：　それまでタイムラインを持っていなかったのなら、その女性はどうやってこのワークショップにたどり着いたんでしょう？　過去、現在、未来という概念をいくらかでも持っていたなら、なんらかの方法で時間を整理していたに違いありませんが、そうしていたんでしょうか？　それとも、まったくどうしようもない状態だったのでしょうか？

わたしも同じような質問をしました。彼女はさまざまな場所に到達することはできましたが、計画を立てるのがへたでした。そういうやり方で生活を整理していなかったのです。彼女は既婚で、ご主人は物事の整理が得意でした。結婚前は自分でなんとかしていたわけですから、彼女にもなにか物事を整理するものが頭にあったに違いありません。でも、たいていの人がしているような適格なものではなかったのは確かです。ともあれ、彼女の中には、なんらかの秩序で生活を切り抜けていたパートがいるはずで、そのパートは新しいタイムライン上のどこにさまざまな出来事を置けばいいかわかっているはずだとわたしは仮定しました。そういう仮定のもとで新しいタイムラインについて説明をしたら、それですんなりいきました。この女性との取り組みはわたしにとって特に興味深いものでした。時間の整理法を持たない人に、それもセミナーで出会うのは、とても珍しいことだからです。

愉快な体験／不快な体験を整理する

マージ：　わたしの場合、体験の内容によって、タイムライン上のどこに保存するかが変わってきます。もしある出来事が取るに足らないこと、不快なことであり、処分する必要があるときは、わたしをそれを自分の背後に置きます。でも、覚えておきたいこと、気に入っていることは、ここに（左上の方を指す）置きます。

ほかにも同じような整理の原則を持っている人が何人かいます。そういう人たちは、なんらかの体験を自分からは「見えない」タイムライン上——背後のどこか——に置き、それらに悩まされないようにします。一方、重要な体験は、よく「目につく」タイムライン上に置きます。たいていは、自分の左右のどちらかですが、ときには真正面に置くこともあります。

ジョー：　ぼくもそうしていますが、タイムラインの見えない部分にある不快な記憶については、グループのパートナーにある体験を背後に置くようにいわれて初めて気がつきました。そして、そこにはがらくたがいっぱい詰まっていることがわかりました。なぜって、そのがらくたを動かしてスペースを作らなくてはならなかったからです。

リソースに満ちた体験と不快な体験とを分ける利点は、皆さん、おわかりだと思います。しかし、そういった時間の整理法には、ひとつ問題がある場合があります。それはなんでしょう?

サム：　背後に置いた体験からはなにも学びません。

なにも学ばない**かもしれない**、です。ジルは済んでしまった過去は背後に置いて忘れてしまいますが、**まず**有用な学びを抜き出し、それらを未来に置いてから過去を背後にやり、それっきり忘れるようにしています。これは、「過去を背後に置いて忘れてしまう」前にしておくべき重要な事柄です。

サム：　記憶喪失の場合は?

そうですね、ちょっとよくわかりませんね……。え~と……う~ん……。なにを話してたんでしたっけ?（笑）

サム：　記憶喪失の人は、過去を背後に置いて忘れてしまっているんですか?

いいえ、記憶喪失はそういうものではありません。もしあなたが過去を背後に置いて忘れてしまった場合、それについてほとんど考えることはなくなりますが、それでも過去を利用することはできます。しかし、記憶喪失者はどんな過去にもまったくアクセスできないようです。過去がどんな場所にあろうとも、**意識的に**利用することができないのです。そういう人が万一過去を思い出せたら、過去はどこにあったと思うか、ぜひ訊ねてみたいものです。

記憶喪失は、記憶をバリア——鍵をかけたドア、黒いカーテンなど——の背後に置いて、一時的に利用できないようにすれば、創り出せます。永久的な記憶喪失も、たとえばある記憶を取り出してそれを「ブラックホール」の中に送ってしまうとか、焼き尽くして灰にしてしまうなど（第一〇章参照）、どんなやり方であれ、ある記憶を完全に破壊してしまえば、創り出すことができますが、普通これはお勧めしません。もしある記憶を完全に破壊してしまうと、二度とそれを利用することができなくなります。

体験はすべて――よい体験も悪い体験も、実際にした体験も想像上の体験も――貴重なリソースです。それらのどれに対するアクセスを制限しても、自分自身を貧しくすることになります。

過去の不快な体験に悩まされることなく、そこから恩恵を得られるようにするには、どんなふうに手助けしたらいいのか、ひとつ例を挙げましょう。数年前のセミナーに出席したある男性は、ラテンアメリカで起きた暴力革命をくぐり抜けてきた人でした。革命のあとも何度か恐ろしい体験をしたといいます。この男性は、自分には過去のタイムラインがないと主張し、ひとつ創りたいといいました。そこでわたしは過去の時間整理法を前提とした質問をして、これをテストしました。しかし、わたしが質問をするたびに、彼はひどく混乱しました。そして、しばらく「上の空」になったあと、「なんの話をしていましたっけ？」と訊ねるのでした。

そこで、彼には過去全体――彼は正当な理由があってその大半の記憶をなくしていました――を取り上げてもらい、**無意識に頼んで**不快な記憶をすべて分離体験し、そのイメージを白黒にしてもらいました。それらが今後彼を悩ませないようにするためです。こうすれば、過去の記憶は依然として見ることができ、それらから学びを得ることもできる一方、それらにまつわる感情は「向こうに」あることになります。次に彼にしてもらったのは、愉快な記憶をすべて取り上げ、それらを確実に着色することでした。肯定的な記憶にしっかり反応できるようにするためです。その結果、彼は自分の体験を落ち着いて効果的に整理することができるようになり、過去について混乱することがかなり減りました。

フレッド：　彼には、不快な記憶を動画ではなく静止画像にするということもさせましたか？

わたしはあまりその方法は使いません。過去の出来事を動画にすると、静止画像よりはるかに多くの情報を盛り込むことができるからです。でも、確かにそれも一法です。

フレッド：　彼にとって、時間整理法の変更は簡単でしたか？

ええ、簡単でした。どんなことができるかを一度提案したら、思いどおりに完璧に変更できたようです。人間の無意識は、明快な指示さえ与えられれば、きわめて有能に働きます。わたしは彼の無意識に、過去全体を整理して、愉快な体験と不快な体験とを分離するよう頼みました。

記憶を整理し、不快な記憶を分離体験したあとは、自分史を変える方法やリフレーミング、その他のパターンを使ってリソースを追加することで、不快な記憶の修正を開始することができます。不快な体験も、リソースに満ちたものにしてしまえば、クライアントは再びそれを実体験することができるし、フルカラーにすることもできます。

アル：　自分史を変える方法というのが二、三度出てきましたが、それをするとき、タイムラインの情報を利用できますか？

ええ、いろいろに利用できます。たとえば、相手のタイムラインがわかると、非言語的なペース合わせができます。そうすると、相手はいっそう楽に手順を進めることができるようになります。これは他の多くの方法についてもいえることです。

また、タイムラインを知ることによって、変化をうまく一般化できるようにもなります。「過去をずっとたどっていき、これと**同じ形**で対応した時期と場所をすべて見つけましょう」というような言い方が可能にもなります。そして、そうした体験のひとつ——特に強烈なもの、あるいは、初期のものが望ましい——を変化させたのちに、他の体験も**同じだからという理由**ですべて変化したと仮定することができます。「あなたは先ほど見つけ出した各状況の中で常に同じ形で対応していました。したがって、新しい対応法は、同じ種類の状況なら、過去のものにも未来のものにも適合するはずですし、しかも自動的にそうなるはずです」こういった言い方は、必ずしもタイムラインについて理解していなければできないというわけではありませんが、知識があれば役には立ちます。わたしたちはこんなふうにいうこともあります。「その変化がさざなみのようにあなたのタイムラインを伝わっていき、あの状況の前後に起きたあらゆる出来事を変えていくのをよくご覧なさい」

自分史を変える方法は非常に有用です。しかし、これを使った場合、たとえタイムライン全体に一般化させても、ひとつの内容に関するエリア——ある特定の種類の状況——に新しい反応が発生するだけで終わりです。対照的に、タイムラインの構築法を変化させると、**全内容**の処理法が変わります。その方がはるかに深い変化が発生し、行動に対する影響も、より広範囲なものになります。本章では、主にこうした変化について論じています。

一例を挙げましょう。以前わたしたちの教え子が担当したクライアントに、「恥ずかしがりやの膀眺」を持っている人がいました。つまり、彼は回りに人がいると用が足せなかったのです。わたしたちの教え子は自分史を変える方法を使って、このクライアントが過去に体験した数々のばつの悪い出来事に対処しましたが、まったく効果がありませんでした。結局、クライアントの過去のタイムラインは、大きなループを描いてタイムラインの中に突っ込んでいて、まるで回転式スライドトレーが回って屈辱的な体験が次々に落ちていくような形になっていることがわかりました。彼のタイムラインにそのループがある間は、そうした出来事に自分史を変える方法を使ってもどうにもなりませんでした。スライドトレーが回転して、次々に出来事を映し出し、それが文字どおりエンドレスに続くからです。ループをまっすぐに伸ばさせると、クライアントはやっと自分がこれから対処すべき出来事に限りがあるのを見ることができました。それで、かなり楽になりました。

別のクライアントは危機を乗り越えたばかりでした。浮気をしていた夫が改めて愛を誓ったのです。ところが、許すには許したのですが、どうもまだもやもやして気分が晴れません。「いつもこうなんです。ことが丸く収まったときにも、だいたい半年くらいは落ち込んだままです。そのあとは元気になるんですけど」と彼女はいいました。このクライアントは、過去半年のタイムラインと未来半年のタイムラインが重なっていたために、その期間の事件――この場合は夫の浮気――が過去のことなのか未来のことなのか、はっきり見わけられなかったのだとわかりました。彼女のタイムラインは「Y」字形でした。「Y」の下半分は彼女の正面にまっすぐ伸び、その上に過去半年と未来半年の出来事が置いてありました。この期間以降は、標準に近い形で枝別れしたタイムラインが伸びています。直近の過去と未来を分離したあとは、気分もすぐ上向きになり、半年も待つ必要はなくなりました。

また別の女性には、「W」を逆さにして水平にした形のタイムラインがありました。直近の過去を示すタイムラインは彼女の右前に突きでていて、その後は折れ曲がって彼女の背後に伸び、長期の過去を表わしていました。直近の未来は彼女の左前に突きでていて、その後は折れ曲がって彼女の背後に伸び、長期の未来を表わしていました。自分にこういうタイムラインがあるのなら、物事をうまく片づけられない理由がよく理解できます、と彼女はいいました。起きたばかりのことや今にも起きそうなことに気を取られ、ずっと苦労してきたのです。

タイムラインをもっと標準に近い形に、つまり、未来を右に伸びる直線で表わし、過去を左に伸びる直線で表わす形に近づけた彼女は、その結果をとても喜びました。その後数日間、彼女は繰り返しいいました。「集中して物事を片づけられるから、穏やかな気持ちでいられます。すぐ先の未来やついこの間の過去が目の前にないので、気が散らないからです」彼女はゆったりした気持ちで未来の計画も立てられるようになりました。未来を示す以前の折れ曲がった線には混乱がありましたが、それがなくなったからです。減量も簡単に感じられるようになりました。食べた結果がどうなるのか、以前よりはっきりわかるようになったからです。

ゲアリー：ぼくは自分にタイムラインが二本あるのに気がつきました。一本は歴史的な出来事用で、一八一二年戦争とか、大恐慌とか。もう一本はぼくの個人的な過去の出来事用で、子供時代とか、高校時代とか。

ほかにもそういう形でタイムラインを持っている人はときどきいます。こんなふうにしていろいろな形に気づくのはわくわくしますね。

リチャード：　ぼくたちのグループには、物事の種類ごとに整理法を使い分けている人がいました。ぼくの場合、活動内容と場所は別々のタイムラインに整理しています。

つまり、内容によって別の形に整理したタイムラインを複数持っているということですね。それはまた、たいした柔軟性です！

ゲアリー：　タイムラインのほかに、タイムサークルといったものを持っている人もいますか？たいていはタイムラインです。でも、ある女性にはタイムサークルがありました。彼女の場合、未来は右側から身体を取り巻くように伸び、過去は左側から身体を取り巻くように伸びていて、遠い過去と遠い未来は身体の真後ろにありました。彼女は過去と未来が背後で交わっていると感じていましたが、どのように交わっているのかはよくわかっていませんでした。

また、ある男性にはきわめて詳細な「タイム・ヘリックス（らせん）」がありました。小さなチャンク・レベルでは、らせんの各円が一週間を示し、小さな円がたくさん集まって大きならせん形を描き、一年を示していました。バネを曲げてらせんを描いている感じです。同様にして、年を示すらせんはさらに大きならせんを描き、それが一世紀を示していました。この男性はさまざまなことを事細かに覚えていて、歴史は常に得意科目でした。

未確認ですが、東洋では、円形や循環型のものがもっと多いのではないかと思っています。東洋の宗教には、輪廻や生まれ変わりなど、循環を示すメタファーがたくさんあります。

さまざまなタイムライン

あるコンピュータ・エンジニアの場合、過去は背後にあり、未来は身体の正面にずらっと並ぶ透明のカラー・スライドで示されていました。未来を見たいときには、見たい未来の直前までのスライドを大きく拡大し、その中をのぞき込んで目当ての未来を見ていました。さらに先を見たいときには、その時点までのスライドを拡大し、その中をのぞき込んで目当ての未来を見るというふうでした。手前の未来は文字どおり、その先の未来を彩色し、影響を与えていました。状態を変える必要が生じたら、これを試してみてください。こんなに珍しいタイムラインは初めてでした。

アン‥ わたしはそのタイムラインを過去のすごくいい体験にちょっと試してみました。透明なタイムラインで、リソースに満ちた過去の一時点までもどると、そのリソースは直近の未来を変え、その未来はさらに先の未来を彩色して、いっそうリソースに満ちた未来にしてくれました。

過去の表象を変えるために自分史を変える方法や一〇分間恐怖症治療、その他のＮＬＰの方法を使う場合は、いつでもそのようにすると、たいへん役立ちます。タイムライン上のある場所からある記憶を選んで変化させたあとは、こういうことができます。「その体験はフィルタのようなものであり、それがあるせいで、のちに起きるさまざまな出来事に対して、あなたはある特定のやり方で対応し、特定の形で影響を与えてきました。そうしないでおこうと思っても、ついそうしてしまうし、それは変えようにも変えられませんでした。さて、今、その過去の出来事を別のやり方で体験しましたが、この体験にも同じことがいえます。この記憶をタイムライン上の元の位置にもどしたら、それがその時点と現在との間にあるすべての出来事を「ドミノ」効果でどう変えていくか、よく注目してください。そうすれば、今はもちろん、過去のその期間内のいつでも、その変化の恩恵を楽しむことができます」こういう言い方をすることによって、変化の恩恵を一般化するよう、具体的に指示することができます。

次は別の女性です。彼女の未来は左後ろに向かって伸び、過去は右後ろへ伸びていました。「V」字の尖った部分に彼女がいて、そこから枝分かれした二辺が彼女の背後に伸びているという感じです。彼女はどういう人物だと思いますか?

サリー：船の船首像のような人?（笑）

数人：現在志向!

ただの現在志向ではなく、この上ない現在志向です。最初、彼女は自分のタイムラインがどこにあるのかまったくわかりませんでしたが、わたしは過去や未来について訊ねたとき、彼女の腕がどこへ動くか見ました。彼女はいったんタイムラインに気づくと、自分の機能の仕方がこれでよくわかったといいました。彼女は現在志向が強く、回りの人々からは計画を立てるのがへただと文句をいわれていました。ご主人が計画を立てるのが大の得意だったのは幸いでした。わたしは彼女に、別のタイムラインでもっと役立つものがあるかどうか、いろいろ試してみるようにいい、彼女のグループのメンバーにはそれを手伝うようにいいました。単に過去のラインと未来のラインを身体の正面に持ってくるだけでは賢明なやり方とはいえませんでした。眼球の動きによるアクセシング・キューは正常だったため、そうするだけでは、想起したイメージで未来にアクセスし、構築したイメージで過去にアクセスしようとしなくてはならないからです。グループのメンバーは、彼女にたいていの人がするやり方で時間について考えさせようとしましたが、彼女にはそれができませんでした。とうとう彼女がいいました。「ねえ、わたし、後ろを向かされてるような感じなんだけど」そこで彼女には実際に身体ごと後ろを向いてもらい、タイムラインは元の位置に置いたままにしました。彼女はタイムラインが動く前にさっと身体を回転させました。少し奇妙に聞こえるかもしれませんが、なんとこれがうまくいったんです。ふいに彼女には「持て余すほどの時間」ができ、これまでよりはるかに楽に過去のことを考えたり、未来の計画を立てたりできるようになり、とても喜びました。

アクセシング・キューは正常なのに、過去のラインが右下へ降りている女性もいました。彼女が過去について考えるとき、さかんにアクセスしがちだったのはどの代表システムだと思いますか?

参加者:　触運動覚です。感情です。

そのとおりです。彼女は過去の不快な体験について考えると、必ず「強烈な感情」を味わっていました。「強烈な感情」というのは、過去について語ったときに彼女が使った表現です。彼女はそれが気に入らなかったので、過去の代わりに未来に焦点を絞る傾向がありました。そこで彼女は自分の過去を持ちあげて、たいていの人が過去を置いている左側に移動させることにしました。これを行なってからは、強烈な悪感情を抱くことなく過去について考えることができるようになりました。わたしからは、**愉快な**過去の体験について考えたいなら、これまでの時間整理法を置いておくようにと勧めました。

ある男性の過去は、身体の正面にまっすぐ伸びた直線上にあり、それがわずかに右に傾いていました。また、次第に上昇してもいたので、すべてを見わたすことができました。現在はすぐ目の前に、未来は頭のやや後方上部にありました。彼はわたしにいいました。「未来をさっと引っ張り降ろし、中に入ってそれを明らかにするのは、けっこう得意です。ただ、未来をもっと迅速に明らかにできるようなタイムラインの設定方法があるかどうかを知りたいんです」指をパチンと鳴らして、さっと別の行動に移るというタイプの人でした。

未来が頭の上方にあるという点を踏まえた上で、彼の要求についてどう思いますか? 彼がこれまでより速く未来のイメージを引っ張り降ろし、その中に入れるようになりたいと思っているのを忘れないでください。この要求にはエコロジーの問題はないでしょうか?

クリス:　まあ問題はないと思います。未来のなにかについて考えるとき、中に入ってそれを試しているわけですから。そういうやり方をすることで、彼はその未来の可能性について、触運動覚によるる表象を得ているはずです。もし気に入らなければ、そのイメージから出て、別ルートを取ればいいのです。

もし彼がそうやっていたなら問題はないでしょう。でも、彼はよりよい決定を下すことができるようになりたいといったのではなく、「未来をより速く明らかにしたい」といいました。中に入って、それをめざしたいとはいいましたが、望んでいない未来から出られるような柔軟性がほしいというようなことはなにもいいませんでした。クリス、あなたにはたぶんそれができるのでしょう。しかし、彼にもできるかというと、わたしにはまったくその徴候が感じられませんでした。彼はただタイムライン上にある次のイメージを取っては引き降ろし、その中に入るだけなんです。もう少しそれについて考えてみてください。いずれにせよ、彼には未来があまりはっきりとは見えていませんでした。なにしろイメージは頭の上方にあるのですから。したがって、そうしたイメージの中になにがあるのか、詳細はほとんどわからなかっただろうと思います。にもかかわらず、彼はそれをもっと速くやりたいといったのです。

さらに調べを進めると、彼には過去の出来事の保存場所が二ヶ所あることがわかりました。不快な過去は左に保存し、それを見ることはありませんでした。「よい」過去だけは正面右のライン上に置いてありました。したがって、彼が見ている過去の体験は、よい結果が得られたものだけでした。これは彼にどんな影響を与えていると思いますか?

ボブ：　過去にうまくいったことだけを繰り返すようになる。

ジューン：　過ちから学ぶということがない。

サリー：　彼はリスクを恐れなかった。

そうです。彼はことがうまく運んだ場合にだけアクセスして、破綻したケースに目を向けなかったために、やたらと危険を冒すようになり、その一方で、過ちから学ぶということがほとんどありませんでした。すばらしく成功した未来を創り出し、その中に入ることだけはできましたから、いかにも「自信家」という印象を与えていました。いろいろなことをめざす気持ちは一貫していたでしょうが、その一貫性には深みがありませんでした。うまくいかなかったケース――反例や例外――を彼は充分には活用しませんでしたが、そうした反例や例外を利用していれば、それらはすべて現実的なやり方で目標を達成するための助けになったはずでした。彼はのちにリスクの高い大きな事業に手を出し、破産したとのことです。

ボブ：ぼくは運動競技をやっていましたが、こういった自信は運動競技ではとても役立つのではないかと思います。

ええ、いいところを突いています。成功例にだけアクセスしてその中に入るのが役立つのは、厳密には**どういうとき**だと思いますか？

男性：スキーの回転競技で滑り降りるときとか。

そうですね。実際に回転競技で山を滑り降りなくてはならないときには、ポールにぶつかりつづけるところではなく、**正確に**滑り切っているイメージにアクセスしたいと思うでしょう。ですから、この男性は多くの人が利用できるスキルを持っていたのです。しかし、**もっと前の段階で**、「本当に自分はそのスロープを滑り降りたいのか」どうかを見きわめるときには、もし実行したら痛い目に遭わないかどうかを考える方がはるかに賢明です。

いつタイムラインの調整を利用するのか

男性：相手のタイムラインを調整しなくてはならないのはどういうときですか？　誰かとワークしているとき、なにをもってタイムラインの調整がふさわしいと判断するのですか？

その人が自分の望む形で機能していなくて、わたしがその理由をはっきり突き止められない場合、タイムラインか、なにかほかの基本的な構造に問題があってそうなっているのではないかと思い始めます。問題が単純な「刺激－反応」タイプのものであれば、標準的なアンカリングやリフレーミング（『あなたを変える神経言語プログラミング』参照）、スイッシ（『神経言語プログラミング　頭脳《あたま》をつかえば自分も変わる』参照）を利用できます。こうした標準的な方法がいずれも役立たないと思われる場合にも、タイムラインの調整を考えます。

時間の整理法を変更すべきだとはっきりわかる状況もあります。過去志向の度がすぎていて、とりわけたくさんの不快な過去の体験に取りつかれている場合、具体的な出来事を変化させるだけでなく、過去を視野のはるか外側へ移動させるといいでしょう。過去が目前のライン上にある場合には、これが原因で気が散り、人生を前進できなくなっていることがよくあります。一方、未来志向が強すぎて現在を楽しめなかったり、過去のリソースを活用できなかったりする人もいます。また、衝動が強すぎるのが悩みの種で、未来の計画が立てられない人もいます。過食や薬物乱用を訴えるのは、その人が強い現在志向であることを示していると考えて間違いありません。さらに、自分には未来がないと単刀直入にいってくる人もいます。これは、「すぐにもこのアプローチが役立ちますよ」といいたくなるケースです。皆さんもいろいろ探ってみてください。

他者のタイムラインを変更することや所有していないと思われるタイムラインを創ることの倫理について、何人かから質問がありました。タイムラインはあらゆるスキルや限界の根底にあるものなので、時間の整理法を変えることによって、新しい有用な能力が生まれることもある一方、それまであった有能な能力が消去されてしまうこともあります。もしある問題を解決したいと思っている人の手助けをすることが自分の目標なら、自分のできるもっとも倫理的なことは、その人のタイムラインを変更することかもしれません。相手の変化を手助けする場合はどんな場合もそうですが、エコロジーに問題がなく、相手にとって有益な変化を生み出すものをインストールしている限り、倫理に問題はありません。

もし皆さんの目標が単に相手の時間の整理法を見つけ出し、そこから学びを得ることであれば、できるだけ正確に情報を集めるだけにしておきましょう。わたしがこれをする場合は、なにもインストールしないでいる一方法として、相手の言語的・非言語的合図によく注意し、相手にリードしてもらうようにしています。相手をリードする可能性のある提案をするときには、必ずふたつか三つ提案を用意し、相手が選択できるようにします。たとえば、「それが現在であって、昨日ではないというのは、どうやって知るのですか？　現在のイメージの方が大きいのですか？　それとも近いところにありますか？　あるいは別の場所にあるのですか？」という具合にします。もし「そのイメージの方が近いところにあるのですか？　それで違いがわかるのですか？」というように、選択肢をひとつしか与えないと、相手はなんのチェックもせずにあっさり皆さんのリードに従ってしまい、図らずも有用でない変化をインストールしてしまいかねません。

タイムラインについて、また、それをどう働かせるかについて、皆さんはさまざまなアイデアを出すことができると思いますが、もっとも役立つのは、皆さんの理論を押しつけることなく、相手が自らのいろいろなことに気づくよう促すことです。いいですか、相手は常に自らに関する専門家です。

したがって、皆さんは敬意を払って相手の現実を探求してください。自分の現実で相手を威嚇してはいけません。この心構えで相手の現実にアプローチすれば、これまでとはまったく別のすばらしいこと、皆さんにも皆さんのほかのクライアントにも非常に役立つことで、この機会がなかったらけっして出会うことのなかったことをしばしば学ぶことができます。興味をかき立てられて探求するというこの姿勢はＮＬＰの本質をおおいに示すものであり、また、この姿勢を取ることによって、皆さんのワークはいっそう容易になり、いっそう楽しいものにもなります。

第二章　時間を利用する

出来事を描写するとき、それがどの時間に属するものかを示すために動詞と時制が用いられます。多くの言語に見られる傾向ですが、動詞の時制は当然のものと考えられていて、それの持つ影響力はたいてい認識されていません。以下の文を読んで感じたことに注目してください。

「あなたにはぜひ、人生の終わりに成し遂げているはずのことを回想しつつ、その間、五歳の誕生日に体験していることに注目しながら、今あなたがしていることを予測していただきたいと思います」

もしこれを読んで混乱したり軽い頭痛がしたりするとしたら、それは、時間を再設定する言葉が矛盾したやり方で用いられつづけているためです。簡単にいえば、上記の文は「未来の出来事を（さらに遠い未来から）振り返りつつ、自分が遠い過去に**今いる**ことを感じながら、今やっていることに（過去から）目を向けなさい」ということです。言語が体験に与える影響は、通常のルールが破られたときにやっと明らかになることが多いものです。

時制の使い方を理解すると、コミュニケーションは強力な助っ人を得たといえます。今自分のしていることがわからないと、時制を誤って使い、仮定によって誰かの未来のタイムライン上に問題を**インストール**してしまうといったことが簡単に起こります。変化を起こそうとするときに、不適切な時制を使うことによって自分のためにならない取り組み方をするかもしれません。そこで、時制をどう体系的に使えば有用な影響を与えられるかを探っていきたいと思います。

まず、いくつか英語の具体的な時制を検討しましょう。以下の文をそれぞれ心の中でいいながら、自分の内的な体験に注目します。最初は単純な時制で、「わたしの話相手は彼女だった」（過去形）、「わたしの話相手は彼女だ」（現在形）、「わたしの話相手は彼女だろう」（未来形）の三つです。「わたしの話相手は彼女だった」といっているときは、たいていの人が現在を実体験していて、過去のタイムライン上で自分が誰かに話しかけるのを見て（分離体験して）います。「わたしの話相手は彼女だ」といっているときは、たいていその行為を実体験していて、自分の言葉を聴く相手だけを視覚化しています。「わたしの話相手は彼女だろう」といっているときは、たいてい現在を実体験していて、未来のタイムライン上で自分が誰かに話しかけるのを見て（分離体験して）います。

では、上記の三つの状況を進行形を使って「わたしは彼女に話しかけていた」「わたしは彼女に話しかけている」「わたしは彼女に話しかけているだろう」と表現したら、体験はどう変わるでしょうか？　進行形を使うと、通常イメージは動画になります。「話しかけている」「走っている」「している」「聴いている」などというのは、静止画像では充分に対応しきれない現在進行中の行為です。また、イメージが大きくなったり近づいたりすることもよくありますし、たとえ過去や未来のことを話しているときであっても、イメージを実体験している人もいます。では、以下も試してみてください。まず「わたしはその店まで走った」といい、そのあと「わたしはその店まで走っていた」というのです。ふたつめの文では動画（あるいは、長めの動画）が浮かんできましたか？　ふたつめでは実体験していたり、イメージが大きくなったり近づいたりしていますか？

時制の転換によって生じる影響を実証するために、簡単な実験をやってみてください。まず、あなたが抱えているちょっとした問題や限界のことを考え、それをどう表現しているかに注目します。……次に以下の各文を読みますが、「問題」という言葉は、自分の内的な表象に置き換えてください。毎回少し時間を取って、自分の表象がどう変わったかに注目します。もしすぐに変化を見つけられなかったら、隣接する二文の間をすばやく行き来して差異をはっきりさせるなり、離れた位置にある別の二文の間を行き来したりして、その二文の差異を強調しましょう。

この問題が悩みの種になるだろう。
この問題が悩みの種だ。
この問題が悩みの種だった。

この問題で悩んでいるだろう。
この問題で悩んでいる。
この問題で悩んでいた。

ここで時間を取って、リソースに満ちた適切な状態のことを考え……次に、自分がそれをどう表現しているかに注目します。……以下に示すように時制を変えた場合、このリソースの内的表象のサブモダリティがどう変わるかに注目してください。

このリソースがわたしにはあった。
このリソースがわたしにはある。
このリソースがわたしにはあるだろう。

わたしはこのリソースを身につけているところだった。
わたしはこのリソースを身につけているところだ。
わたしはこのリソースを身につけているところだろう。

もし相手に過去の問題を分離体験してもらいたいと思うなら、「あなたにはある問題が悩みの種だった」という単純な過去時制を使うといいでしょう。過去のリソースをもっとしっかり実体験してほしいときには、「あなたはこのリソースを体験しているところでした」という進行形を使います。これは、リソースを現時点でしっかり実体験する段階へ進む第一歩として――第一歩の踏み出し方はほかにもありますが――単なる過去時制よりも役に立つでしょう。

さらに興味深いのは完了時制です。「わたしはそれ以前に彼女に話しかけたことがあった」（過去完了形）は、ある過去の出来事の前に終了している別の過去の出来事について述べています。この文には、時間を示す三つのポイントが含まれています。そして、その出来事は、遠い過去の出来事のことを考えています。「わたし」は現在を実体験しながら、遠い過去の別の出来事の前に発生しています。ふたつの過去の出来事は通常、分離体験されています。そこに述べられた出来事は過去に位置しているだけでなく、その出来事と話し手との間には、いつであるかは特に明示されていない別の過去の出来事が存在しています。これによって、話し手と過去の出来事との分離が拡大します。

この知識を使えば、「単なる情報収集」の間に、相手が問題を分離体験して、遠い過去にそれを置くのを手伝うことができます。たとえば、「つまり、奥さんが別の男性に話しかけるたびに嫉妬したとおっしゃってるんですね？　それは、あるときを境に、それ以前にそうなったことがあったということですか？」という具合です。これでは話が飛びすぎてクライアントが付いてこられないという場合は、段階的に時制を変えていって過去完了にもっていくこともできます。たとえば、「現在もそうなるということですか？　そうでないなら、あるときを境にして、それ以前にそうなったことがあったということですね？」というようにします。問題を完全に解決するには、たぶんこれだけでは済まないでしょうが、時制を慎重に利用すれば、自分の取り組みをサポートすることができます。

上記の言い方は、「それで、あなたが嫉妬するというのは、どの時点のことなのでしょう？　奥さんが別の男性に話しかけるたびに、今後も嫉妬するだろうということですか？」というような言い方をする場合とはまったく別の効果があります。後者のような言い方をすれば、実際のところ、将来も嫉妬しつづけるよう相手をプログラミングしてしまいます。

「わたしはこれまで彼女に話しかけてきた」（現在完了形）というのは過去の出来事を述べていますが、その出来事は現在も継続しているかもしれないし、していないかもしれません。この曖昧さは、体験を現在から過去へ、あるいは過去から現在へシフトさせたいときに中間段階として利用することができます。「では、ずっとこの問題で悩んできたのですね……」という言い方は未来は変わるかもしれないことを示唆していますが、曖昧な言い方なのでラポールを壊すことはありません。たとえば、「では、今までのところ、あなたが言っておいたとおりのことをお子さんたちがしていないと、自分は母親として無能なのではないかと感じてきたということですね」などといえます。

「わたしはそのときにはもう彼女に話しかけてしまっているでしょう」（未来完了形）には、さらに興味深いものがあります。これは、未来のある出来事のあとのある時点について述べています。この時制の効果は、話し手を新たに遠い未来へ向けさせることにあります。話し手はこの遠い未来の観点から、話をしているときにはまだ起こっていない「過去」の出来事を見ることになります。「ではこの問題を解決したあとには、変わることによって得た肯定的な結果にもう気づいているということですね？」というふうに。なにかを過去に起きたことだと設定すると、たいていの人に現実感が生まれます。この時制を使うと、変化は既に過去——未来のある時点から見た未来の過去——に起きたものだと設定できるので、その変化が「本物」のように感じられるようになります。

ふたつの時間枠をおもしろいやり方でリンクさせる時制はもう三種類あります。

「彼女に話しかけたあと」（having＋過去分詞：having talked to her...）という言い方は、ある出来事が別の出来事の前に完結していることを前提としています。「その変化を起こしたあと、今度はなにに集中できると思いますか？」

「わたしは彼女に話しかけたいと思っています」（現在形＋不定詞：I hope to talk to her）という言い方では、その出来事（話しかけること）は意図（達成目標）として表現され、現在のある出来事（そう思うこと）のあとに発生することになります。「その状況でリソースに満ちていると感じたいのですね」

「彼女に話しかけておいてよかったと思った」（過去＋完了不定詞：I was glad to have talked to her）という言い方は、前提となっている出来事（話しかけること）のあとに評価（よかったと思ったこと）が来ていて、評価そのものも過去の出来事となります。「話しかけておいて」という言い方では、話し手とその出来事との間にある過去が存在し、分離体験を増幅しています。「そんな問題を抱えていたことがあったとは、さぞ気がかりだったでしょう？」

どのNLPパターンにも、いろいろな時点の体験にアクセスし、それを配列し直すプロセスが含まれています。チェンジ・ワークをごくおおざっぱに公式化すると「問題の状態から出発して、リソースに満ちた適切な状態を特定し、それにアクセスすること」となります。最終的にはそのリソースに満ちた状態をインストールし、かつて問題の状態を引き起こした同じきっかけに反応して適切な状態が引き起こされるようにします。これは、動物の調教師がするように非言語的にリアルタイムの体験を引き出し配列して、完全に行動的に行なうことができます。しかし、もしぜひ言葉を使って行ないたいというのであれば、時制を適切に使い、内面の主観的な時間に沿って出来事を再配列しましょう。たとえば、「不快感をもたらしていたきっかけに気づくと、不快感の代わりに満足のいくこの感覚を味わうことができますよ」といいます。

リチャード・バンドラーが時制の転換を使って「トーピードゥ（魚雷）・セラピー」を行なったときの様子を以下に紹介します。読む前に自分が起こしたいと思っている変化について考え、その変化の内容を以下に当てはめてみましょう。

「その変化を起こしたあとは、どんな感じになるでしょう？……**今**……未来で……過去を振り返り、それ以前にその問題を抱えていたときどんな感じだったかを眺めながら……**今**、ここで、この部屋に座って、それについて考えてください」

リチャードが上記の文の中で行なっていることを別の方法で説明してみましょう。現在抱えている問題や限界を解決するためには、以下の手順を踏むということです。

1．自分で解決できない問題を抱えているとしたら、今、自分はその問題の状態を実体験しているということであり、したがって、望ましい状態にまったく気づいていないのかもしれない。

2．変化への第一歩は、**分離体験**をして、**未来**の可能性としての望ましい状態について考えることである。ここで、未来においてリソースに満ちた状態で**活動している自分自身**を思い描く。

3. 次は、現在の問題の状態を分離体験し、未来のリソースに満ちた状態を実体験する。今わたしは**リソースと共に未来に**いる。

4. 見通しの利くこの未来の位置からは、既に終わった過去にあるかつての問題行動を見ることができる。

5. ここで、未来の「今」と現在の「今」を同時に点火する。その結果、わたしはリソースを今味わい、問題は過去に**済んだこと**になる。

もちろん、リチャードの言葉をただ繰り返すだけでは、誰かを自動的に変化させることはできません。ラポールを築き、感応性を高め、適切なタイミングに、催眠的なイントネーションで、声調を転換しながら語りかけなくてはなりませんし、相手が実際に適切な体験にアクセスしていることを示すフィードバックを確認しながら語りかけなくてはなりません。適切な時制の転換は、どんなチェンジ・ワークをするときにも強力な協力者となりえますが、不適切な時制の転換は、そうでなければ効果的なワークとなったはずものを混乱させかねません。

以下に、同様の手順を変形させたものを紹介します。これもリチャード・バンドラーの「トーピードゥ・セラピー」から採ったものです。ゆっくり読み、自分の体験にどんな影響を及ぼすかにしっかり注目しましょう。

「もし自分自身のためにこの変化を起こすことができたら……その結果、以前取っていたあの行動を取るのをやめることができ……既にその変化を起こしたあとで、自分のありのままの姿を見ることができたら……今……目に映っているものが気に入りますか？」

クライアントのタイムラインがわかっている場合は、適切な手の動きを利用することによってこのプロセスを増幅し、クライアントが別の時間枠にアクセスして時間の向きを転換するのを助けることができます。

これまでは、クライアントの体験をシフトするために、時間を表わす言葉をどう利用できるかという点を強調してきました。クライアントや友人の時制によく耳を傾けると、貴重な情報を相手から集めることもできます。クライアントが「自発的に」問題を過去時制で話し始めたら、問題は既に過去に移っていることがわかります。たとえば、「そのせいでどれだけ悩んだかと思うと、愕然とします」というのと、「そのせいでどれだけ悩んでいるかと思うと、愕然とします」というのとでは、大きく異なります。時制は自分のワークをテストする補足的手段になります。クライアントが問題を話すとき、現在時制や未来時制を使いつづけるようなら、あなたはまだワークを終わるわけにはいかないということかもしれません。クライアントが過去時制で問題を話したら、うまくやってきたと思っていいでしょう。はっきり確認するには、行動を使ったテストを行なうか、詳細な未来ペースを行なってください。

因果関係

出来事を理解したり予測したりするときは、誰でも因果関係を解釈して利用します（これが哲学的に適切かどうかは完全に別の問題で、この問題については長年思想家たちが論議を続けています）。原因は必ず結果より先に存在しなくてはなりません。将来たぶんこういう結果になるであろうという解釈が原因になっている場合も、その**解釈**は、それによって発生するいかなる結果よりも早い時点で発生していなくてはなりません。これゆえに、因果関係は規則的な時間の感覚に完全に依存しています。もし出来事をある順序に並べられないとしたら、因果関係を成立させることができないでしょう。そうなると、解釈の大半は、ひどく無秩序な状態の精神疾患のいくつかに見られるような大混乱に陥ります。

自分に実力があると感じている人は、自分は**原因**であり、自分には自らの状況の変更についてさまざまな選択肢があると理解しています。対照的に、自分を無力だと思っている人は、自分は原因ではなく**結果**だと理解しています。こういう人には、抑うつ状態の典型的な反応――および、意欲の欠如や薬物乱用のほか、抑うつ状態が引き起こすことの多い他の問題――に加えて、免疫系の抑制や寿命の短縮など、充分に立証された生理的影響が数多く出ます。黒色腫（皮膚ガン）の第四段階にいる患者に関する未発表の予備研究*によると、自分の行動がガンの進行を抑えるのに効果があるはずだと信じていた患者は長く生きています。それに引きかえ、「たまたまガンに罹ってしまった」と信じ、病気の経過を変えるために自分にできることはなにもないと信じていた患者はすぐに亡くなっています。

（＊）Dr. Martin Jerry, Tom Baker Cancer Centre, 1331 29 St. NW, Calgary Alberta, T2N 4N2 Canada.

因果関係の信念は、まとまりのある内的世界の維持にとってきわめて重要であるため、それらをどう表現しているかを調べるのは理にかなっています。そこで、「雨が降れば、草が伸びる」とか「愛情豊かな子供時代を送ると、バランスの取れた大人になる」など、**自分**が事実だと信じているちょっとした因果関係を考えてみてください。そして、その因果関係を表現するのに使っているサブモダリティに注目します。……

これを行なうひとつの方法としては、原因から結果に至る出来事を（実体験としてでも分離体験としてでも）詳細にわたって完全な映画にするというのがあります。あるいは、この完全な映画を短縮して、コマ割りの映画にしてもかまいません。そうすると、さほど詳細ではなくなりますが、因果関係はかえって際立つでしょう。また、もっと簡単な略図や、二枚の静止画像を矢印で結んだものなどを使うこともできます。

こうした因果関係の表象は一貫性のある世界の維持にとって非常に基本的なものなので、変化させるのが難しいことがよくあります。「子供の頃に虐待されているので、親密な関係の中では安心していられない」というような限定的な因果関係の信念を削除しようとすれば、相手の理解の仕方の一部を文字どおり攻撃することになります。一般的には、同じ根拠を別のやり方で使って新しい因果関係を創り、限定的な因果関係の前提を見劣りさせたり無効にしたりする方がはるかに簡単です。たとえば、まず相手に「あなたは悲しい子供時代を送って、そのことを事細かに思い出せます。また、自分の体験から、情緒的に問題のある大人がどんなことをするかがわかっていますし、そういうことが起きそうなときを教えてくれる警告の合図もよくわかっています」などといいます。ここでは、相手の体験に対して完全なペース合わせをしています。つづいて、相手を新しい方向に導き始めます。「幸せな子供時代を送った人たちはそういうことを学ぶ機会に恵まれませんでした。その人たちは親密な関係の中にいて安全だと**感じている**かもしれませんが、いつなんどき荒廃するかもしれない幻影の幸福の中に生きているだけです。アフリカのジャングルへのんきに散歩しに行く小さな子供のようなものです。あなたは起こりうることが**わかっている**し、それを警戒することができるのだから、いつ本当に安心できるのかをはるかによく見きわめられます。あなたはその子供時代ゆえに、よくわかっていないために安全だと**感じている**だけの人たちより、実際にははるかに安全なはずです」因果関係の変更は、「意味のリフレーミング」と呼ばれるものの重要な部分を占めています（詳細はバンドラー&グリンダーの『リフレーミング』〔吉本武史他訳、ヒューマン・グロウス・センター〕参照）。

時間に関する前提

ＮＬＰプラクティショナーは以前から前提を利用しています。前提がどう働くかは、サブモダリティを使うことで、よく理解できるようになります。複雑な前提に関する二四の構文のうち、九つが時間に依存しており、それらは催眠誘導で一般的によく用いられるものの一部でもあります。もっともよく用いられるのは「時間を表わす従属節」と呼ばれるもので、それには「～（する）前に、～（して）から、～（する）間、～（し）ながら、～（して）以来、～（した）とき、～より優先的に、～（する）間に」などの言葉が含まれています。これらの言葉によって、ある時間の体験と別の時間の体験との間に、前提を介した配列やつながり——明確な意識的因果関係とは対照的なもの——が生まれます。

次の実験をやってみましょう。まずレストランで夕食を食べているところを思い描き……つづいて、「ある提案について話し合っているところ」を思い描きます。……では、次の文を自分がどう体験しているかに注目してください。「レストランで夕食を食べてから提案について話し合おう」……心の中でふたつの表象がどれだけスムースにリンクしたかに注意してください。前提の見きわめに熟達している場合を除き、このプロセスは無意識に行なわれます（ふたつの表象をリンクさせずに同じ文章を読んでみてください）。つづいて、少し文を変えてみます。「提案を話し合う前に、レストランで夕食を食べよう」としましょう。この場合、「提案を話し合う」を形成している最初の表象は、「レストランで夕食を食べる」の表象のスペースを作るために、あまり詳細でない周辺視野に退きます。いずれの文でも、結果は同じです。前提となる表象が、より強く意識しているもう一方の表象にリンクした状態になります。そこに至るプロセスは、二文の文順の違いに従ってわずかに異なったものになります。

さて今度は、「～（し）ながら」を使ってみましょう。次の文をどう表現しているかに注目してください。「提案について話し合いながら、レストランで夕食を食べよう」……つづいて、逆の文をやってみましょう。「レストランで夕食を食べよう、提案について話し合いながら」……これらの文では、ふたつの表象は一体となり同じ時間枠に収まっています。たいていの人は前者の方が処理しやすく感じます。早く出てくる「〜ながら」という言葉が、これからふたつの表象を結びつけようとしているところだと警告してくるからです。後者では、最初の表象を形成したのちに、その表象にもどって変更しなくてはなりません。

先ほど挙げた時間に関係する言葉の中から別のものを選んで実験を続ければ、それらがサブモダリティを変えて心の中で表象どうしを結びつける様子を発見することができます。

同様にして、時間を使って前提を行なう他の八構文の影響力も発見することができます。それらについては以下のリストにまとめました（リチャード・バンドラー&ジョン・グリンダーの *Patterns of the Hypnotic Techniques of Milton H. Erickson, M.D. Vol. 1* の付録（pp.257－261）より転載）。括弧でくくったふたつめの文は、引用符でくくった前文の前提となっています。

1．複合形容詞：　新しい、古い、かつての、現在の、以前の。「もしフロドが古い指輪をはめていたら、わたしは吹き飛ばされてしまうだろう」（フロドには新しい指輪がある）

2．序数：　第一の、第二の、第三の、第四の、など。「もしこの手紙の中に第三の手がかりを見つけられたら、おまえにモスキート・パイを作ってあげよう」（すでにふたつの手がかりが見つかっている）

3．反復を暗示する言葉：　〜も、また、〜も…しない、再び、元へ、もうひとつの。「もし彼女が再びそのことをわたしにいってくれたら、わたしは彼女にキスするつもりだ」（彼女はそのことを以前わたしにいったことがある）

4．反復を示す動詞および副詞（英語では、re- で始まる動詞や副詞）：　繰り返して、もどる、復元する、改作する、〜に取って代わる、更新する。「もしわたしが出かける前に彼がもどってきたら、彼に話をしておきたい」（以前彼はここにいたことがある）

5．場所の変化を示す動詞：　来る、行く、去る、到着する、出発する、入る。「サムは、もしもう家を出たとしたら、今頃は迷子になっている」（サムは家にいた）

6．時間の変化を示す動詞および副詞：　始める、終わる、やめる、出発する、続ける、進行する、既に、まだ、依然として、もはや。「ハリーはきっと微笑みつづけるよ」（ハリーは今までずっと微笑んでいたし、今も微笑んでいる）

7．状態の変化を示す動詞：　変化する、変形する、〜と化す、〜になる。「もしメイがヒッピーになったら、たまげるだろうな」（メイは今はヒッピーではない）

8．反事実的条件節：　動詞が仮定法になっているもの。「もしおまえがわたしや父さんのいうことを聞いていたら、今のすばらしい地位には就いていなかったでしょう」（おまえはわたしや父さんのいうことを聞かなかった）

これらの例文のうち、何例に因果関係を示す「もし〜ならば」の構文が使われているかに注目してください。「もし〜ならば」を使わなくても、上記の構文を利用した文を作ることはできますが、そういう文にもやはり因果関係は含まれることになります。

説得力のある未来

人間特有の現象のひとつに、未来を思い描くことができるということ、また、こうした未来の表象にはしばしば意欲をかき立てる力があるということがあります。未来の表象はわたしたちを説得して、自分の望む未来を創るために今すべきことをさせます。ここで少し時間を取って、簡単なエクササイズをしましょう。想像した未来の出来事を自分にとって説得力のあるものにするサブモダリティを見つけるエクササイズです。

▼エクササイズ

1．説得力のある未来を考える　現時点で行動を取らざるをえないと納得できる未来の結果（X）について考えてください。この結果は不快なものかもしれません。たとえば、交通事故のことを考えると、必ずシートベルトを締めようと思います。あるいは、愉快な結果かもしれません。庭の手入れをするのは、夏に楽しめると思うからでしょう？

2．説得力のない未来を考える　上記と同じタイプ（愉快／不快）の未来の結果（Y）で、現時点で行動を取らせる説得力のない事柄、しかも、もしそれに説得力があったらとても役立つだろうと信じていることを考えてください。（Y）は必ず前段階で選んだ結果と同じ種類のものにします。もし（X）が不快な結果なら、（Y）も不快な結果でなくてはなりません。たとえば、歯をすべて失って歯周病になること。そのことを考えても、歯をフロスする気にならないという場合、（Y）の条件を満たしています。もし（X）が愉快な結果なら、（Y）も愉快な結果でなくてはなりません。たとえば、定期的に洗車すれば車の見栄えがよくなる、ということ。それがわかっていても、実際にはいつまでたっても洗車する気にならないという場合、（Y）の条件を満たしています。

3．対照分析を行なう　ふたつの表象を比較して、サブモダリティの差異を明らかにしてください。差異をそれぞれテストして、どのサブモダリティを変えれば（Y）を説得力のあるものにできるかを見つけましょう。

4．エコロジーをチェックする　（Y）を、現時点で行動を取らざるをえないと納得できるような結果に変え、望ましい結果に到達できるようにしたり、望ましくない結果を避けられるようにしたりしようとすることについて、なんらかの反対をしているパートはいますか？　反対や懸念は、先に進む前にひとつずつ完全に対処してください。

5．マップアクロスを行なう　特定したサブモダリティの差異を使って、（Y）を、現時点で行動を取らざるを得ないと納得できる表象に変えます。

6．テストする　この未来の表象によって、今、現時点で行動を取ろうという意欲が湧いてきますか？

現実性による強制

これもまた、サブモダリティの差異の対照分析とマップアクロスの原則をそのまま適用する方法です。例によって、結果を表わす表象は、より大きく、より明るく、より近く、よりカラフルであるものほど強い反応を引き出しますし、行動を取らせる説得力も強くなります。

しかし、説得力を持つためには、その結果は**現実的**であり**信じられる**ものである必要もあります。先ほど見つけたサブモダリティの差異を見直せば、現実性のコード化に関わるものがいくつか見つかります。それらは、ありそうもないと思っている結果と起きるはずだと心から信じている結果とを見分けるのに役立ちます。ある参加者は喫煙者に起きると思われることを**アニメ**にして、それを見ながら喫煙のもたらす不快な結果を考えました。ミッキーマウスの肺が真っ黒になっていくところを見たのです。いうまでもありませんが、彼はこれによって行動を取らざるをえないという気持ちにはなりませんでした。喫煙の結果が現実のものとして迫ってくるような形で未来を描いてないからです。

では、ここでちょっとして実験をしましょう。なにか自分が**その気になればできる**ことで、実際にはしそうにないこと（Z）――たとえば、服を着たままお風呂に入ること――を考えて、それをどう表現しているか注目してください。

次に、「わたしは**その気になれば**（Z）をすることができる」（「わたしは**その気になれば**服を着たままお風呂に入ることが**できる**」）と自分にいいきかせます。……

今度は、「わたしには（Z）をする**権利がある**」（「わたしは服を着たままお風呂に入る**権利がある**」）といい、なにが変わるかに注意します。……

つづいて、確信のある口調で「わたしは（Z）をする**つもりだ**」（「わたしは服を着たままお風呂に入る**つもりだ**」）といい、再びなにが変わるかに注意します。……

典型的な反応としては、「わたしはその気になれば（Z）をすることができる」は、自分が自由に可能性を考える場所に位置しています。それがどんなにありそうにないことであっても関係ありません。そして、これはタイムライン上にはありません。「わたしには（Z）をする権利がある」は通常、未来のタイムラインに向かって動き、「わたしは（Z）をするつもりだ」は実際に未来のタイムライン上にあります。もちろん、その決意が他と調和したエコロジーに問題のないものでなければ、タイムライン上に留まることはありません。

肯定的な説得力のある未来の表象には、タイムライン上にあるという特徴があります。タイムライン上にない表象は、それがどんなに大きく、どんなに明るくても、一般的に説得力がありません。大脳は、「これはおもしろいが、わたしの生活には妥当ではない」などと考えているのかもしれません。説得力のある未来の表象に備わっているサブモダリティの特徴は、信用できる未来の表象に特徴として備わっているものと同じでなくてはなりません。もしそれが他の未来の表象からかけ離れていたら、信用できるとは思えないでしょうし、行動に移さずにはいられないという状態にもならないでしょう。未来の結果が極端すぎて、途方もない風刺漫画にしか思えない場合、それが原因で、行動を起こす説得力が生まれないこともよくあります。

未来の結果を思い描くとき、過去のどこかで個人的にその結果を体験していると、描き方は自然と現実味を帯びます。小さな子供が未来の結果をいかにも現実らしく描くようになるのは、現実世界で実際にそれらを体験するようになってからであることが多いものです。わたしたちは幼い息子たちに熱いコンロのことをいってきかせましたが、息子たちはコンロに手を伸ばしてさわって初めて、それは避けるべきだものとして、説得力があり信用できる表象を描くようになりました。

自分が実際に体験したことは強力な教訓を与えます。これは大人にとっても同じです。心臓発作や脳卒中を体験し、説得力のある証拠を突きつけられると、多くの人々があっという間に（いとも簡単に）禁煙します。最近行なわれたある対照研究では、虐待されているという妻の訴えを無作為にふたつのグループに振りわけました。一方のグループの虐待する夫は逮捕され拘留されたのに対し、もう一方の虐待する夫に対しては警告が与えられただけでした。その結果、警告を与えられただけの夫は、約七割が虐待を繰り返し、一方の逮捕された夫は約三割しか虐待を繰り返しませんでした。しかし、この三割に該当する多くは、別に強がるふうもなく、「最初に捕まったのはアンラッキーな災難のようなもんさ。もうこんな目に遭うことはないと思う」と語りました。最初の逮捕だけでは、彼らに説得力のある未来を築くことはできなかったのです。

年齢を重ねるにつれて体験的な基盤が増大するので、実際には体験していない説得力のある未来の結果をそこから構築することも多くなります。トラックに跳ねられなくても、たいていの人はトラックの前には絶対に飛び出さないというイメージを描くことができます。状況が実際の体験からあまりかけ離れていない限り、これでうまくいきます。本格的な戦争を体験した人でも、第二次世界大戦時のありとあらゆる破壊がほぼ終日毎分ごとに起きるかもしれないような全面核戦争は想像できません。わたしたちはこのような未来を説得力のある形で想像することができないために、残念ながら、そうした未来はわたしたちの計画にさほど影響を及ぼすことがありません。

説得力のある未来についての討論では、現在の行動と未来の結果の間にある因果関係に気づいていることを前提としてきました。ときには、未来の結果を信じられるものとして鮮やかに認識していても、それらに影響を与えるためにできることがあるとは思っていない人がいます。こういうケースでは、説得力のある未来を構築するのは不要なことかもしれません。代わりに、現在の行動と未来の結果を結びつける現実的な因果関係を主観的に創造する必要があります。

ある行動と未来の愉快な結果との間の因果関係に気づいている場合は、その行動について、なにを、いつ、どこで行なう必要があるのかをはっきりさせ、あとはその行動を未来ペースするだけで済みます。

しかし、ある行動と未来の不快な結果との間の因果関係を認識している場合は、そう簡単にはいきません。この行動とそれのもたらす望ましくない結果とを未来ペースしても、役には立たないでしょう。未来の不快な結果によって行動を変えずにいられなくなるのは、そうすることによって有用な正反対のプロセスが引き起こされるからです。一般的には、文字どおり「ノー」とか「そんなのはごめんだ」などといって、代わりの愉快な結果を得られる別の行動を取る段階に進みます。このとき未来のタイムライン上で作動しているのが、代わりのこの**望ましい行動と結果**です。

既になにか有用なことをする動機となっている不快な結果を選び、つづいて**マップアクロス**をすれば、新しい不快な結果の他の要素はたいてい自動的に収まるべきところに収まります。新しいものをその古いものと同じにすると、それには既に他の必要な要素がそろうので、有用なことをする動機になります。

将来の計画を立てるためには、意欲をかき立ててくれるような説得力のある未来と、なにをすべきかを知るための因果関係、実際に行動をプログラムするための未来ペースが必要です。これらのステップのどれが欠けても、時間を利用して出来事を予測し対処することはできないでしょう。

第三章　スイッシ

リチャード・バンドラーの著書『神経言語プログラミング　頭脳《あたま》をつかえば自分も変わる』の編集後二年間に、わたしたちはスイッシを効果的に使うための委細に関して多くの経験を積みました。本章では、いずれの代表システムを使ったスイッシも効果的に行なえるよう、詳細なガイドラインを説明し、クライアントに対してスイッシを使った特異な実例もいくつか紹介しています。また、本章の内容は上記『神経言語プログラミング』のスイッシに関する章を読んであることが前提となっています。

大きさや明るさを使うスイッシでは、手がかりとなるイメージを最初大きく明るい状態で思い描き、それを急速に小さく不鮮明にします。同時に、望ましい自己イメージは、最初小さく不鮮明にしておき、それをすばやく大きく明るいものにします。このようにサブモダリティを変えることによって、その人の注意は手がかりのイメージから望ましい自己イメージへすばやく移ります。このプロセスはチェイニングと呼ばれるもので、これによってふたつの体験をリンクするのです。

スイッシの三大要素は以下のとおりです。

1. スイッシの起点となる手がかりを選択する
2. 魅力的で意欲が湧くような望ましい自己イメージを作る
3. 強力なサブモダリティの転換を行ない、ふたつをリンクしてまとめる

手がかりの選択

手がかりはスイッシを始めるトリガーとなるので、効果的に働くものを見きわめることが重要です。不適切なものを使うと、スイッシは完璧に作動しても、見当違いの時と場所で作動するかもしれません。

信頼できるイメージであること　手がかりとなるイメージは、問題の行動が発生する直前に**必ずそこにある**ものを選びます。スイッシを行なったのに、問題行動は著しく軽減するだけで、完全には取り除くことができないという場合、問題行動を引き起こしている手がかりがまだほかにもあるかもしれないと考えて、探ってみるといいでしょう。たとえば、わたしたちの教え子がある喫煙者にスイッシを行なったことがありますが、その男性は一日に吸う本数をあっという間にひと箱から五本に減らし、

自分の煙草を持ち歩くこともなくなりました。しかし、ときどき友人に一本ねだることがありました。彼が使った手がかりのイメージは、自分の手が「煙草の箱から」煙草を一本取り出すところを見るというものだったので、その手がかりがある場合には、スイッシは完璧に作動しましたが、自分の手が「誰か別の人の手から」煙草を受け取るのを見ても、スイッシは作動しなかったのです。彼の大脳はある状況から別の状況への一般化を自動的には行ないませんでした。中にはそういう一般化を自動的に行なってしまう人もいますが、それを当てにしてはいけません。手がかりのイメージを「自分の手に煙草があるのを見ること」に換えてスイッシをやり直したところ、彼は完全に禁煙できました。

手がかりのイメージが具体的すぎた例をもうひとつ挙げましょう。あるクライアントは右手で煙草を吸うのを完全にストップすると、今度は左手で吸い始めました。「煙草を持つ自分の手を見る」ようにいわれたら、たいていの人は、**左右いずれかの**手を指していると解釈するでしょう。このクライアントも左右の手を区別していました。スイッシは右手には完璧に効きましたが、左手にはまったく用をなさなかったのです。

指の爪のあま皮をむしっていたある女性は、**双方の**手がもう一方の手のあま皮をむしるイメージを手がかりにしました。すると、その行動はやみましたが、それぞれの手が同じ手のあま皮をむしるのはやみませんでした。そこで、それぞれの手が同じ手のあま皮をむしるイメージを使ってスイッシをやり直すと、その行動もなくなりました。

内的イメージを手がかりにする　数多くの外的な環境の手がかりが、いずれもひとつの内的状態を引き起こし、その内的状態が今度は望ましくない反応を引き起こしている場合、信頼できる内的イメージを手がかりにすると、プロセスはしばしばはるかに簡単かつ簡潔になります。リチャード・バンドラーはパニック発作を起こす女性にスイッシを使ったとき、時計を見て友人が約束の時間に三〇分遅れていることに気づくというような外的な手がかりではなく、負傷した友人をクローズアップしたクライアントの内的イメージを手がかりのイメージとして利用しています。この内的イメージは、その女性がパニックを起こす直前に必ず生じていたため、スイッシの手がかりとして信頼できたのです。

このクライアントは、自分の内的イメージはいくぶん違っていることもあるといいました。「回りの世界を見ると……そこには誰ひとりいない」というイメージになることもあるとのことでした。リチャードはこの二番目のイメージについてははっきりしたスイッシを行ないませんでしたが、彼女にとってそれは最初のイメージと「同じ」ものだったので、彼女は無意識のうちにこのイメージにもスイッシを一般化していたのです。

手がかりのイメージは通常、実体験しなくてはならない　たとえば煙草を持つ自分の手を見るというような、外の現実世界の手がかりを手がかりのイメージにする場合、それは**必ず実体験**しなくてはなりません。そうすれば、実際に現実世界で出会うものに可能な限り近いものになります。この結果、現実世界の手がかりは、それと同じ手がかりの内的イメージに基盤を置くスイッシのメカニズムを確実に始動させることになります。

望ましくない行動反応を引き起こすものとして信頼できる内的イメージを手がかりのイメージにす

る場合、そのイメージは、**それが望ましくない反応を生み出しているときに本人が体験しているものとまったく同一のもの**でなくてはなりません。あるクライアントは、多くの状況で十分な効果がないような気がするとこぼしました。彼女は各状況で、自分に対して事実上、逆のスイッシを行なっていました。つまり、取り乱して力なく行動している自分のイメージを（分離体験しながら）パッと光らせていたのです。変えたいと思ういずれの状況でもこのイメージを思い浮かべていたので、彼女には、分離体験していたこの内的イメージを、手がかりのイメージとして使ってもらいました。のちの報告によれば、そのおかげで状況は大きく転換し、彼女は自分がリソースに満ちているのを感じながら行動できるようになったとのことです。

望ましい自己イメージ

望ましい自己イメージとは、「選択肢の増えた自分、その望ましくない行動／反応が問題でなくなった自分」のことです。このイメージには、変化への強力な動機づけとなる諸々の要素が備わっています。

自己イメージは常に分離体験しなくてはならない　望ましい自己イメージによって意欲が湧くようにするには、そのイメージを**分離体験する**ことが重要です。分離体験しているからこそ、そのイメージに惹きつけられるのです。実体験していたら、既にその中にいるわけで、したがって動機づけにはなりません。もし実体験しているイメージに対してスイッシを行なったら、スイッシという方法のもっとも強力な要素のひとつを無駄にしているようなものです。これについては、『神経言語プログラミング　頭脳《あたま》をつかえば自分も変わる』でもページを割いて論じられています。ときには実体験しているイメージにスイッチを行なって問題解決に至ることもありますが、分離体験しているイメージに対して行なったスイッシほどは強力でなかったり、**生成的**でなかったりします。その結果は、単純なチェイニングやひとつの状況から別の状況へのマップアクロスによって得られる結果に似たものになるでしょう。マップアクロスを行なうと、一般的にはリソースに満ちたある特定の状態を実体験して終わることになります。

望ましい自己イメージを創りあげていくプロセスにおいて、一時的にそれを実体験し、そういう人間になるとどういう感じがするのか感じてみるのは、役立つことがあります。特にこれが当てはまるのは、クライアントが「選択肢の増えた自分が見えますが、それがどんな感じなのか見当がつきません。好きになれるものやらどうやら…」などというような場合です。一時的にそのイメージを実体験することによって、それがどんなにすばらしいものになるかについて、情報を得ることができます。その後、分離体験したイメージに向かってスイッシを行なえば、その動機づけの力は増大します。

実体験は、問題を克服するのに充分な選択肢を備えた自分の姿をクライアントが思い描くことができない場合にも役立ちます。まず創造的なリソースをふたつ、三つ増やした自分を想像するようにいい、つづいて、そのイメージを実体験するよう指示します。「あなたには今、この創造的なリソースが加わっていますから、さらに強力で、さらに適切な望ましい自己イメージを創りことができます」望ましい自己イメージを創りあげる作業をチャンク・ダウンするために、この手順を必要なだけ繰り返します。

資質か具体的な行動か　自己イメージは資質に関するものであって、具体的な行動を云々するものではありません。自己イメージとして描くのは、どんな代替行動を取ったらいいかがわかっている自分ではなく、能力と選択肢を備えた自分です。

これを明確に区別できないクライアントがいます。はっきりさせる方法のひとつは、以下のようにいうことです。「たとえばスキーなど、自分がうまくできることについて考えてください。もし自分のスナップ写真を見ているとしたら、その写真の中で自分が実際にスキーをしていなくても、その写真を見れば、そこにいる自分はスキーがうまいとわかるでしょう」

差異を説明する別の方法として、こんなふうにいうこともできます。「今から数分後にあなたに向かってこのペンを投げますよと、わたしがいったと思ってください。もちろん、あなたがペンをキャッチしやすいように、そういったのです。さて、そのペンを自分がキャッチするところを想像しようとしても、あなたには自分がそれをどうキャッチするのか――手を上に伸ばすのか、下に伸ばすのか、それとも横に伸ばすのか、など――正確にはわかりません。わたしがどう投げるかによってそれは変わってくるからです。でも、どんな形でそれをするのかはわからなくても、自分がキャッチできるということはわかっています」

あるいは、「今から一週間後にレストランで食事を注文している自分を想像しようとしても、なにを頼むか決められません。そのときどれだけ空腹かによっても、メニューになにがあるかによっても変わってくるからです。それにもかかわらず、実際にレストランに行けば、自分が適切な注文ができることに自信を持っていることはわかっています」とも。

こうした説明をしても、あるワークショップの参加者は区別を明確にできませんでした。そこでわたしは、最前列にいた女性を指差しました。この女性は身なりがきちんとしていて、とてもてきぱきしていました。「あの女性をご覧なさい。彼女の服装や姿勢、動き方やあなたを見つめる見方から、さまざまな能力と選択肢を備えた女性であることがはっきりわかりませんか?」もし手近にこんなふうに指摘できる参加者がいない場合は、クライアントが称賛している誰かについて考えるようにいい、それから同じやり方をすればいいでしょう。

選択肢と能力という**資質**を備えた自分自身のこのイメージは、問題の状況にふさわしいさまざまな行動を創造する方向に自分を引っ張っていってくれます。**具体的な行動**をプログラミングしたいと思ったら、新しい行動を生み出す法など、NLPの別のテクニックを使う方が簡単です。新しい行動を生み出す法については、『神経言語プログラミング　頭脳《あたま》をつかえば自分も変わる』でも詳しく論じられています。

エコロジー　スイッチをエコロジーの問題のないものにしようとする要素が、スイッチ自体の中にいくつかあります。具体的な解決法ではなく、**資質**を備えた望ましい自己イメージを使うという事実が、これによる変化はエコロジーの問題のないものになりやすいことを物語っています。具体的な解決法というのは、どういうものであってもエコロジーの問題をはるかに伴いやすいため、「これをもはや問題としていない自分」がエコロジーを保護するのです。もしクライアントが具体的な解決法を求めたら、これはクライアントの意識が語っていることであり、いまだにその解決法がインストールされていないのは、どこかに不適切な部分があり、それを把握しているパートがほかにいるからかもしれないということを覚えておいてください。**資質**でプログラミングすれば、望ましい目標に到達する**方法**の柔軟性ははるかに高まります。状況の要求に応じて具体的な代替行動を数多く生み出せる人を皆さんもご存知でしょう。

スイッシにエコロジーの問題を発生させない要素としては、ほかにも、望ましい自己イメージの創造には本人の無意識がおおいに関与しているという点があります。最初の方向づけは意識的なものであっても、その結果得られるイメージは自律的で無意識的なものです。無意識のリソースに刺激を与え、無意識の他の目標を満足させるイメージを生成しているのです。もしこれが信じられないなら、そうしたイメージをひとつ創り、それを意識的に変更しようとしてみてください。一時的には変えられるかもしれませんが、たいてい、意識の注目がそれたとたんに元にもどってしまうでしょう。

資質と能力を備えた自分自身のこのイメージはあらゆる無意識のリソースに刺激を与え、状況に合わせて数多くの具体的な行動を生み出します。スイッシはしばしばほんの数秒で行動を再編成します。スイッシでよい結果を得た人たちの大半は、どんな再編成が行なわれたのか、自分がどうやってそれを成し遂げたのかについて、意識的に把握していた情報はまったくないと報告しています。

こうした要因はすべてスイッシをエコロジーの問題のないものにしようとしますが、クライアントの無意識が持つ能力に頼っているのも事実です。ときにはちょっとした助けや指示が必要になるかもしれません。

適切なリソースにアクセスする　クライアントに「もはやこれを問題としていない自分」を思い描くよう指示したとき、状況に対処するためのリソースを備えた人物をすぐに視覚化できるクライアントもいますが、変化をもたらすリソースを持っているような人を想像するのに助けが要るクライアントもいます。そんなときでも、どんなリソースがそのクライアントのためになるか、皆さんには推測できていることが多いと思います。クライアントには変化をもたらすリソースが思い当たらないことがあっても、皆さんには見当がつけられます。クライアントにリソースを提案するときは、相手をよく観察し、相手が肯定的に反応したものを増幅しましょう。クライアントが反応しない提案は引っ込めます。

たとえば、「ささいな」ことにすぐカッとする人にスイッシを行なっている場合は、次のようにいえます。「もし適切なら、他者に対して思いやりを持つ能力を追加してもいいですね。そうすれば、その人が間違いを犯すこともあるだろうと予測することができるようになります。つまり、その能力を持ったあなたは、これまで以上に相手の観点から物事を見られるようになり、なぜその人がそういう振る舞いをしたのかをもっとよく理解できるようになるということです。たぶんこのあなたには、なにかがうまく行かなかったときの責任の所在を明らかにする必要はありません。代わりに、相手には相手の考え方があることをただ認めて、どうすれば双方にとって状況がうまく回るようになるかをすぐに考え始めるでしょう」ひとつのイメージにリソースをたくさん詰めることも可能です。そうした提案をするときの指針は、「これらは適切なリソースか？」ではなく、「こういう言葉をかけたら、クライアントはこれまでよりはるかにリソースに満ちて魅力的に見えるものを思い描けるようになるだろうか？」にしましょう。

適切なリソースを考える別の方法としては、これまでの反応の肯定的な意図を満足させるようなリソースを、望ましい自己イメージに加えるというのもあります。これをすれば、ワークは確実にエコロジーに問題のないものになるでしょう。仕事の手を休めてリラックスするために喫煙するという人には、以下のようにいえます。「喫煙とは無関係になったあなたを思い描いてください。このあなたには、休憩してリラックスする方法の選択肢が**たくさん**あります。彼が**どうやって**そうしているかは正確にはわからないかもしれませんが、彼を見れば、彼にはリラックス法の選択肢がたくさんあることがわかります」

スイッシが部分的にしか働かない場合は、働く**状況**と働かない**状況**について訊ねましょう。もし相手が、「自分のオフィスにひとりでいるときはいいのですが、会議になると、誰も彼もが神経に障ります」といえば、その人には他者との応対法の選択肢がもっと必要だと推測できます。ちょっと質問することで、望ましい自己イメージにあとどんな資質や能力を加える必要があるのかについて、非常に具体的な情報を得られます。

そのイメージがバランスの取れたものであることを確認する　望ましい自己イメージは、最初は極端なものになることがあります。たとえば、あまりにきつそうなら、優しさや謙虚さ、思いやりなどを加えて、その人の全パートが完全に受け入れられるようなものに調整する必要があるかもしれません。短気を起こすのをやめて、もっといい対応ができるようになりたいと思ったある女性は、「常に完璧な冷静さを保っている」自分を思い描きました。どうも天国でならなんとかうまくやっていけそうな人を思い描いたようです。そのままでは地上ではうまくやっていけそうにないので、わたしは以下の点をチェックするようにいいました。「それは本当にあなたの目標に充分気を配ってくれる人ですか？　目標を達成するためにどうしても怒らなくてはならないときには、ちゃんと怒って行動し、冷静なだけでなく、ときにはほしいものを手に入れるために闘える柔軟性が備わっていますか？　かってイライラの原因になったことをいろいろな方法で処理してくれそうな人を思い描かなくてはなりません。どんな方法で処理するのかは、ここに座っているあなたには見当もつかないでしょうけど、その彼女にはなんでもないことなので心配は要りません」

別の女性が思い描いたイメージは、どうも完璧すぎる感じがしました。そこでわたしは、自分のミスを笑い飛ばして、そこから学習できるような資質を加えてはどうかと提案しました。

エコロジーをチェックする　エコロジーは望ましい自己イメージに適切なリソースを加えることによって保護されます。もし自分がいいと思うなら、望ましい自己イメージを創りながらきちんとエコロジーをチェックすることもできます。「能力が高まり、もう例の問題にも悩まなくなったその自分を見て、その自分のまま終わりにしていいと感じていますか？」生活上の主な状況や代表システムはすべてチェックすると役立ちます。「この新しいあなたは家族といっしょのとき、どう振る舞うでしょう？……職場ではどうですか？……遊んでいるときは？……このあなたを観察してみて、問題が起こりそうだと警告するものがなにか見えたり、聞こえたり、感じられたりしますか？」反対に遭ったら、必ず満足できるまで自己イメージを適切に修正します。

現実性による強制　自己イメージも、説得力のある未来のイメージと同様、自分の判定基準に照らして、現実性や可能性のあるものとして反応できるものにしなくてはなりません。いくらそのイメージが好きでも、そんなことは非現実的だとか、到底ありそうもないなどと思っていたら、それに対して充分に反応することはないでしょう。そういう場合には、どのサブモダリティが非現実性の原因なのかを見きわめ、せめて可能性を信じられるところまでは調整をしなくてはなりません。

一年ほど前、わたし（コニリー）は多重死亡事故を目撃したケイトにスイッシを行ないました。ケイト自身は危うく命拾いしましたが、それ以降、運転しなくてはならなくなるたびにパニックに襲われるようになり、それ以外のときにも事故に取りつかれた状態になりました。事故の犠牲者のひとりの顔が大写しになって迫ってくるとパニックになるので、わたしはこれを手がかりとして使うスイッシを設計しました。ケイトに「それがもう問題でなくなっている自分」のイメージを創ってもらうのは簡単でしたが、彼女はそのイメージに魅力を感じていないようでした。「うそっぽい」というのです。のちに、彼女が思い描いていたのは、人工呼吸のトレーニングを受け、医学的知識を身につけた自分のイメージだったことがわかりました。このケイトには自分のすべきことがわかっていましたが、実際のケイトは人工呼吸法を知らなかったためにうそっぽく感じられたのです。彼女は、リソースに満ちていると感じられるようなイメージを描かなくてはならないと思い込んでいました。

医学博士号がないというだけでパニックになったりコントロールが利かなくなったりするのは無意味で無益なことのようにわたしには感じられました。多くの人々は医学的な知識がなくても、事故でパニックになったりはしませんから、パニックが不要な反応であることはわかります。ところが、ケイトはこれを二者択一の状態だと思っているようでした。自分をコントロールしていると感じられるためには医学に完璧に通じていなくてはならないし、さもなければ、完全に制御不能だと感じなくてはならないと思っていたのです。

彼女の反対に遭い、わたしには次になにをすべきかが正確にわかりました。そこで、人工呼吸ができるケイトを思い描くのではなく、次のような自分のイメージを創ってみるよう提案しました。「今ここにいるあなた以上に医学については知らなくてもいいから、すでにある知識を前提として、困難な状況で最善に対処できるリソースを備えたあなたをイメージしてみましょう。それはたぶん、緊急事態に陥っても、どうすれば一番役立つかをその場で判断できるケイトでしょう。そのケイトはパニックとは無関係です。なにができるかをすばやく冷静に判断する方法がわかっていて、できないとわかっていることはしようとしないからです。このケイトが知っているのは医学ではなく、手持ちの情報とスキルをなんでも利用して、できるだけ適切な形で行動する方法です。ときには間違いも犯すでしょう――誰にもあることです――が、そうした間違いから学習し、その学びを次に生かすためのリソースを彼女は持っていますこうしてわたしが話していくうちに、ケイトの顔には喜びが広がり始めました。彼女は心の目が見ている未来のケイトにぐいぐい惹きつけられていくようでした。

スイッチを行なったあと、ケイトは落ち着いて車を運転できるようになり、事故のことばかり考えることもなくなってとても喜びました。彼女はその後の数ヶ月間に二度事故に遭遇しましたが、いずれの場合も、リソースに満ちた状態で冷静に対処できました。

状況設定　たいていの場合、望ましい変化を自分の生活全体に完全に一般化したいと思うものです。これを完全に行なうには、状況設定をしていない自己イメージ――設定状況をできるだけ減らした自分自身のイメージ――を使います。まったく設定がないのが理想です。しかし、中空に漂っているような自分を思い描きたくないという人もいるので、ぼかした背景や足場くらいは入れてもいいでしょう。

具体的な状況にいる自分のイメージを創ると、変化はその状況でしか起きず、他の部分に一般化することはできないかもしれません。ある男性はセミナールームにいる自分の自己イメージを創りました。スイッチを行なったあと、セミナールームにいる間は、どんなに長い時間でも、まったく煙草を吸いたくなくなりました。しかし、その部屋を出たとたんに、欲求はもどってきました。具体的な状況を設定して自己イメージを描いても、広範囲に一般化できる人もいますが、そうはできない人もいます。不適切な状況設定も、スイッチで不完全な結果しか得られない場合によくある理由のひとつです。

同じ原理を使って、変化を一状況のみに限定したり、二、三の特定の状況のみに限定したりすることもできます。しかし、以下のように、識別能力を自己イメージに加える方がはるかに生成的ですし、エコロジーの点でも安全です。「このあなたには、これらの新しい選択肢を使う方が役立つ時と場所、これまでの行動を取りつづける方が役立つ時と場所を見わける能力があります」

ふたつのイメージをリンクさせる

手がかりのイメージを選び、意欲をかき立ててくれる望ましい自己イメージができあがったら、次は、本人にとってインパクトのあるふたつのサブモダリティを使い、このふたつのイメージをリンクさせます。以下の条件を満たすことで、そのリンクをできるだけ強力なものにすることができます。

同時性　手がかりのイメージをまず小さくぼんやりさせ、**そのあとで**自己イメージを大きく明るくさせるというやり方もできないわけではありません。ただこのやり方をすると、スイッチは機能するかもしれませんが、ふたつの変化を順に起こすことによって、チェイニング効果は弱まります。ふたつの変化を同時に発生させ、手がかりのイメージに対する反応を弱めながら、**同時**に自己イメージに対する反応を強める方がはるかに効果的です。もし順次変化を起こすやり方をするのであれば、二つのイメージをしっかりリンクできるように、必ずなんらかの工夫をしてください。たとえば、ふたつのイメージを背中合わせにして、まず手がかりのイメージをこちら側に向けて立てます。つづいてそれを傾けて倒し、今度は自己イメージがこちら側に見えてくるようにまた傾けて起こします。こうすれば、変化は順に発生しますが、ふたつを同一物体の表裏とし、それを空間で裏返しにすることによって、ふたつは結びつきます。もし手がかりのイメージをある場所で傾けて倒し、自己イメージを別の場所で起こしたら、リンクはずっと弱いものになるでしょう。

方向　スイッシでもっとも重要なことは、同一方向にのみ行なうこと、つまり、手がかりのイメージから望ましい自己イメージの方向にのみ行なうことです。これを完全に行なうために、各スイッシの最後には、内的なスクリーンに映っているものを消去したり目を開けたりして中断を入れます。自分で反対方向のスイッシを行なってしまう人が、それはもう大勢います。そういう人たちはなにかをうまくやっている自分を想像したあと、すぐになにか個人的な失敗や不幸のこと（過去のことなり想像した未来のことなり）を考えて、がっくり肩を落とします。スイッシをうしろ向きに行なうと、能力を高めるどころか**低下させる**ことにもなりえます。また、双方向に行なうと、最後は堂々めぐりになりかねません。

速さ　イメージを実際に入れ替えるときは、必ずできる限りすばやく入れ替えてください。最初の条件を設定するのにはいくら時間をかけてもかまいませんし、スイッシのあと、どんなにゆっくり自己イメージを楽しんでもかまいませんが、ふたつのイメージの転換は、ほんの一秒かそこらで済ませなくてはなりません。

クライアントに最初はゆっくり行なってもらい、すべきことを正確に覚えてもらうと、とてもスムースに進められることもあります。やり方を覚えてもらったら、「それでけっこうです。じゃ、次はもっと速くやってください」「さらに速く」などといって次第にスピードを上げ、本当にすばやくできるようになったのを確認できたらストップします。もしクライアントが意識的にそれを速めることができないと訴えたら、次のようにいいましょう。「だいじょうぶです。既にあなたの大脳は今なにをしたらいいかを知っています。あなたはとにかくやり始めてください。スイッシの部分は、あなたが意識的にやるよりも、あなたの無意識の方がきちんとやれます。いずれにせよ、このプロセスはできるだけ速く無意識的に進むものになってほしいと思っています」もちろん、皆さんはクライアントを注意深く観察し、クライアントが要求されたことを実際に行なっているかどうかを確認しなくてはなりません。また、スイッシをより速くできた**ふりをする**ように指示することもできます。ただしその場合は、非言語的なフィードバックを使って、クライアントがそのプロセスを行動的に体験しているかどうか、確認しなくてはなりません。

反復　通常、五回も繰り返せば、スイッシは充分にインストールできます。一回か二回で済んでしまう場合もあります。すばやく一〇回繰り返しても効果がなかったら、あとはいくら繰り返しても役立ちそうにありません。機能するようにするには、なにか別の調整が必要でしょう。

サブモダリティのアクセシング・キューについてキャリブレーションを行なう　サブモダリティの変化には、ごくわずかながらも特徴的な非言語的行動が伴います。相手が実際にスイッシを行なっているかどうかを確認するには、この非言語的行動についてキャリブレーションを行なうのが一番です。たとえば、イメージが急激に近づいてくると、頭は後ろへ引きがちになり、目はわずかに見開き、全身の筋緊張は高まります。イメージが遠のくときは、顔は前に突き出しがちになり、目はわずかに細まり、筋肉は少し緩みます。

こうした非言語的なアクセシング・キューは言葉で説明するとつまらないものになりますが、次の手順に従えば、皆さんも自分で簡単に見つけられます。快く相手をしてくれる友人を選び、その友人の斜め前に座って、情緒的にニュートラルなイメージについて考えるよう、友人に頼みます。なんらかの感情を引き起こしそうなイメージを選ぶと、感情の変化によって数多くの非言語的な変化が発生するために、サブモダリティの変化のみに関係した変化を見わけるのが難しくなります。友人がニュートラルなイメージを選び終えたら、特定のサブモダリティをひとつ、たとえば「そのイメージを大きくしてください。……今度はそれを小さくしてください……」というように双方向に変えてもらい、非言語的な変化を観察します。正反対の方向へすばやく変更してもらうと、相違がはっきりして、非言語的な変化を観察しやすくなります。頭の位置の変化はたいてい簡単に気がつきます。ほかにも、瞳の大きさや目の周りの筋肉に変化が生じますし、呼吸が変わったり、全身の筋緊張にも変化が現れます。変化の現れ方は人それぞれで、非常にはっきり現れる人もいれば、かすかにしか現れない人もいます。はっきり現れる人に手伝ってもらえる方が、最初の学習ははるかにスムースに進みます。

ここで重要なのは、皆さんの被験者が指示されたサブモダリティのみを変えているかどうかを確認することです。イメージが大きくなったとき、自動的に色まで鮮やかになると、これらふたつのサブモダリティの変化双方によって生じたアクセシング・キューを見せられることになり、混乱の原因になります。

もし皆さんが自分の触運動覚の動きを細かいところまで自覚できるなら、自分を被験者として同じ種類の実験を行なってもかまいません。ニュートラルなイメージの一サブモダリティを双方向に調整し、これを行なっているとき、自分の筋肉がどう変化するかを感じ取ってください。サブモダリティのアクセシング・キューを観察し見きわめることができれば、ワークはすばらしいものになります。クライアントがサブモダリティに気づかず、それらを報告できないとき、皆さんはアクセシング・キューを使って情報を集めることができます。アクセシング・キューはクライアントの内的プロセスについて詳細で継続的なフィードバックを提供してくれるので、それらを使えば、クライアントが指示どおりのことを行なっているかどうかを確認することもできます。

非言語的に指示する　クライアントがスイッシを簡単に行なえるようにする最善の方法は、皆さん自身の動作を利用してプロセスを示すことです。手を使ってイメージの大きさと位置を設定し、その手を動かして変化の速さと方向を示すのです。

わたしたちはいつも、クライアントには自分なりのスイッシのやり方を身につけさせる方がいいと思っています。いったんクライアントがやり方を理解したら、わたしたちはクライアントがちゃんとすばやくやっているかを確認するだけです。しかし、非言語的に指示して、クライアントにスイッシをさせることも可能です。手を動かして指示しながら「スイーーーッシ！」と声をかけると、それは移行速度のアンカーにもなります。この設定が済めば、スイッシを繰り返すときには、ただその動作と音声とを繰り返すだけで済むようになり、無意識に反応しているクライアントを観察することができます。このやり方が特に役立つのは、大脳の操縦が不得手なクライアントです。また、こっそりワークしようというときにも役立ちます。

これをするときに大切なのは、**必ずクライアントから見て適切な動作を使うこと**です。たとえば、クライアントに向き合って、「そのイメージを遠ざけてください」といったとしましょう。もし皆さんが自分の手を自分の顔から遠ざければ、その手はクライアントの顔に**近づく**ことになり、言葉による指示と一致しなくなります。たとえ自分のいる位置に対しては適切でなくても、必ずクライアントにとって適切な動作を行なってください。この問題が発生するのを避ける簡単な方法は、クライアントと並んで座り、同じ方向に顔を向けておくことです。これなら、皆さんの動作はクライアントにとっても皆さん自身にとっても適切なものになります。

もし皆さんがクライアントに指示したのと同じプロセスを内的に行なえば、皆さん自身のアクセシング・キューはクライアントになにをすべきかを無意識に伝えるでしょう。非言語的行動の重要性はどれだけ強調しても強調し足りないくらいです。不一致は介入を台無しにし、一致はワークをとても簡単にします。

参考体験にアクセスする　スイッシを簡単なものにする別の方法は、創造したいと思っている結果に似ている現実世界の参考体験にアクセスすることです。これには、「そのイメージから色を全部洗い流してしまいましょう」というような単純な比喩から、もっと複雑なメタファーによるアクセスまであります。以下は後者の例です。

「軽油とかガソリンとかが一適水面に落ちてサッと広がり、水面を鮮やかな色で覆うところを見たことがありますか？　これと同じことをあなたにしていただきたいのです。その小さな点は一適のオイルのようにサッと広がって、あなたがなりたいと思っているあなた自身の鮮やかにイメージに変わります」

「手がかりのイメージは淡い水彩画で、あなたがなりたいと思っているあなた自身を描いた油絵の上に、その水彩画が描かれていると思ってください。ひどい土砂降りになり、水彩絵の具をあっという間に洗い流すと、下にあった油絵が出てきます」

距離を利用するスイッシを行なうときには、ふたつのイメージに同時に同じ動きをさせるのに苦労する人もいます。その場合は以下のようにいいましょう。「その手がかりのイメージから紐《ひも》が一本出ていて、それがあなたの頭の後ろにある滑車を経由して、もう一方のイメージにつながっていると思ってください。最初のイメージが遠ざかると、その紐が二枚目のイメージを同じ速度で自動的に引き寄せてくれます」

「今あなたは暗い部屋にいて、頭上には明るいライトが点いていますが、遠くにはまったく灯りがないと思ってください。最初のイメージがあなたとライトから遠ざかれば、それは自然にぼやけていきます。二枚目のイメージがあなたとライトに近づいてくれれば、自動的に鮮明さが増します」

クライアントのやり方で行なう　クライアントが既に心の中で簡単にできることとスイッシとが一致すればするほど、スイッシは楽にできるようになり、効果も高まります。

皆さんが適切な参考体験を思いつけなくても、クライアントが提供してくれることがよくあります。「そのカラフルなイメージの色をなくしてしまいたいのですが、あなただったらどんな簡単な方法を使いますか?」「ああ、それなら、なにか透明なものに彩色してあるつもりになれば、ただそれを剥がすだけで済みます」「たとえば、色が液体なら、栓を抜くだけではけますよ。水が砂を通り抜けるみたいに」こうしてクライアントのリソースを利用することによって、確実にスイッシを本人がしやすいものにすることができ、皆さんの転換方法のレパートリーも増えていきます。

リチャード・バンドラーはサイズと明るさを利用する標準的なスイッシを最初に教えたとき、明るくて大きな手がかりのイメージの左下の隅に、暗くて小さな自己イメージを置くようにいい、その一年後には、右下の隅に置くようにいいました。しかし、わたしたちは、中央あたりに置く方が簡単だと感じる人が多いことに気づきました。「ボタンのような小さくて暗い部分、陰の部分を選び、そこから、花が開くように自己イメージをパッと広げてください」という言い方もできます。ここでは、既に手がかりのイメージの中にある暗くて小さな部分を使っているので、暗くて小さなイメージを追加する手間が省けます。クライアントの好むことや既存の能力を利用すればするほど、クライアントにとっても皆さんにとってもスイッシは簡単なものになります。

テストする　信頼できる最終的なテストは現実世界で行なわれるものですが、やはり、クライアントが現実世界と再び向き合う前にできるだけ完璧にテストをしておかなくてはなりません。もっともよいのは、問題の一例となる状況を行動を使って創り、テストすることです。これをうまくやるには、前もってテストを行ない、行動を使ってクライアントに問題反応を発生させられるだけの詳細を自分が把握しているかどうかを確認する必要があります。クライアントが軽蔑に対応できない場合は、スイッシを行なう前にクライアントの衣服について嘲笑する調子でコメントし、スイッシが済んだら、「やけにいいかげんなスイッシでしたね」とコメントします。無視されることに対応できないクライアントの場合は、誰かに入ってきてもらい、クライアントを無視する形でその人と会話を続けます。

行動を使ったテストほど優れたものではありませんが、クライアントに手がかりについて考えるようにいい、問題反応がまだ起きるかどうかを訊ねるという形のテストも当然有効です。この手のテストについては、『神経言語プログラミング　頭脳《あたま》をつかえば自分も変わる』で詳細を論じています。

言語的／非言語的な前提を使えば、「テスト」を利用して、今しがた発生させた変化をインストールしたり強化したりすることもできます。リチャード・バンドラーは前出のパニックを起こすクライアントにぶっきらぼうな声で「またパニックを起こせるかどうか**試してみてください**」といっていますが、「試してみる」の前提のひとつは、うまくいかないだろうということなので、リチャードはこういいながら、このクライアントにはパニックは起こせないと強く暗示しています。「もう一度試してみてください、**念のために**」といったときには、この先もうパニックは起こせないという確信を未来ペースしています。科学者としてテストするつもりなら、とりわけニュートラルに、「そのイメージをもう一度思い描いてください。……なにが起こりますか？」といった形でやらなくてはなりません。しかし、クライアントの変化の強化を手伝いたいと思うのであれば、その変化をサポートするような言語的／非言語的な方法で自分の知っているものを利用した方がいいでしょう。

スイッシをデザインする

大きさ／明るさを利用するスイッシは、大きさと明るさを適宜使ってスイッシを行ないます。これで効果が上がるのは七割がたで、大きさや明るさにはあまり反応しない人もいます。中には、鮮明なイメージよりもぼんやりしたイメージの方に強く反応する人もいます。そういう場合は、通常のやり方で明るさを使うと、スイッシを強化するどころか、弱体化させます。

多くの状況で大きさと明るさによく反応する人でも、抱えている問題が**聴覚**の手がかりを発端にして発生していることもあります。声やなんらかの音が望ましくない反応を発生させているケースです。そういう場合には、「その声をよく聴いてください。もしその声がイメージだとしたら、どんなものになるでしょう?」というように視覚の手がかりにオーバーラップさせ、それから視覚系のスイッシを行なうこともできますが、やはり聴覚系そのものでのスイッシを創り出すほうがはるかに的確で強力なものになります。

聴覚を利用するスイッシの例。聴覚を使ってスイッシを行なうには、まずさまざまな質問をして、どんな聴覚のサブモダリティ――内的・外的を問わない――が手がかりを強めているのかを明らかにします。「なにが原因で、その音を無視できないのですか?」「そうですね、それはあまり大きな音ではないときもあって、そういうときは無視できるのですが、大音量になると、頭に血が上ります。音量が上がるにつれて、近づいてもくるので、本当にイライラします」

次に、音量と距離を使ってその人の反応を変化させられるかどうかを調べるテストをします。「それをよく聴いて、音量を上げていってください。……今度は下げてみてください。……これで反応は変化しますか?」この場合も例によって、相手の言語を使った意識的な反応よりも非言語的な反応の観察におおいに関心を持ってください。「つづいてその音の距離を変えてみましょう。音量はそのままにして、自分の方に近づけてください。……今度は遠ざけてください。……これで反応は変化しますか?」

たいてい誰でも大音量と音の近さには強く反応しますから、このテストによって、これらのサブモダリティがクライアントに強い影響力を及ぼしていることが確認できたと仮定しましょう。さあ、これで聴覚の手がかりはわかりましたし、ふたつの聴覚のサブモダリティをどう使えば、クライアントの反応を増大させたり減少させたりできるのかもわかりました。

次は、クライアントが聴覚系の選択肢を増やした自分自身の表象を創るのを手伝います。既に述べたように、クライアントはこの望ましい自己の声を分離体験することになります。そうすれば、それに惹かれるからです。「もしあなたに非常に多くの選択肢や能力が加わって、もうその状況は問題でなくなったとしたら、自分の声はどんなふうに聞こえるでしょう?　その声は向こうの少し離れたところから、まるで誰か別の人があなたに話しかけているかのように聞こえてきます。その声を聴いてみて、それにはどんな特質があると思いますか?」この声を発展させて、クライアントがそれに強く惹きつけられるようにします。

つづいて、聴覚の手がかりの中で見つけたものと同じサブモダリティのテストをして、声質や音量が望ましい自己の声に対するクライアントの反応の強さにどう影響するかを明らかにしなくてはなりません。「この声を大きくしてください。……そうすると、反応は強まりますか？」「今度は小さくしてください。……それで反応は弱まりますか？」通常、反応は中程度の音量のリソースに満ちた自己の声に対してもっとも強くなります。リソースに満ちた声であっても、それがあまりに大きくなりすぎると、たいていの人は心地よい反応をさらに強めるのではなく、不快を表わす反応を示すようになります。

概して、効果的なスイッチは**手がかりに対する反応を弱める**と同時に**望ましい自己の表象に対する反応を強める**ものです。もし可能なら、手がかりの音と望ましい自己の声に同じ形で働きかける強力なサブモダリティをふたつ見つけてください。ここで取り上げた例では、音の近さと音量の増大が手がかりの音と望ましい自己の声双方に対する反応を**増している**と仮定しましょう。

その場合、手がかりの音はもっとも強烈な状態から始めます。つまり、それは大音量で、すぐ間近にあります。音量が急激に下がると同時に、手がかりの音は遠ざかり、クライアントの反応は弱まります。

望ましい自己の声はもっとも弱い状態から、手がかりの音と同時に始めます。つまり、それは非常に小さな音で、遠くにあります。それが次第に近づき、音も大きくなってきて、**クライアントがもっとも強く肯定的な反応を示す**音量と距離のところでストップします。その他のどんなスイッチでもそうですが、終了するときは黙ったままでもかまいませんし、周囲の音を聴くようにしてもかまいません。それから、同じプロセスをすばやく五回繰り返したのちに、テストをします。

ところで、リソースに満ちたこの自己の声の音量に対する反応は、手がかりの音に対する反応とは**正反対**のものになることもあります。音量が大きくなると、その反応が**減少する**こともあるのです。そして、音量が小さくなると、反応は**増大します**。大きさ／明るさを利用するスイッチでは、明るさを増すことによって、手がかりのイメージと望ましい自己イメージ双方への反応が強まると考えています。ほかのサブモダリティと逆の関係がある場合は、それに応じて自分のデザインするスイッチを調整しなくてはなりません。

では、大音量は手がかりの音に対する反応を増大させる反面、望ましい自己の声に対する反応は**減少させる**と仮定しましょう。つまり、自己の声は音量が低いときにもっとも説得力を持つというケースです。そうなると、先の例とは別のやり方でスイッチを行なう必要が出てきます。手がかりの音も望ましい自己の声も大音量の状態から始め、それを小さくしていくのです。そして、前例同様、手がかりの音は遠ざけ、自己の声は近づけます。手がかりの音は完全に消え、もっとも強い反応がある音量と声質の自己の声だけが残ることになります。

スイッチをデザインするときのガイドライン

1　問題もしくは限界を見きわめる：「なにを変えたいと思っていますか？　どう落胆しているのですか？　なにが不満ですか？」

2　情報を集める：　リチャード・バンドラーの「相手になりきる」テクニックを使います。「たとえば、わたしがあなたに代わって一日を過ごさなくてはならないとしましょう。完全にやり遂げるためには、あなたの限界を自分の限界として過ごさなくてはなりません。どうすればそうできるか教えてください」と頼むのです。いつそうなるか（手がかり）、どのようにそうなるか（プロセス）を明らかにしなくてはなりません。とりわけ知っておかなくてはならないのは、手がかりを変化させるふたつのアナログのサブモダリティはなにか、問題を発生させるためにそれらがどう変化するかということです。原則的には、情報収集によってクライアントが既に使っているスイッチのやり方がわかるので、それと同じプロセスを使って、別のところでクライアントにスイッシを行ないます。

3　手がかりをテストする：　クライアントがどう問題を発生させているかがわかったら、まずあなたが自分でそれを試します。クライアントがしていることをやったとき、あなたは同じように反応しますか？　クライアントはあなたがまだ知らないなにか別のことをやっているのかもしれないし、あなたとは別の体系で動いているかもしれません。したがって、同じことをしても、クライアントが使っているサブモダリティの変化の関係を採用しなければ、同じ反応は得られないでしょう。

もしクライアントと同じ反応が得られたら、必ずしもあなたの得た情報が正しいということではありませんが、よい徴候ではあります。クライアントがしていることをやってみると、クライアントがなぜそう反応するのかを完全に理解できることが多いものです。理解できなければ、さらに情報を集めて、欠けているかもしれないものを見つけてください。

4　望ましい自己の表象を創り、テストする：　まず、手がかりと同じ代表システムを使って望ましい自己の表象を創り、その後、手がかりに影響を与えていたふたつのアナログのサブモダリティがそれにどんな影響を与えるかを調べます。「そのサブモダリティを増減させると、選択肢の増えたあなた自身を見たときの反応はどう変化しますか？」

5　点検用データ：　この時点で、あなたには以下のことがわかっているはずです。

a．必ずそこにあって問題を引き起こしている**手がかりの表象**と、ふたつの強力なアナログのサブモダリティを使って、問題に対する反応の強度を変える方法。

b．手がかりと同じ代表システムで表わされた**望ましい自己の表象**と、手がかりと同じサブモダリティを使って、自己イメージに対するクライアントの反応を増減させる方法。

6　計画を立てる：　上記のふたつのサブモダリティを使って、手がかりを望ましい自己の表象にリンクさせるための計画を立てます。手がかりと望ましい自己の表象とについて、**個別**に計画を立てると、簡単かつ安全に進められます。

a．**手がかり**　手がかりに対して最初は強烈に反応し、その後反応を弱めていくには、これらふたつのサブモダリティをどう変化させればいいかを決めます。

b．**自己の表象**　ごくわずかな反応から始めて最大の強度にまで反応を増大させるには、同じふたつのサブモダリティをどう変化させればいいかを決めます。

c．**aとbとのリンク**　手がかりと自己の表象の最初の状態を決め、どういう変化を経て、双方を最終の状態にもっていくかを決めます。

触運動覚を利用するスイッシ　たいていの人にとっては視覚や聴覚を利用するスイッシの方が簡単なのですが、触運動覚を利用するスイッシも可能です。ただし、くれぐれも慎重に、メタ触運動覚ではなく、触知できる触運動覚を使ってください。手がかりになりうるのは、たとえば、自分の身体に触れている誰かの手の感触だとか、首筋に感じる呼吸の感触であって、嫌悪感や恐怖などといったメタ触運動覚の感情ではありません。どういった触感のあるサブモダリティ――圧力、範囲、位置、きめ、動き、持続時間、温度、頻度など――を使えば、問題の反応を増減させてスイッシが行なえるか、皆さんには見つけられると思います。

望ましい自己の表象は、目の前の空間にいる自分自身の身体に手を伸ばして触れるような感じで分離体験し、その有能な自分の持つゆったりとした安らかな力強さを感じます。空間にいる有能な自分は、背筋をピンと伸ばしてバランスを取っているかもしれませんし、あるいは、別の触運動覚の能力を表わしているかもしれません。その力強さを感じ取ったら、つづいてサブモダリティを使い、手がかりの感触から望ましい自己の表象の感触へとスイッシを行ないます。要領は、視覚や聴覚を使うときとまったく同じです。

触運動覚のスイッシでは、望ましい自己の感触の実体験と分離体験の両方へ連続してスイッシを行なうと役立つこともあります。これは、必ず望ましい自己の表象を分離体験して終わる視覚や聴覚のスイッシとは異なる点です。わたしが触運動覚を使って分離体験で終わるスイッシを行なったとき、相手が古い感触に代わる新しい感触を同じ場所に感じることができないと不平をもらすことが何度かありました。そこで、感触を実体験して終わるスイッシを追加すると、そういう人たちも満足しました。実体験した新しい自分のもつ感触は全身に広がるので、元の手がかりの感触が全身のどの位置にあろうと、すべて置き換わるのです。

混合型のスイッシ

たとえば、視覚のサブモダリティと聴覚のサブモダリティをひとつずつ使って、同時にふたつの代表システムでスイッシを行なうこともできます。これは、普通はお勧めしませんが、ただ、ふたつの強力なサブモダリティが別々の代表システムのものであることを示す有力な証拠があるだけでなく、こうする方がクライアントが簡単に課題をこなせるという場合は別です。一般的にクライアントにとってもっと楽なのは、最強だと思われるクライアントの代表システムを選び、その代表システムでスイッシを行ない、その後、このスイッシがもうひとつの代表システムのサブモダリティも変化させたかをテストするというやり方です。変化していれば、それでお終いですし、変化していなければ、その代表システムでスイッシを行なうこともできます。

スイッシは驚くほど強力な方法であり、さまざまな問題に使うことができます。単純に見えますが、実際にはたいへん複雑です。これまで述べてきたことすべてに充分注意することによって、強力なスイッシを創造し、さほど苦労することなくクライアントを深く変えることができるようになります。

しかし、以上の話はすべて、クライアントとの取り組みの本質を教えているだけだということを忘れないでください。クライアントの体験こそが究極の拠りどころです。まとめていえば、目標は、問題行動や問題反応を引き起こしている手がかりを見つけ、それを使ってクライアントの大脳をもっと有益な方向へ向けることです。この目標を達成するためにできることは、なんでもやってください。

▼実例

1．ボビィは、特定の状況における娘の声にたいへん神経質になっていました。コニリーはもっとも強力なサブモダリティが音量とパノラマｖｓ点音源であることに気がつきました。スイッシでは、娘の声は大音量でパノラマの状態から始まり、望ましい自己の声は穏やかな音量で点音源として始まりました。その後、娘の声は次第に弱まって点音源となり、その間に望ましい自己の声はパノラマになり、音量は最適レベルまで上がりました。

2．エイミーは前夫の声に強く反応していました。その声のことを考えたとたんに涙があふれるので、最初、情報を集めるのがちょっとたいへんだったくらいです。スティーヴは彼女の反応に強く影響しているサブモダリティが音量であることに気づいて、前夫の声の音量を下げると、情報収集ははるかに楽になりました。

さらに、もうひとつ強力なサブモダリティがあり、それは空間における位置であることがわかりました。エイミーの説明によると、「左側は人間の場所、右側は物事の場所」という、たいへん珍しい配置になっていました。彼女が前夫の声を自分の左耳の近くから右耳の近くに移すと、それに対する彼女の反応は劇的に弱まりました。自分の有能な自己の声に対する反応も、同様の変化を見せました。スティーヴはスイッシを始めるに当たり、前夫の声を大音量にして左耳の近くに置き、望ましい自己の声は音量をぎりぎりまで絞って右耳の近くに置きました。ふたつの声の位置をすばやく入れ替えると、前夫の声は小さくなって消え、自己の声の音量は最適レベルまで上がりました。初めてこれを行なったとき、エイミーは大きくにっこり笑いました。これらのサブモダリティはきわめて強力だったので、たった一度のスイッシで彼女は永久に変わりました。

3. ジョージには「なにが在るのか」を示すイメージと「なにが在ったのか」を示すイメージとがあり、このふたつは、回転式ローロデックスで名刺が回転するようにクルクルと入れ替わっていました。その速度と大きさが彼の抑うつ状態の反応を強めていました。しかし、ジョージのグループはどのようにスイッシを行なったものやら困り果てていました。というのも、ジョージの抑うつ状態はふたつのイメージの入れ替わる速度がもっとも強力なサブモダリティとなって創り出されていましたが、望ましい自己イメージはたいてい一枚しかなかったからです。そこでコニリーは、ジョージに望ましい自己イメージを二枚創らせて交互に表示させ、手がかりのイメージに対応する形にしました。一枚は、ほしいと思ったものを入手できる彼自身のイメージで、もう一枚はほしいと思った以上のものを入手できる彼自身のイメージです。この二枚を交互に表示すると、ジョージはすばらしく肯定的に反応しました。スイッシは、二枚の手がかりのイメージを大きな状態にして開始し、非常に速い速度で交互に表示しました。その速度が落ち、大きさが縮小していくにつれ、静止していた小さな自己イメージのローロデックスが大きくなり、回転速度が上がっていきました。

4. ダニエルは、妻が批判的なコメントをすると、なにかいい返そうと思うのですが、自分の言葉が「妻に当たって跳ね返り、レーザー光線のように襲ってきて自分に仕返しをする」のが見えるといいます。速度と大きさが主なサブモダリティでした。わたしたちが彼にスイッシを行なうと、手がかりのイメージは縮んで静止画像になり、小さな静止画像から始めた望ましい自己の表象は次第に大きくなりながら、映画に変わりました。

5. ロンはある人に腹が立ってならないと訴えました。その人のイメージを引き寄せると、ロンが嫌っている反応が強まるのを確認できたので、距離が強い影響力を持っていることがわかりました。この反応を発生させるのにロンがしなくてはならないことについて情報を集めるうちに、彼の怒りは暴力につながることもあるとわかりました。彼が身を乗り出して「攻撃」モードになってきたため、暴力を振るった過去があるとわかったのです。

その後、わたしたちは彼に手がかりのイメージを立体的にしてみるようにいいました。ロンはこれを実行することに対して非常にはっきりした反応を示しましたが、それは単に強度を増減させるということではなく、**質を変える**ということでした。ロンが手がかりのイメージを立体的にすると、彼の全身は力が抜けてリラックスしました。それだけで、その人に対して共鳴しやすくなったようで、こうした状況をうまく処理できる自己イメージを創るまでもありませんでした。ロンがいうには、立体的に思い描いたその人は、やたら腹が立った平面的なイメージのときよりもずっと人格の完成した人間に見えるとのことでした。

スイッシを行なうとき、わたしたちは通常、強度だけが変わるサブモダリティを使います。しかし、ロンについては、立体像を使う価値が充分にあると考えました。このサブモダリティそのものが非常に有用なリソースだと思われたからです。

わたしたちがロンにスイッチを行なう準備をしていると、ロンは「もしこれをするなら、皆さんには席を外してもらいたい」と異議を唱えてきました。そこで、「新しいロン」のイメージにさらに資質を加え、近くにいる人たちとうまくやっていくためのリソースと、必要なときには人と距離を取る能力も加えてはどうかと提案しました。「どういうときに身近に人にいてほしいのか、どういうときに距離を取りたいのか、その距離はどのくらい取りたいのかを判断できるロンを思い描いてください。このロンは、他者を人格の完成した人間として見る能力や、その人の肯定的な資質と否定的な資質とを同時に認識する能力があるので、相手をこれまでより完全に理解し、これまでより効果的に反応することができます」

これには効き目がありましたが、それでもロンはまだ反論しました。「ぼくには安心していられる方法が必要なんです。あなたがたはぼくの使っていた方法を取り上げようとしています。別の方法が必要です」

そこで、「なにから逃れて安心していたいのですか？　どういうふうにして安心していたいのですか？」と訊ねると、ロンは答えることができませんでした。わたしたちは次のようにいいました。「自分にとって安心とはどういうことか、たとえ言葉にはできなくても（ロンの身ぶりを使いながら）、あなたにはなんとなくわかっています。……さあ、目を閉じて、自分の無意識にそれを感じ取ってもらいましょう。……そして、その無意識の知識を、ほかの方法で安心していられるあのロンのイメージの中に移動させてください。あのロンがどういう方法で安心するのか、正確なところは知らなくてかまいません。どんな選択肢が加わったのかについても、正確に知る必要はありません。でも、彼を見れば、彼にはそういう安心を感じる力があるのがわかります。……彼のイメージを見たあなたが、彼は安心している、誰にも負けないくらい安心していると認めない限り、彼は満足しないだろうということもわかります。……それに、わたしの推測では、彼は以前のロンよりずっと安心しているのではないかと思います。なんといっても、これまでより強固で、現実的で、立体的なやり方で安心しているのですから……」

このあと、「向こうのイメージはどんな様子ですか？　それを見て、彼が安心しているとわかりますか？」と訊ねると、ロンは「はい、とても安心しているようで、ほかにもいろいろあるようです」といいました。

そこでわたしたちはロンを手伝い、例の人物の顔を平面的に描いた手がかりのイメージを間近に置いてスイッシを開始しました。それが立体的になりながら遠ざかっていくと同時に、平面的に描いて遠くに置いてあった望ましい自己のイメージが近づいてきて立体的になるようにしました。ロンはのちに、生活全体に空間がぐっと増え、「身動きが取れない」と感じることが少なくなったと報告してきました。

家庭内暴力はもちろん、さらに大規模な暴力はなぜ起こりえるのか、わたしたちはその理由を理解していますが、ロンの内的体験はわたしたちの理解とぴったり一致しています。国が臨戦態勢を強めるとき、漫画家は敵を人間以下に描きます。敵は平面的な漫画の登場人物もしくは怪物になります。

相手を自分たちと同じ完全な人間として立体的に見ていれば、そう簡単には暴力的にはなれないものです。

6．メアリーは減量するためにわたし（コニリー）に会いに来ました。「いろいろやってみましたが、減量できません。なにをやっても効果がないので、問題は内分泌腺にあると確信していますが、NLPを試してみたいのです」と彼女はいいました。

食べすぎではないかと訊ねると、そうは思わないといいます。そこで、衝動的な感じで食べてしまうものはないか、訊ねました。彼女は、衝動的ではないと思うが、ドーナツを食べすぎているかもしれないといいました。言語的な反応も非言語的な反応もたいして得られていない状態でしたが、わたしは情報収集を続け、衝動を爆発させる方法を使ったあと、スイッシを行ないました。

翌週、わたしは彼女と電話で話をしました。彼女は、「あのセッションのあと、四日間はまったくの別人でした。努力もしないで四キロも体重が落ち、本当に別人になった気分でした。でも、そのあとは総崩れです」といいます。なにが原因で総崩れになったのか、思い当たることはないかと訊ねると、ないという返事でした。そこで、もう一度会って、次にすべきことを探ることにしました。

二度目のセッションで、わたしは再び訊ねました。「どうしてせっかくの新しい選択が総崩れになったのだと思いますか？」

「わかりません」

「では、想像してみましょう」

「完全に立て直ししなくちゃいけないと思っています。総崩れのままにしておいたら、わたしの人生、なにも変わらないままになってしまいそうです」

「そのとおりですね。しっかり立て直しましょう」

「これは、息子に関係したいつものことかもしれません。じゃなかったら、このところ自分は人生で価値のあることをなにもしていないんじゃないかと思うようになったことが原因かもしれません。それから、今、オーストラリアに移住するかどうかを決めかねていて、家族の生活状況が宙ぶらりんなんですが、これに関係しているのかもしれません」　彼女はほかにもうひとつストレスの原因を挙げましたが、それは忘れてしまいました。しかし、わたしが覚えていたものだけでも、従来のセラピーなら何年もかかりそうな内容です。

わたしはまず、「息子に関係したいつものこと」というのがどういうことなのかを訊ねました。彼女は前夫との間に生まれた躁うつ病の息子のことや、その息子が長年精神科にかかっていて入退院を繰り返していることを長々と説明しました。彼女は息子の存在に強い責任を感じていました。躁うつ病の息子が生まれたのは自分のせいだと思っていたのです。躁うつ病は遺伝的なものだと確信していて、前夫が躁うつ病だったのだから、その夫との子供を生むようなばかなまねをするべきではなかったと考えていました。この息子は彼女に電話をかけてきては自殺すると脅していました。彼女は実際にはこういいました。「この問題が存在するのはわたしのせいで、それはもうどうしようもないんです」

問題について説明しているときの彼女の非言語的な反応は、息子のことを話しているときがもっとも強烈だったので、わたしはそれに取り組むことにしました。息子が電話をかけてくると、彼女は自分に話しかける息子の顔を想像し、そのとたんにリソースの乏しい状態に陥っていました。そこで、わたしはこれを手がかりに使って、スイッシを行なえるようにしようと思い、「リソースに満ちた状態でこの状況に対処できる自分のイメージを思い浮かべてください。これがもう問題ではなくなっているメアリーのイメージです」と指示しました。

メアリーは、「はい、思い浮かべました。見えています」といいましたが、自分の見ているものに夢中になっている様子はありませんでした。彼女の非言語的な反応から、彼女が見ているイメージでは、説明のあった状況を扱うにはリソース不足であることがよくわかりました。そこで、わたしは彼女が追加したいと思いそうなリソースについて話し始めました。

「そのメアリーにリソースを追加するとしたら、どんなリソースがいいでしょう？　少し時間を取ってそれを考えてください。あなたにもっと魅力的だと思うメアリーを見てほしいからです。そのメアリーがどんなリソースを特に有用だと思うのかはわたしにはわかりませんが、過去の過ちについて自分を許す能力――過去を過去のこととして忘れる能力――を利用して、どういう過去の行動を嫌悪しているのかに気づき、そこから学ぶことができるかどうか、あなたには判断できるかもしれません。

彼女は過去の中でもがきつづける必要はありません。前進していいのです。自分のなりたい人間にもっともっと近づくために、過去の過ちをリソースとして利用すればいいのです」　メアリーはこれに肯定的な反応を示したので、わたしはこのリソースを追加しました。

「それに、このメアリーには、息子に対応するときの選択肢が以前よりたくさんありそうです。そんな雰囲気が感じられます。選択肢の内容は、はっきりわからなくてもかまいません。たとえ息子が自殺するといって脅してきても、このメアリーはたぶん息子に、もっと自分自身のリソースを信頼するようにいうでしょう。そして、自分が罪悪感に苦しむことはないでしょう。彼女は罪悪感に苦しむ必要はありません。それは事態を悪化させるだけで、息子のためにならないからです。

「それに、あなたには今、小さな娘さんがいますよね。幸せな結婚生活も送っています。リソースに満ちたこのあなたは、娘さんのよい手本として、間違いを犯したときにどうすべきかを示すことができそうです。娘さんもいつか間違いを犯すことがあるでしょう。そんなとき、どう対処したらいいか知りたくて、あなたを頼りにするはずです。娘さんにも過去の過ちについてずっと苦しみつづけてほしいと思いますか？　たぶんこのメアリーは、もっとよい過ちの対処法――自分のことは許すが、過ちについては忘れず、それらから学ぶこと――を娘さんに教えてあげられるでしょう」　メアリーはこれにさらによい反応を示しました。今度は選択肢の増えた自分のイメージを見て頬を紅潮させていたので、わたしはスイッシを進めました。

数ヵ月後、メアリーから今回は変化が持続しているという知らせが来ました。無理なく体重を落とし、新しい生活を楽しんでいるとのことでした。

第四章　判定基準の重要度を変える

世の中には、自分の喜びや楽しみが第一で、仕事で多くを達成するところまでは手が回らないという人もいれば、成功しか眼中になく、リラックスしたり人生を楽しんだりする時間を見つけられないという人もいます。「楽しみ」「成功」といった言葉は判定基準、すなわち、さまざまな状況で用いられる評価の基準を示しています。「楽しみ」を与えてくれる活動はたくさんありますし、「成功」をもたらしてくれる活動もたくさんあります。中にはその両方を与えてくれるものもあります。わたしたちは判定基準を満たそうとして行動します。判定基準は「学び」「有用性」「美しさ」などのように名詞化されていて、わたしたちはそれを多種多様な状況に当てはめて結果を評価します。判定基準という有用な方法があるおかげで、一般化によって生活を体系化することができるのです。

ある判定基準が重視されすぎたり、充分に重視されなかったりすることがあります。「正しいこと」「他者を喜ばせること」「権力」などの判定基準は暮らしの中で重視されすぎることが多く、そのためにバランスが崩れて個人的な問題が発生したり、他者から繰り返し文句が出たりします。

「判定基準の変更」はとても強力な方法で、これを使えば、判定基準の重要度を変更できます。信念との取り組みでは、限定的な信念をそれとは正反対のものに変えることがよくあります。ある人が「わたしには絶対に覚えられないと思います」といえば、それを「わたしは絶対覚えられると思います」に転換します。つまり、デジタルな転換です。しかし、判定基準に取り組む場合は、それらを完全に正反対のものに変えることはめったにありません。完全な反転は不要か、望ましくないことがほとんどです。代わりに、判定基準の**相対的**な重要度を調整し、重要度を加減します。つまり、「正しいこと」の重要度を減らし、「楽しむこと」の重要度を上げるという具合に、アナログな変更をするのです。こうすることによって、行動の基盤を微調整することが可能になります。わたしたちは誰しも、重要だと思っている判定基準を満たそうとして行動するからです。

昨日、人は自分の判定基準に合わせて動くか、まったく動かないかのどちらかだといった人がいます。きつい言い方ですが、これは真実です。ある活動が自分の判定基準のひとつを満たさなければ、それに興味を持つことはないでしょう。他者が熱心に取り組んでいる活動でも、自分にはつまらなく思えたりばかばかしく思えたりすることがたくさんあるのではないでしょうか。そうした活動はなんらかの形でその人たちの判定基準は満たしても、あなたの判定基準は満たしていないのでしょう。

ふたつの判定基準が対立する状況では、よく問題が発生します。たとえば、他者を喜ばせるのか、自分がベストだと思うことをするのか、どちらかにしなくてはならない、という場合がそうです。こういうときには、判定基準を調整する能力があるかないかで重大な差異が生じます。

判定基準を調整できるようになる前に、理解しておかなくてはならないことがあります。大脳はどのようにして重要なことを**識別する**のか、ということです。「学び」や「楽しみ」のことを考えたとき、わたしたちはその重要性を自動的に判断し、意識してそのことを考えなくても行動がその方針から逸れることはありませんが、大脳は判定基準をどのようにコード化することによって、それを可能にしているのでしょう？　その答えを見つけるための第一歩は、複数の判定基準が重要度順に並んだもの、すなわち、**判定基準の序列**を顕在化させることです。つづいて、それらの判定基準のサブモダリティの差異を調べ、そののちに、それらのコードを利用して問題のある判定基準を調整します。皆さんの中には、判定基準の顕在化は初めてだという人がいるかもしれないので、実演しようと思います。既にやったことのある人も、よく注意して見てください。わたしたちがしてほしいと思っているやり方とは別のやり方でこの顕在化を行なっている人もいますから。

判定基準の序列を顕在化する

どなたか、自分の判定基準の序列を顕在化させたい人はいますか？

クリス：　お願いしたいのですが。

ありがとう、クリス。あなたには、ごくささいなことで、やろうと思えばできるけれども、しないだろうと思うことについて考えてもらおうと思います。たとえば、「その椅子の上には立てるけれども、立たないだろう」とか、「部屋の向こうにチョークを投げることはできるけれども、投げないだろう」というようなことです。なにかこういった比較的ささいなことは思いつきますか？

クリス‥　ヒッチハイカーを車に乗せること。

わかりました。あなたはヒッチハイカーを車に乗せようと思えば乗せられるけれども、乗せることはないのですね。では、なぜヒッチハイカーを車を乗せないでおこうと思うのですか？

クリス‥　以前ぼくのところで働いていた現場監督がヒッチハイカーを乗せたことがあるのですが、そのヒッチハイカー、彼に銃を突きつけて二〇〇マイルも走らせたんです。そんな目に遭うのはごめんですから。

つまり、この場合の判定基準は「安全」とか「生き延びること」といえます。これは、わたしが最初に扱いたいと思っているものより、はるかに序列が上です。既に生死が関わってきているということは、たぶんクリスの序列のトップ近くにあるものだと思います。実演のために、内容を変えましょう。なにか、もっとずっとささいなことを考えてください。椅子の上に立てるが、立たない、人前で鼻をほじることはできるが、ほじらない、みたいなことです。

クリス‥　コーヒーは飲めるが、飲まない。

さてさて、これもあなたの序列のトップへいきなり飛ぶことになりませんか？　人によっては、コーヒーを飲むのは、ヒ素を飲むのと同じことです。そういう人たちは、コーヒーを飲めば、自分の序列の一番上にある健康に関わる判定基準に反することになるので、飲みません。あなたの場合、コーヒーを飲むことは低い序列に属していますか？

クリス：　えーと、もっと下のものを思いつきました。「今日、皿洗いはできるが、しない」、です。いいですね。これなら充分下だと思います。ところで、「皿洗いをすること」は具体的な行動です。次にすべきことは、クリスにその行動を取らせないようにしている大切な判定基準を見きわめることです。というわけで、クリス、なぜ皿洗いをしないのですか？

クリス：　皿洗いをするには、お皿の数が少なすぎるからです。

わかりました。これはまだ判定基準ではないので、質問の仕方を変えましょう。クリス、皿洗いをしないことによって、なにを達成しようとしていますか？

クリス：　そうですね、これならと思う枚数になるまで積み重ねておいて、あとでまとめて洗うつもりなんですが。

では、一度にまとめて洗うことによって、なにが達成できますか？

クリス：　時間を節約できます。

けっこうです。「時間の節約」は適切な判定基準です。皆さん、クリスが判定基準を肯定で表現したことに注目してください。つまり、なにを避けるつもりかではなく、なにを保持するつもりか、なにを達成するつもりか、を述べているということです。同じ意味の判定基準を「時間を無駄にしないこと」ということもできました。判定基準はすべて、否定を使わずに肯定で表現することが大切です。その理由については、あとで話し合いましょう。

では、次のステップに進みます。今度は、クリスにとって時間の節約よりも重要なことを見つけたいと思います。クリス、皿洗いをすれば「時間を無駄にする」けれど、それでも、どういう理由があれば、今日、皿洗いをしますか？

クリス：　初対面の人が訪ねてくる場合です。

これも、やはり状況です。「初対面の人が訪ねてくる」という出来事、事情です。クリスにとって、これは皿洗いの実行を決定づける追加の状況《コンテクスト》です。では、この状況で皿洗いをすることによって、なにを達成しようとしているのですか？　この状況で自分にとって重要なことはなんですか？

クリス：　訪問者に、まずは色メガネをかけないで自分を見てもらう、ということです。

ひょっとして、「ある印象を与えたい」というような言い方の方が正確ですか？　（クリスが眉をひそめる。）さて皆さん、これを正確に表現するとしたら、どう言い換えられるでしょう？　クリスがわたしの言い換えを好ましく思っていないのはおわかりですね。適切な表現ではなかったということです。

クリス：　そのとおりです。ぼくは、肯定的であれ否定的であれ、特定の印象をかもし出したいとは特に思っていません。ぼくのアパートに来てくれた人には、誰であれ、ありのままを見てほしいと思っています。ただ、きちんとしすぎず、乱雑すぎず、というニュートラルな状態をよしとする判定基準がぼくにはあり、汚れたままのお皿はその判定基準に届きません。

わかりました。では、この判定基準は「ニュートラルな印象から始めること」としましょう。（う～む）少し長すぎますか。できれば、ひと言、ふた言で言い表したいのですが――でも、こうすると、彼のいいたいことが伝わります。彼は先ほどのわたしの言い方を嫌いましたし、わたしは当然、彼にとって意味のあるものを使いたいと思っています。したがって、第一の判定基準は「時間の節約」、

行動	状況《コンテクスト》	判定基準
1．皿洗いをしない	汚れた皿はまだ少ない	時間の節約
2．皿洗いをする	初対面の人が訪ねてくる	ニュートラルな印象から始めること
3．皿洗いをしない		

第二の判定基準は「ニュートラルな印象から始めること」です（上図参照）。

さて、今度はさらに上の判定基準を特定したいと思います。コンテクストは持続させたまま、再び行動を否定していきます。コンテクストは、汚れた皿はまだ数枚しかないけれども、**そこへ**初対面の人が訪ねてくる、というように、新しい内容を**次々に積み重ねて**いきます。毎回新しいコンテクストを**加える**ことはできますが、既に特定された内容を変更することはできません。クリス、現在のコンテクストで、たとえ皿洗いをしないことによってニュートラルな印象から始めることができないとしても、どういう理由があれば、皿を洗わないでおきますか？

クリス：　ああ、食事の用意をしていたら、洗いませんね。

では、その状況で、汚れた皿を放っておいたら、なにが達成できますか？

クリス：　そうですね、もしお客があって、食事の用意ができていたら、皿洗いをするつもりも、あちこちピカピカに磨くつもりもありません。食事を温かいうちに出したいですから。

わかりました。では、食事を温かいうちに出すのは、なにが重要だからですか？　まだ判定基準が特定できていません。

クリス：　料理の腕を振るうことです。ぼく、料理が得意なんです。

さあ、これで判定基準が出ました。思うに、あなたにとって、料理に限らず「腕を振るうこと」は、人に対して「ニュートラルな印象から始めること」より重要なようです。そして、この「ニュートラルな印象から始めること」は「時間の節約」よりも重要なのですね。

さて思い出してください。汚れたお皿はまだ数枚しかなく、初対面の客がもうじき訪ねてきます。そこであなたは今、食事の支度をしています。このコンテクストで、たとえ「料理の腕を振ること」という判定基準に反したとしても、どういう理由があれば、やはり皿洗いをしますか？

クリス：　皿をそのままにしておいたら、ちょっと不衛生かなというときには、洗います。

「不衛生」というのは否定形ですから、「衛生的な状態の維持」というような、なにか肯定的な形に変えたいと思います。もちろん、クリスがその言い換えを受け入れるなら、ということですが。（受け入れます）了解しました。では、たとえ「衛生的な状態の維持」という判定基準に反することになっても、どういう理由があれば、皿を洗わないでおきますか？

クリス：　（長い沈黙）　すぐ間近になにか危機があれば、皿洗いはしません。たとえば、アパートの建物内で火事が発生したとか。

さあ、評価の高い判定基準に到達しそうです。いいでしょう、では、この危機に対応することによって、なにを守ることになりますか？　あるいは、なにを達成することになりますか？

クリス：　人の命を守ります。

「人の命を守ること」まで来ました。これは通常、リストの中でかなり高いところに位置づけられています。

クリス：　「人の命を守る」というのは、実際のところ、ちょっと高すぎます。むしろ、「安全を守る」という感じでしょうか。人の安全を守ること、です。

わかりました。皿洗いをする代わりに危機に対応することによって、人の安全を守るつもりだということですね。皿洗いをするかしないかについて、重要度が確実に増しています。では、クリス、たとえ危機が発生していて、人の安全を守れなくなっても、どういう理由があれば、皿洗いをしますか？

クリス：　その危機がぼくのどうこうできる範囲を越えている場合です。

ここで注目していただきたいのは、この回答はさらに重要な判定基準につながっていかないこと、現在のコンテクストを変更しなければ、「人の安全を守ること」という判定基準が不適切なものにならないことです。クリス、今あなたは、その危機に自分の影響力が及ばないなら、という設定に変えましたが、これまでのコンテクスト――数枚の汚れた皿＋初対面の訪問客＋食事の支度＋危機――にほかのどんなコンテクストが加わったら、「人の安全を守ること」という判定基準を無視しますか？

クリス：　その危機で自分がなんらかの形で役立てるなら、皿洗いはしないと思います。

そうですね。それはもうはっきりしています。たとえその危機で役立つ道があったとしても、どのような理由があれば、なんとしても皿洗いをしようと思いますか？

クリス：　自分より有能な人が奇跡的に現れて、その危機を処理してくれたら、皿洗いをするだろうと思います。

皆さん、クリスがもうこれ以上上位の判定基準に進もうとしないことに注目してください。「人の安全を守ること」という判定基準が満たされるような形で、コンテクストを構築しつづけています。

「人の安全を守ること」を放棄できるようなもっと重要なことを考えつけば、クリスがさらに上位の判定基準に進むだろうというのはわかります。わたしはいつもまず本人に考えてもらってから、提案するようにしていますが、どうももう序列の頂点近くにいるようです。たいていの人は他者の安全よりも自分自身の命を大事にします。ですから、クリス、誰かに銃を突きつけられ、「その危機に対応するなら、おまえの頭を吹き飛ばすぞ！」といわれたところを想像してみましょう。そういう状況なら、皿洗いをしますか？

クリス：　するかもしれません。

かもしれません？（笑）じゃ、もし皿洗いをしないなら家族の命はないぞと脅されたら？

クリス：　ぼくには肉親はいません。ひとり暮らしです。それに、そいつは自分も危険を冒してぼくの頭に銃を突きつけているわけだから、そうされても皿洗いをするかどうか、はっきりしたことはいえません。

では、もし皿洗いをしないなら、ニューヨークの町全体が吹っ飛ぶぞという電話がかかってきたらどうでしょう？　皿洗いをして、目の前の危機は無視しなくてはなりません。さもなければ、ニューヨークがなくなってしまうんですから。

クリス：　確かに……

このくらいにしましょうか、もうずいぶん上に来ていますから。ここが、まさしくクリスの序列の頂点であるにせよ、その近くにすぎないにせよ、これだけ上がれば、わたしたちの目的を果たすには充分です。彼の反応から、はっきりそういえます。人によっては、これは頂点ではないでしょう。そういう人たちの場合、他者の安全は実際のところさほど重要ではありませんが、自分の命が関わってくれば、心配はします。しかし、命さえ、自分の信条ほどは重要でないという人もいます。たとえば、「名誉」、「正しいことを行なうこと」、「道徳」の方を重んじる人です。こういう生き方があるのも、自己犠牲や戦争が可能になる理由のひとつです。クリスには、ここで顕在化させた各判定基準の間にも、さまざまな判定基準がたくさんあるはずです。しかし、わたしたちの目的を果たすには、ありとあらゆる判定基準を順番どおりに顕在化させる必要はありません。実際、エクササイズで行なう次のステップに必要なのは三つだけです。重要度の非常に低いもの、中くらいのもの、非常に高いもの、の三つです。それがそろったら、判定基準の変更方法を実演します。

▼エクササイズ

三人一組になり、先ほどわたしがクリスとやったときのやり方で、パートナーの判定基準の序列を顕在化させましょう。必ずごくささいなことから始めてください。ごくささいなことで、しようと思えばできるけれども、しないことには、どんなことがあるでしょうか？　相手の非言語的な反応を見れば、その行動が本人にとってどれだけ取るに足らないことか、どれだけ重要なことかがわかるでしょう。このとき、相手のしていることに自分自身の判定基準を押しつけないようにすることが大切です。他者の序列はときとして自分の序列とは大きく異なっていることがありますから、その人の持つ序列がどういうものであるかをよく調べなくてはなりません。パートナーがごくささいな行動を選んだら、その行動を取るとき取らないときを交互に繰り返し、より上位の判定基準を連続的に顕在化させていきます。

ポイントは、序列を登りつづけることです。最後に顕在化させた判定基準を無視させるほど重要なこととはなにか、それを見つけてください。わたしはクリスに、「たとえ顕在化させたばかりの判定基準を無視することになっても、どのような理由あれば、皿洗いをしますか?」と訊ねました。それに対してクリスは新しい要素をコンテクストに追加しました。そこでわたしは、その新しいコンテクストに適用されている判定基準を見つけるために、「それをすると、あなたはなにを達成できますか?」と質問しました。つづいて質問を反転させ、「たとえ顕在化させたばかりの判定基準を無視することになっても、どのような理由あれば、皿を洗わないでおきますか?」と訊ねました。

クリスの判定基準の序列は以下に図示しました。これを見ると、**コンテクストが積み重ねられていく様子がよくわかります**。各段階でコンテクストを追加しますが、すでにあるコンテクストはほんの一部たりとも差し引いてはいません。こうしたやり方をすることで、前段階の判定基準を無視できるほど重要なものはなにかを見つけだせるのです。

男性:　次の判定基準を見つけるのに、「では、それよりも重要なことはなんですか?」という訊ね方はできますか?

できますよ。でも、おおかた、「えーと、いっぱいあるんですが」という返事が返ってくるでしょう(笑)。あまりに抽象的な言い方で訊ねると、相手は推測しなくてはなりませんが、適切なコンテクストがなければ、的を射た返答は返ってこないかもしれません。具体的なシナリオを設定することによって、自分の行動に影響を与えているはずだと思っている判定基準ではなく、実際に自分の行動

郵便はがき

料金受取人払郵便

神田局
承認

5054

差出有効期間
2026年7月31
日まで
（切手不要）

101-8791

965

千代田区外神田
二丁目十八―六

春秋社

愛読者カード係

＊お送りいただいた個人情報は、書籍の発送および小社のマーケティングに利用させていただきます。

(フリガナ) お名前	歳	ご職業
ご住所 〒		
E-mail 小社より、新刊／重版情報、「web 春秋 はるとあき」更新のお知らせ、イベント情報などをメールマガジンにてお届けいたします。	電話	

※新規注文書（本を新たに注文する場合のみご記入下さい。）

ご注文方法　□**書店で受け取り**　□**直送(代金先払い)** 担当よりご連絡いたします。

書店名	地区	書名		
				冊
				冊

ご購読ありがとうございます。このカードは、小社の今後の出版企画および読者の皆様とのご連絡に役立てたいと思いますので、ご記入の上お送り下さい。

〈書　名〉※必ずご記入下さい

●お買い上げ書店名(　　　　　地区　　　　　　　　書店　)

●本書に関するご感想、小社刊行物についてのご意見

※上記をホームページなどでご紹介させていただく場合があります。(諾・否)

●ご利用メディア	●本書を何でお知りになりましたか	●お買い求めになった動機
新聞(　　　)	1. 書店で見て	1. 著者のファン
SNS(　　　)	2. 新聞の広告で (1)朝日 (2)読売 (3)日経 (4)その他	2. テーマにひかれて
その他	3. 書評で(　　　紙・誌)	3. 装丁が良い
メディア名 (　　　)	4. 人にすすめられて	4. 帯の文章を読んで
	5. その他	5. その他 (　　　)

●内 容	●定 価	●装 丁
□満足　□不満足	□安い　□高い	□良い　□悪い

●最近読んで面白かった本　(著者)　　　　(出版社)

(書名)

㈱春秋社　電話 03-3255-9611　FAX 03-3253-1384　振替 00180-6-24861
E-mail : info-shunjusha@shunjusha.co.jp

行動	状況《コンテクスト》	判定基準
(−) 皿洗いはできるが、しない	汚れた皿はまだ少ない	時間の節約
(+) 皿洗いをする	汚れた皿はまだ少ないが、ここに初対面の訪問者が来る	ニュートラルな印象から始めること
(−) 皿洗いをしない	汚れた皿はまだ少ないが、ここに初対面の訪問者が来る。そこで料理を作る	(料理の) 腕を振るうこと
(+) 皿洗いをする	汚れた皿はまだ少ないが、ここに初対面の訪問者が来る。そこで料理を作る。すると不衛生な皿が気になる	衛生的な状態の維持
(−) 皿洗いをしない	汚れた皿はまだ少ないが、ここに初対面の訪問者が来る。そこで料理を作る。すると不衛生な皿が気になる。そのとき建物内に危機が発生する	人の安全を守ること

に影響を与えている判定基準をはるかに特定しやすくなります。具体的なシナリオの方が無意識のリソースをずっとうまく活用できる上に、抽象的な処理を避けられます。

判定基準はいずれも必ず**肯定的**に表現するようにしてください。パートナーに質問するときは、その判定基準はなにを避けるのに役立つのかという訊ね方ではなく、その判定基準によってなにを保持したり達成したりできるのかという訊ね方をします。そして、答えを見つけるためには、ある特定の行動がどういう点で役立っているかを訊ねるといいでしょう。「なぜこれに価値があるのですか?」「どんな**利益**を得るためにこれをしているのですか?」

相手が出してくる判定基準は、順序がやや狂っていることもあります。というのも、ある判定基準を侵害したり満たしたりする体験を考えるとき、その判定基準の多くではなく、ほんの一部だけを侵害したり満たしたりする体験のことを考えるからです。そのために、他の判定基準に対するその判定基準の相対的な順序が影響を受けるのかもしれません。汚れたお皿が数枚あっても、分解した車のエンジンがリビングルームにあるほどには「きれい好き」という判定基準を侵害しません。いったん序列ができ上がったら、次のステップで使うために、正しい順序に収まっているとほぼ確信できる三つの判定基準を選びます。重要度の非常に低いものをひとつ、中くらいのものをひとつ、非常に高いものをひとつ選んだら、言語的に一致しているか、非言語的に一致しているかをチェックします。クリスの場合、わたしなら「時間の節約」「腕を振るうこと」「人の安全を守ること」を選びます。この三つは正しい順に並んでいるとほぼ確信できるので、次のステップで使えます。

つづいて、これらの判定基準がどう表現されているかを調べ、それらを特徴づけているサブモダリティの特質を確定します。クリスのケースでいうと、まず「時間の節約」について考えてもらい、それをどう表現しているかを訊ねます。「腕を振るうこと」「人の安全を守ること」についてはどうかも訊ねます。それぞれの判定基準について考えると、なにが見え／聞こえ／感じられるかを訊ねるのです。それが済めば、これら三つの表象を互いに比較することができるようになります。この比較は、タイムラインを発見するときに、現在、過去、未来を比較したときと同じ要領で行ないます。ひとつの連続体の上でこれら三つの判定基準を順序づけるためにどんなサブモダリティが使われているか、発見してください。デジタルな差異もあるかもしれませんが、今のところそれは関係ありません。ここでは連続的に変化するアナログな差異だけが必要です。サブモダリティはふたつ、三つ見つかるかもしれませんが、たいていは、鍵となるサブモダリティはひとつで、非常に強力です。

今はとりあえず、これら三つの判定基準の相対的な重要度をコード化する方法として、どんなアナログのサブモダリティがメインになっているように見えるかにだけ注目してください。これらのサブモダリティは、のちにパートナーがどの判定基準を変えたいのかを決めてからテストをします。判定基準は驚くほど簡単に変更できますから、うっかり変えてしまったというようなことがないようにしてもらいたいのです。

早く済んだ人は、同じ判定基準を肯定で表現するときと、否定で表現するときのサブモダリティの違いを探ってみましょう。

男性：　肯定で表現するというのは、「時間を無駄遣いしない」ではなく、「時間を節約する」と表現するということですか？

そのとおりです。わたしたちは否定で表現された判定基準から離れて、肯定で表現された判定基準に近づいていきます。もし否定で表現された判定基準も肯定で表現された判定基準も持っていたら、混乱の原因になるでしょう。「近づくこと」「離れること」に関係したサブモダリティのコード化には興味深いものがありますが、それらは、序列におけるランクづけの仕方とは別の事柄です。すべての判定基準を同じ方法で表現することによって、「近づくこと」による影響と「離れること」による影響を取り除くと、序列そのものに関係したサブモダリティのみを見つけるチャンスがはるかに高まります。

男性：　でも、惹きつけられることよりも、避けることによって意欲が高まるタイプの人はどうなりますか？　人生のさまざまな事柄を避けることによって実際に意欲が湧いてくるとしたら、どうでしょう？

人によっては、判定基準をすべて否定で表現する方が簡単かもしれません。その人を肯定の方向に向けることがどうしても困難だと思われる場合には、そうしてください。

しかし、枠組みを広げるために、わたしは以下のように問いかけたいと思います。「もし誰かが本当に、主に回避によって意欲を高めているとしたら、その人をそういう志向のままにしておきたいと思いますか？　それとも、近づいていきたいと思うものに焦点を結び直せるようにしてあげたいと思いますか？　なにかから離れるときは、必ず別のなにかの方へ近づいていかなくてはなりません。これから離れていこうとするものだけに注目していたら、なにに近づいているのかに気づきません。『一難去ってまた一難』というのは、なにに近づいているのかに気づかないという問題をうまく表現しています。その人が望んでいるものに注意を集中させる方が、避けるべき事柄に関する序列を変更するよりも、はるかに生成的で有用ではないでしょうか？」

世の中には避けた方がよいものもあります。「最悪の場合を想定して立てた計画」が非常に役立つ場合もあり、そういう計画を立てなかったがために大きなトラブルに巻き込まれる人もいます。しかし、通例、ＮＬＰの適格に構成された目標は肯定的に表現されています。行きたい方向に向いていれば、そこに達する可能性ははるかに高いからです。これはプラクティショナー・トレーニングにおける第一の基本原則です。まず肯定的な達成目標を立て、そのあとで「最悪の場合を想定して」計画を立て、エコロジーに問題のない結果を確実に得られるようにすればいいのです。

ときどき、それが本当に判定基準なのか、それともコンテクストの一部なのかをうまく見きわめられないことがあります。そういうときには主に、判定基準は数多くのさまざまなコンテクストに適用できるものを名詞化したものだという点から、チェックします。車を購入する場合の判定基準として、バケット・シートが装備されたものという基準を設けることもできます。これでは具体的すぎてコンテクストを越えることができませんが、「乗り心地のよさ」とか「他人の称賛」といったものなら、車はもちろん多種多様なコンテクストにも適用できます。また、判定基準はできるだけ簡潔に表現しなくてはなりません。たいていは、ひと言、ふた言で表現できるでしょう。ある人に、「周りの人たちにうまく溶け込むこと」という判定基準がありました。これは少し長いのですが、明らかにさまざまな状況や行動に適用することができます。今のところ、指示はこれくらいでいいでしょう。では、エクササイズを進めてください。

＊＊＊＊

討論

皆さん、お帰りなさい！　さて、グループ作業ではなにが見つかりましたか？　すばらしい関係に気づき始めた人たちもいますね。たとえば、いくつかのグループは判定基準の序列とタイムラインのつながりに気がつきました。

ネヴィル：　そうなんです、トムのタイムラインと判定基準の序列はまったく同じだったんです。

トムにとって一番重要でないものの位置は、彼がタイムライン上で過去のために使っている位置と同じで、判定基準が重要であればあるだけ、それは遠い未来にありました。彼の判定基準はタイムラインに沿って並んでいたのです。

そうでしたね。内容を知るまでもなく、これでトムが強い未来志向であることがわかります。わたしもトムに似ています。過去を無視する傾向があり、したがって、わたしの判定基準の序列は現在を示す位置から始まり、まっすぐ未来へ突入しています。トムやわたしのように、高く評価している判定基準と未来とを同じサブモダリティを使ってコード化している人は、未来を重視していると思っていいでしょう。

対照的に、高く評価している判定基準と過去とを同じサブモダリティでコード化している人は、たぶん、しょっちゅう思い出を語り、「古きよき時代」にもどりたいと思っているのでしょう。しかし、「郷愁を誘うものも、もはやかつてのそれではない」のです（笑）。

ジョー：わたしたちはお金に対する判定基準を顕在化するのが難しいと思いました。お金そのものが価値の尺度だと思われるからです。

お金は確かにいろいろなものに変換できます。同時に、通常、当人にとってはかなり具体的なものを意味しています。「お金はあなたになにをもたらしてくれますか？」「お金を持つのは、なにが重要だと思うからですか？」と訊ねてみるといいでしょう。お金が「安全」を意味する人たちは、「安全」に価値を見出しています。一方、お金は「権力」や「自由」を意味するという人もいます。なんのためにお金を持つのか、お金の重要な点、有用な点はなにかを考えると、判定基準が見つかります。

ときにはお金そのものをほしがっているように見える人もいて、そういう人たちは、お金がほしいと思うのはなにかを手に入れようとするからだということを忘れてしまっています。欲張りはそういったことをします。お金を貯め込み、けっして使おうとしません。また、ときにはお金そのものがその人の重要な判定基準になっているような場合もあります。「ただの金さ、でも、金さえあれば、それでいいんだ」もしこんなふうなら、今こそこの人を目標に向き直らせてあげるときです。

ビル：　コニリー、あなたのタイムラインと価値体系は非常に緊密な相関関係にあるとのことですが、そうなると、タイムライン上の現在と結びついている判定基準が、なんとなく他の価値観より勝っているということはありませんか？

わたしの場合はありません。わたしの今の行動は、未来が動機になっていることの方がはるかに多く、しかも、直近の未来よりも長期間にわたる未来の方が多く動機になっています。長期的な結果を得るために、わたしは現在の困難を耐えるのです。

皆さんの中には、判定基準の序列がどういう位置にあるのかに注目した人がたくさんいます。たとえば、空間に上から下へ向かって配列されているとか、近くから遠くへ、あるいは、左から右へ向かって配列されている、などです。わたしたちの多くは「高く」評価しているものとして取り上げた判定基準についてよく話し合いますが、その判定基準の方が上だとか、下だとか、まさに文字どおり高さを使って序列を整理しています。しかし、これを反転し、下にあるものほど重要だとしている人もいます。こうした人々は「根源的」な価値観や「基本的」価値観について話す傾向があります。

リタは近さを使っていました。いくつかの価値観が「最前線」で活躍していて、それらについて話すときには、「身近に置いている」価値観という言い方をしていました。ほかにも、大きさを使って判定基準をランクづけしている人がいました。その人の場合、判定基準はすべて同じ場所にあり、イメージが大きくなればなるほど、それを高く評価していました。

キャロル：わたしはどうも例外みたいです。タイムラインは左から右へ伸びていますが、判定基準は全部、真正面にあります。

全部同じ場所にあるのですか？　それとも遠くの方にまで広がっているのですか？

キャロル：全部同じ場所にあります。

では、どうやって重要度を見わけるのですか？

キャロル：あまり重要でない判定基準は薄っぺらな紙みたいです。中程度のものは実体験できるカラー映画で、重要なものは完全に聴覚によるもので、まったくイメージは描けません。

この三種類の判定基準には共通のサブモダリティがないように聞こえます。序列が成立するためには、ある種の連続体を形成するサブモダリティが必要です。確かに、デジタルなカテゴリーがふたつしかないという人もいます。そういう人は、それが重要か重要でないかで判定します。物事を白か黒か、善か悪かと考えるタイプの人は、しばしば自分の体験を「～か～か」というデジタルなカテゴリーで構築します。そうでない人は三種類以上のカテゴリーをもっているようです。判定基準が三段階しかないという女性に出会ったことがありますが、彼女にとって意思決定はきわめて簡単なことでした。というのも、同レベルにあるそれら三つの判定基準はすべて重要度も等しかったので、同レベルのふたつの判定基準を満たすものの中からひとつを選ぶときには、ただ無作為にひとつ選ぶだけだったからです。

キャロルの場合、物事の重要度を測るカテゴリーは、デジタルなものが三つしかないのかもしれません。でも、そういうタイプに見えないので、わたしにはちょっと違和感があります。キャロル、ひとりでできることを紹介しますから、やってみてください。その三つの判定基準を取り上げて、必ず三つとも同じ代表システムで表現するのです。連続体に沿って変化するサブモダリティを見つけるには、同じ代表システムで表現する必要があります。判定基準が聴覚から視覚へポンと飛ぶようなことがあれば、連続体は成立しません。実際のところ、あなたには聴覚を使って判定基準を整理する方法も、視覚を使って整理する方法もあるのかもしれませんが、このエクササイズでは、ふたつのシステムをまぜこぜにしないでください。

ボブ：　ぼくたちは最初、各判定基準の視覚的なサブモダリティを見つけようとしましたが、非常に厄介な状態になりました。結局なにも見つからなかったので、視覚はやめて聴覚に変更しました。「この体験を感じ取ってください」というような漠然とした催眠言語も使いましたが、最後にパートナーは聴覚的な差異を捉え、それらを自分の声とテンポで実際に聞かせてくれました。しかし、彼にはもうひとつ、注視の方向が示す上から下への非常にはっきりした連続体があったのです。イメージに集中していないときには、いつもそれが現れていました。

すばらしい。よく観察しました。つまり、本人はそれに気づいてはいなかったけれど、最終的には立派な序列があるのを見つけたわけですね。常によく見、よく聴け、です。

トム：　判定基準のある位置と、それを描写する言語やボディランゲージとの一致に、目を見張りました。

そうでしょう。そして、この知識は、強力なふたとおりの使い方をすることができます。そのひとつは、相手がどう判定基準を整理しているかをひそかに特定すること、今ひとつは、ボディランゲージを使って、相手が判定基準を調整しやすいようにすることです。判定基準の調整は、次のステップです。

変更する価値のある判定基準を選択する

自分の大脳が判定基準の重要度の判別に使っているサブモダリティを特定できたら、次は、その情報を利用して、不適当だと感じる判定基準を調整します。

この方法を使って、既にいくつか非常に価値のある結果が得られています。二、三、ご紹介しましょう。たとえば、ある臨床心理学者は妻との関係に重大な変化をもたらすことができました。彼は自分が四六時中、妻のささいな間違いを正していることに気づいていました。妻が「ねえ、先週の水曜日に映画を観に行ったとき……」といいかけると、つい、「いや、それは木曜日の話だ」といってしまいます。そういうことをしたとき、自分が鼻持ちならないことをしていて、妻を不必要に苦しめていると自覚するのですが、訂正の言葉は相変わらず勝手に口をついて出てきます。自分が与えている悪影響を認識しているのに、どうしてもその行動を変えることができないのです。意識的な洞察にできるのは、認識するところまででした。

彼は自分の判定基準を探り、自分が自ら高く評価している「正しさ」という判定基準に反応していることに気づきました。妻に正しくあってほしいと思っていたのです。妻を正せば、当然、妻は間違っていることになりましたが、物事というのは往々にしてそんなものです。「妻に正しくあってほしいと思うこと」の表象は指差しをしている指のイメージで、彼はそれを下へ移動することによって、重要度を下げました。そのイメージは下へ移動するにつれて、自然に霧がかかったように霞み、やがてダンスをする人影を描いたものに変わりました。すると、彼の姿勢は柔らぎ、目からは涙があふれました。判定基準の表象そのものが自然にまったく別の内容に変化したのです。彼は妻が間違いを起こしたときのことを考えたとき、妻に対する感じ方が大きく変わっていることに心底驚きました。

わたしは自分自身についても判定基準をたくさん変更しています。たとえば、あるセミナーで教えるためにボストンへ行こうとしていたとき、風邪かインフルエンザに罹りそうだなと感じました。次第に具合が悪くなっていくのがわかりましたが、今ここで具合が悪くなるわけにはいかないこともわかっていました。最初は、リフレーミングをちょっとやってみました。内面に入り、自分の身体に対して約束しようとしました。「わかった、もどったらすぐに休みを取るわ――セミナーのためにこの四日間はどうしても必要なの。わたしをそっとしておいて。そうしてくれたら、あとで必ず休むから」、というふうに（笑）。このやり方は過去には効果があったのですが、今回のケースにはなんの効き目もないだろうとわかりました。身体から何の反応も感じられなかったからです。

反対意見――わたしを回復させまいとするもの――を調べると、浮上してきたのは、スティーヴとの関係の重要性でした。わたしたちには片づけなくてはならない仕事が山のようにありました。それらをすべてやり終えることがスティーヴにとっては重要なことであり、わたしは自分の担当部分をきちんとやり遂げたいと思っていました。そして、「スティーブも、わたしには休んだりしないで、そうした仕事を全部片づけてほしいと思っているはずだ」と考えていました。しかし、これはわたしのひとり合点でした。それどころか、彼はたぶんもっと肩の力を抜いて健康を保つよう勧めたでしょう。でも、わたしは無意識のうちに、スティーヴとの関係は自分の健康よりも重要だと考えていたのです。したがって、ボストンでのセミナーの間健康を保てたら、そのあと休息するという約束は、もどったらバリバリ働いて仕事を片づけたいというわたしの希望とは相容れないものでした。ここまで把握できたので、わたしは内面に入り、自分自身の健康の重要度を変更し、それをスティーブとの関係よりも重要な位置につけました。すると身体の反応は変化し、これなら回復するだろうと、すぐにわかりました。

男性：　判定基準のこの変更は、ワークショップの終了時までに限って一時的に行なったのですか？

いいえ、永続的に変更しました。自分の健康の重要度を常に上にしておく方がいいと考えたからです。実際、長い目で見れば、健康であることによってスティーヴとの関係もよくなります。具合が悪ければ、あるいは、過労で若死にでもすれば、人とよい関係を持つことはできません。ですから、これも判定基準の変更がどう役立つかを示す一例として紹介しました。

さてここで、次の状況を考えてみましょう。ある参加者は「正しいこと」という判定基準を高く評価していましたが、その判定基準ゆえにトラブルに見舞われていました。彼は自分がいかに賢いかを常に証明しようとし、さまざまな物事に関して自分が正しいことを示そうとしているのに気づきました。同時に、これがトラブルの原因であることにも気づいたので、「正しいこと」という判定基準を調整して、重要度を下げることにしました。

判定基準の変更を行なうときには、ひとつだけ調整することもできますし、ひとつの重要度を下げると同時に、別の判定基準の重要度を上げることもできます。これが特に重要になるのは、変更しようとしている判定基準ともう一方の判定基準とが正反対の内容で、補完的関係にあることに気づいたときです。たとえば、「他者を喜ばせること」と「自分自身を喜ばせること」とがバランスを取り合っていることは、多くの人が気づいています。なにかを取り去るだけではエコロジーの点で健全ではありません。では、この人の「正しいこと」の重要度を下げる場合、どんな判定基準の重要度を上げたらいいと思いますか?

男性:「人の役に立つこと」です。

それはありえますね。「正しいこと」の重要度について考え、その表象を把握したら、それを下や遠くに移動したり、小さくしたりするなど、とにかく重要度を減らすようなことをすると同時に、「人の役に立つこと」を上に移動するよう指示する——これは可能です。これで効果が上がる人もいるでしょう。ほかには、どんなものが当てはまると思いますか?

男性:「正しいこと」という判定基準は、自分の行動について外からの承認を必要としているように聞こえます。他者からのフィードバックを必要とせず、内的に自分が正しいと判断する、というふうに変えたら、どうでしょう?

あなたの意見は間違っていないと思います。ひとつ考えられる危険性は、実際にはこの人が間違っているときに、結局は自分が正しいと「判断して」、外からのフィードバックに心を開かなくなることです。

女性：「正しいこと」を「バランスの取れた人間関係を結ぶこと」に変えたらどうでしょう？ つまり、「正しいこと」によって状況を管理するより、周囲の人たちと協力すること――均整の取れた人間関係を結ぶことの方が重要だということですね。

男性：「愛されること」対「正しいこと」ではどうですか？

それも考えられます。ただ、「愛されること」も、他者からの反応を獲得したいという欲求を重視しています。そうすると、クライアントは非常に弱い立場に置かれつづけるかもしれませんね。ほかになにか考えつきませんか？ 皆さんのほとんどが直観的にしているのは、クライアントに役立ちそうな別の目標について考えるということです。そうした目標を見つけるには、『正しいこと』という判定基準は、あなたになにをしてくれますか？」と訊ねるのも一法です。これによって、「正しいこと」の代わりに使える判定基準を得られるかもしれません。あるいは、「もっと重要なものとして、**あなたは**なにがほしいと思っているのですか？」と訊ねてもかまいません。

女性：「正しいこと」を「親しみやすいこと」に置き換えるのはどうでしょう？

いいですね。あるいは、「他者から反響を得ること」、「品よく影響を与えること」なども考えられます。ところで、この人は「自分が正しいと**証明すること**」の重要度を下げるかもしれません。相手が彼のことを正しいと**証明する**のに時間がかかる場合、彼はややもすれば正しくありません。相手はなんとか証明しようとして時間がかかっているということですから。

男性：「正しいこと」はひとつの状態であり、「正しいと証明すること」はひとつのプロセスのように思えます。ですから、別のプロセスに置き換えたらどうでしょう？

そうすると、彼は、自分が正しいと証明することにではなく、たとえば学ぶことに集中できるかもしれません。あるいは、楽しく学ぶことにさえ集中することができるかもしれません。調整中の中心的な判定基準には、「楽しみ」「喜び」「興奮」などといった判定基準を加えることもできます。

「正しいこと」に代わりうるものはたくさんあります。判定基準の調整を手伝うときには、皆さんが重要だと思っていることを誰彼なし押しつけないように注意してください。クライアントは目標を持って皆さんを訪ねてくることもあり、その目標を聞いて、「うわぁ、そんなの、やってもなあ」と思うこともあるでしょう。そういうときには、判定基準を変更する目的は、クライアント自身の判定基準を調整し、クライアント自身が人生に必要だと思っているものをもっと得られるようにすることだということを思い出してください。相手はあなたが望んでいるのとはまったく別のものになりたいと思っているのかもしれません。相手の望む変更が皆さんの倫理に抵触せず、当人の他の目標や判定基準と一致している限り、望みどおりに変更できるよう力を貸してあげてください。

わたしはワークの際、どんな判定基準と入れ替えたらいいかを指示することはありません。提案やコメントをし、クライアント自身が自分にとってエコロジーに問題のないものを見つけられるようにして、エコロジーの問題を話し合います。たとえば、クライアントが「愛されること」を選んだら、「う～ん、そんなにほかの人の行動に翻弄されたいと本当に思いますか？」といいます。そうすれば、別のものを目ざそうとするかもしれません。唯一の正しい答えというものはありません。正しい答えは、変わりたいと思っている当人が決めるからです。可能性のある事柄をたくさん挙げれば、相手がなにに反応を示すかに気づくことができます。ここまで話し合ってきたさまざまな要素を取り入れることによって、クライアントが適切に変化するのを手助けする方法を増やすことができます。

判定基準の変更の実演

（以下は、一九八六年一月にテキサス州ダラスでコニリーが行なったトレーニングの一部です。）

皆さん、わたしが手早く判定基準を変化させるところを見たいですか？　わかりました。まず、どなたか、自分の序列を整理できた人はいますか？　それから、なんの重要度を高めたいのか、あるいは低めたいのかがわかっていないといけません。これについて考えるときは、自分が把握している情報すべてについて考え、人からいわれたことについても考えてください。なにか、人から重要度を高めたり低めたりできるんじゃないかと指摘されたことはありませんか？　これは人の意見どおりにすべきという意味ではなく、それが情報源になるということです。それについて検討し、自分はその考えを妥当と思うかどうかを判断するのです。

デヴィッド（元気よく）：　はい、整理できました。で、どういたしましょう？

じょうずに本題に入りますね！　では、まずあなたの序列を教えてください。サブモダリティに関して、どうそれをコード化していますか？

デヴィッド：　サブモダリティに関しては、「楽しみ」がこうあり（左手で、やや左方向の遠くを指す）、「自分自身の向上」があり（真正面五～六十センチのところを指す）、「家族」があって（両手を胸の近くに引き寄せる)、僕はその中にいます。

で、その中ではなにが一番重要ですか?

デヴィッド:　家族です。

はい、そうではないかと思いました。つまり、彼には「身近に置いている」判定基準があるということです。わたしはよく「高く評価している」判定基準について話をしますが、これは判定基準について話すときの、ごく一般的な話し方です。人によっては、それは「身近に置いている」判定基準となり、「根本的な」価値観ともなります。ともあれ、彼の判定基準はやや左にそれていく線上にあって、ひとつは遠くに、それより重要な他のふたつはもっと身近にあることがわかりました。さて、デヴィッド、なにか重要度を高めたいもの、低めたいものがありますか?

デヴィッド:　う〜ん。

話したいと思いますか?　話したくありませんか?　どうしても話さなくてはいけないということはありません。どちらでもいいのです。

デヴィッド:　実は、今、問題を抱えているんです。さっき健康の話をされましたが、あれが、しばらく前からぼくの中に鬱積していたものと結びつきました。ぼくはいつも具合が悪くなるまでがむしゃらに働いて、自分の欲求を後回しにしてしまいます。だから、それをこっちに引き寄せなくてはなりません(両手を胸の方へ引き寄せる)。

「自分の欲求を大事にする」ということですね。(そうです)わかりました。さて、皆さん、ここでは、クライアントがその判定基準をどのあたりに落ち着かせたいと思っているかをある程度知らなくてはいけません。さもないと、気がついたら命そのものより重要にしてしまい、「ちょっと待った。そこまで重要じゃないぞ」なんてことになるかもしれません。というわけで、デヴィッド、その判定基準をどれくらい重要なものにしたいと思いますか？　あるいは、なによりも重要なものにしたいですか？

デヴィッド：具合が悪くなるまで働くことよりは重要ですね。

いい選択です（笑）。わたしからはなんの異論もありません。

デヴィッド：いやもう、職場では、「勘弁してよ」といいながら青息吐息です。いつ病気で寝込んでもおかしくない状態なのに、前進あるのみ、という感じで。

わかりました。では、エコロジーをチェックしましょう。基本的には問題なさそうですが、わたしは彼の解釈の仕方でうまくいくかを確認したいと思います。そこで、デヴィッド、もし仕事より重要な自分の欲求に対応して、あれこれ達成しているところを想像したとしたら……自分の生活はどう変わると思いますか？　ちょっと調べてみてください。そういう暮らし方になにか問題はありませんか？

デヴィッド：ふ～む。生活はずいぶん違うものになると思います。ただ、「いったいどうなるのやら？」といっているパートがいるといいますか――。

「ぼくが知りたい」と――。そうなんです、そんなふうに、完全にはわからないのかもしれません。それに、そういう状態だということは、のちにこの変更を済ませたあとで、それを少し変更したいと思うようになるということかもしれません。それはそれでかまいません。もどって変更すればいいのです。なにかを加えたり、取り除いたり、あるいは、移動したりしなくてはならないかもしれません。

デヴィッド：　ところで、さっきから何度も頭に浮かんでくるのは、効率とはなんぞや、ということです。もし自分のことをこれまでより大事にしたら、どういうわけか職場でも効率がよくなるように思うのです。

そのとおりです。だから、そのふたつがひどく対立するということはありません。（わかりました）では、自分の欲求を大事にすることについて考えると、今、それはどこに見えますか？

デヴィッド：　ちょうどあのあたりです（右手でまっ正面の上方を指す）。**向こうの**あのあたりです（両手で）。

向こうのあのあたりですね、わかりました。これはひとつの手がかりです。それは、ほかの判定基準と同じ直線上にありますか？　それとも、その線からはずれていますか？

デヴィッド：　えー、ほぼ中央の、上の方で――。

一直線になっているか、ということなんですが――。

デヴィッド：　――ちょうどアレンがいるあたりです（アレンは部屋の最後列に座っている）が、天井ほどの高さのところに見えます。

先ほどの「それを引き寄せる」というのがどういうことか、わかりました。（アレンが両手を挙げる）

デヴィッド：　ありがとう！　（アレンに向かって手を振り、ＯＫサインを出す）

アレン、わたしが合図したら、ちょっとこっちに近寄ってくれますか？　（冗談）

デヴィッド：　両手を掲げて、それを持ってきてよ（笑）。

さあ、続けましょう。今度は、「仕事に対応すること」がどこに見えるかです。

デヴィッド：はい、仕事ですね。ちょっと向こうの下あたりかな（正面の先の下方、やや右にそれたあたりを指す）。

どのくらい離れていますか？

デヴィッド：テレビのすぐこっち側です。そこの真下です。

テレビの横の下方ですね。では、少しテストしましょう。今のふたつの判定基準は最初の三つの判定基準とは位置の在り方が異なっています。直線になっていません。上下の問題かどうかをはっきりさせるためにテストしたいと思います。まず、仕事に関する判定基準を取り上げてください。（はい）それを少し上に移動させてください——あとでもどしますが、とりあえず上に移動させて（デヴィッドは首を横に振る）一時的に位置を変えると、その重要度は高まった感じですか？　下がった感じですか？

デヴィッド：（両手を仕事の判定基準がある方に向けて左右に動かす）なんというか、やたら——動いていて……（笑いながら、右手を外側上方へ振り出す）向こうへ離れていきます。同時にあれが近づいてきています（「自分の欲求」の判定基準の方を指す）。今はもうそこにあるという感じです。

えっ、じゃあ、もうひとつの判定基準と同一軌道上にあるんですね。わかりました。元にもどしてください。（はい、もどしました）次にしてほしいのは、「自分の欲求に対応すること」の判定基準を取り上げて——（アレンが両手を上げ、デヴィッドは笑ってアレンを指差す）——合図ですよ、アレン……で、今度はその判定基準を近くへ引き寄せてほしいのです。これはゆっくりやってください――急いではいけません――ゆっくりやると、それを引き寄せている最中のインパクトに気がつきます。そうすれば、内的なチェックのようなことができるようになります。たいていは、その判定基準が収まるべきところに収まったときを感じ取ることができます。あなたにも目的の位置がわかっています。あなたはその判定基準を仕事の判定基準よりも重要なものにしたいと思っていて、それを自覚しています。ですから、そのイメージが次第に近づいてくるのを許可しましょう。そうすれば、それが重要度を増すにつれて発生する影響力に気がつき、収まるべきところに収まったときの感触を自然につかめます。……（デヴィッドがなにかを問うような声を出す）え？　ん？　（左手を揺らして、「あやふやな感じ」や不確かな感じを示す）

確信が持てないなら、それを少し前後に動かしてください。徹底的に試してみてください。

デヴィッド：　ああ、少し向こうにもどしたら、ぴったりです。

はい、けっこうです。今これをやっている最中にとても興味深い現象が起きたんじゃないでしょうか。つまり、それがあるべき位置に収まるときは、そこにドスッと落ちます――（デヴィッドが首を縦に振って「そのとおり」であることを示し、両手の仕草で「もちろん」を伝える）――そうなるはずだといっておくと、余計にそうなります（笑）。（デヴィッドの両手がなにかを配置するように動く）まさに定着させていますね……あるべき位置に。「ドッカリと置く」テクニックです。はい、では、ちゃんと収まったと思ったら教えてください。

デヴィッド：　はい。済んだみたいです。（みたいです？）まあ、おわかりのように慣れていませんから（身体を引く）、それがこんな近くにある状態には。なんというか、「ん？」という感じです……（「考え込んでいる」ふうに、あごに手を当てる）。ほかにもいくつか注目していることがあります。

調整したいと思うようなことが見つかりましたか？　ここからだと、たぶんさっきよりよく見えるでしょう。遠く離れていたときは、そのイメージの中になにがあるのか、はっきりわからなかったかもしれません。

デヴィッド：　今、それを調べています。

位置が近くなって、そこにあるものがよく見えるようになると、少し内容を変えたいと思うかもしれませんね。

デヴィッド：　う～む……いや、なんとも複雑です。

それはいい意味で？　それとも……？

デヴィッド：　思いがけず、という意味です。

なるほど。で、どういうふうに複雑なんですか？

デヴィッド：　そうですね、おおよその見当で「自分の欲求」を予想していたときには、身体の病気のことを考えていましたが、それはどうもほんの一部にすぎないようです。（左手の親指と人差し指で、それを指摘する小さなジェスチャーをする）　ほら、その……（さきほどのジェスチャーをした空間に、左手で大きな円を描く）

あなたの大脳のあるパートがそこに、あれこれいっぱい突っ込んでいて――。

デヴィッド：　そうなんです。内容といっても、そう、身体的な健康のようなものは、（これが、まずひとつですね。ＯＫ）下の方にこんなに小さく――（二本の人差し指で、先ほどの円内の中央に小さな長方形を描く）。

となれば、してほしいことがあります。そこにあるとは思っていなかった別の事柄を調べて、それらが重要なこの場所にあることに自分が満足しているのを確認してほしいのです。

デヴィッド：　わかりました。今の言葉を聞いて、中身の調整が始まりました。

けっこうです。そのイメージを構成するものの中には、もっと遠くにもどしたいと思うものもあるでしょうし、もっと近くに引き寄せたいと思うものもあるでしょう。……

デヴィッド：　（うなずきながら）そうなりました。ＯＫです。すごいなあ。うん、すごい。

それはよかった。今その配置を見て、自分に効果をもたらしてくれる配置だと思いますか？　それとも、まだなにか調整が必要ですか？

デヴィッド：　なにか、ちょっと収まりきっていないものがあるような気がします――すぐ近くにあるのに、完全にそこにあるわけじゃない、というような。

わかりました。では、それがはっきり際立ってくるように、少し時間を取りましょう。全体をざっと見ていてください。

デヴィッド：　（笑う）ねえ、アレン！　きみはいつもそこにいるわけじゃないけど……きみの右肩をコーナー代わりに使わせてもらうよ。……よし、と（目を閉じる）。

では、あなたがそれをしている間、わたしはグループの皆さんに、あなたにはもうわかっていることを、二、三、お話しておきましょう。皆さんにいっておきたいのは、こういった種類の方法を使う場合は、催眠言語を組み入れると、クライアントがとても楽になるという点です。たとえば、「そのイメージが近づいてくるのを許可し、いつそれが正しい位置を見つけるかに注目しましょう」というような言い方をして（デヴィットがうなずく）、疑問を呼びたくない事柄を前提してしまいます。そういった事柄を疑問として取り上げるのは、クライアントにとって必要なことではありませんし、そんなことをしてもむしろ困難な状況が生まれるばかりだからです。上記のような言い方をすれば、「それにふさわしい場所はありますか？」と訊ねるよりはるかに簡単です。それにふさわしい場所はあるかと訊かれたら、クライアントはあるだろうかと考え始めます……。

デヴィッド：　もういいですよ。スクリーンに稼動を許可したら、それが拡大して（両手で自分の正面に大きな長方形を描く）向こうまで広がり、大きな長方形になりました。スクリーンの中は複数のかたまり《チャンク》に別れていました（垂直に手を振りおろす仕草を、左から右へ進めていく）。……つまり、こんな感じです――（静かに口笛を吹きながら、右手を自分の正面で左から右へ掃くように動かす）。

そういうふうに広がったのですね。

デヴィッド：　はい。なんか、すごいです。

その様子は――。

デヴィッド：　はい、それに任せたら、こうして――（両腕を外に広げる）……

拡大した。（そう、そう）　なるほど。拡大すれば、本当にしっかり見て、そこになにがあるかを知ることができます。

デヴィッド：（うなずきながら）そうなんです。そして今は、奇妙な触運動覚をいろいろ感じています（両手を交互に回して、胃のあたりで円を描く）。「わおっ！」という感じです（頭と胸を後ろに引く）。

ひとつだけチェックしてほしいのは、その「奇妙な触運動覚」というのは、「これは今までと違うぞ、こんなふうだったことはまだないぞ」という感じで奇妙なのかという点です。（デヴィッドはうなずいている。「うん、うん」）もし「なにかが間違っている」という感じの触運動覚なら、さらに調整が必要だからです。でも、デヴィッドの「ただの不慣れだ」については、言語的反応と非言語的反応が一致しています。はい、けっこうです。変更についてはここまでとしましょう。

さて今度は、テストをしていただきます。（わかりました）今回の特別な変更は、普通の変更に比べてテストするのが少し厄介です。今この場でなにか行動を利用した方法を創作できるなら、それでテストをします。一例を挙げましょう。ある人が他者の意見の重要度を下げ、自分が正しいと思うことを実行することの重要度を上げました。その直後に同じグループの誰かがその人に「あなたのサブモダリティを使って、これをやってください」というと、その人は「いや、それは正しいやり方じゃないと思う。ほかのやり方をすべきだ」と即答しました。これは意図的に行なった方法ではありませんでしたが、あとから考えると、すばらしいテストになっていることがわかりました。これは、ときにはこんなふうにテストできるという一例です。デヴィッドの特別な変更にこれを使うことはできませんが、想像力を使ったテストなら、いつでも可能です。今回の変更によって変化が現れた状況を想像してください。（デヴィッドが目を閉じる）これは誰もができるもっとも一般的なテストです。この新しい配列によって変化が現れた状況を取り上げてもらい……

デヴィッド：（微笑みを浮かべてうなずき、とてもリラックスしている）はい、想像できました。

どんなことを思い浮かべていますか？　なんだかいいことのようですね。

デヴィッド：　いとも簡単に「ノー」が出てきた場面です。誰かからいつもの電話がかかってきました。「今、頼めるかな？」って。そこで、サッと調べて、「いや、無理です。誰それに電話してください」（指をパチンと鳴らす）。

やりましたね。そうなんです、判定基準の配列が変わると、こんなふうに自然に変化が起きるんです。自分に別の行動を取らせる必要はありません。ただ自然にそういう行動になります。はい、では、もうひとつ別の状況を試してみましょう。わたしはテストでは徹底を期するんです。（デヴィッドが目を閉じ、「いいですよ、別の状況が浮かびました」という）この新しい配列によって変化が現れた別の状況を……（OKです）

どんな感じですか？

デヴィッド：　意外です（笑）。

意外で、かつ嬉しい？　それとも……

デヴィッド：　いや、そのとおりです。今度選んだ状況は、ある人がぼくだけのためになにかをしに行く機会を作ってくれたというものです。でも、ぼくはこれまで、こういうのはたいてい断って、「だめなんだ、時間がないんだよ」といってきました。しかし、今回は同意して出かけたんです。そして、「あれ？　おれ、なにしてるんだろう？」と思いました（周りをぐるぐる見回す）。「いつものおれじゃないぞ」つまり、いい感じだってことです。

わかりました、けっこうです。もしも、さらにもうひとつ、別の状況が考えられるなら……NLPでは、「3」はマジックナンバーなので……

デヴィッド：（顔を右上に向ける）なんてこった、すっかりご無沙汰してたんだ。（笑）というか、現実をよく見ろってことですが、実はぼく、この七年、休暇を取っていませんでした。

わたしたちよりひどい！……

デヴィッド：これはいいぞ。今カレンダーに書き入れました。

それはよかった。今回の変更は、わたしにはうまくいったように見えます。テストにも三回合格していますから、優れたテストかどうかをチェックするわたしの判定基準を満たしています。デヴィッド、どうもありがとう。

デヴィッド：ありがとうございました。

このような作戦を展開するときにわたしが注意していることのひとつは、クライアントが「今後は年間三〇〇日の休暇を取り、六五日間働くつもりだ」というような方向に暴走していないかを確認することです（笑）。デヴィッドがそこまで暴走してしまったことを示すものはなにも認められませんでした。彼は、「カレンダーに休暇を書き入れるけれど、この七年で休暇は初めてだ」といっています。これは、「五年間、休みを取るぞ」というのとは違います。行きすぎがあれば、わたしは、「ここでわたしはなにをしてしまったのだろう?」と考え始めます。したがって、誰かの判定基準を変更したら、その少しあとで限界のテストを行ない、行きすぎがないことを確認するといいでしょう。もし彼が働くのをやめて、収入がなくなれば、休暇どころではなくなりますから。

▼判定基準の変更のエクササイズ

判定基準を変更するときの手続きを簡単に復習して、それからエクササイズに移りましょう。

1．まず既に顕在化させたサブモダリティのコードを取り上げ、それらがどのような連続体を形成しているかを特定します。デヴィッドの場合、もっとも重要なサブモダリティは距離でした。判定基準が重要であればあるほど、それは身近にありました。

2．パートナーは重要度を変更したいと思う判定基準を特定し、それが判定基準の序列のどこに位置しているかを見つけなくてはなりません。皆さんはそれを手伝います。エコロジーの問題がないか、必ずチェックしてください。

3．変更する判定基準を特定できたら、それを最終的にどこに位置づけるかを決めます。パートナーはその判定基準の重要度を別の判定基準より**高く**したいのでしょうか？　**同程度**にしたいのでしょうか？　**低く**したいのでしょうか？　その判定基準を序列のどこに位置づけるのかを調べてください。

4．つづいて、その判定基準を適切な方法で（近さ、大きさ、明るさ、色などを使って）ゆっくり変化させていきます。サブモダリティを調整し、その判定基準を相手の望みどおりの重要度にコード化します。たとえば、位置を高めることで重要度が増し、パートナーがなにかの重要度を高めたいと思っている場合は、パートナーにその判定基準の表象を取り上げてもらい、それがゆっくり上昇していくことを許可して、正しい位置を見つけます。大きさで区別している場合は、その絵がゆっくり拡大していくことを許可し、それが正しい大きさになって、望みどおりの重要度になって知らせてくれるのを待ちます。音の大きさで区別している場合は、最適な音量になるまで、その音に自由に増大させます。

その判定基準の重要度を上げたいのか下げたいのかをパートナーが判断できない場合でも、「正しい位置」に動かすよう指示すれば、パートナーはたいていすばらしい直観を働かせて、その判定基準の収まるべき位置を見つけます。よく報告されることですが、新しい判定基準の動かし方が速すぎる場合は、行きすぎてしまったことがすぐにわかるので、もっと快適に感じられるところまで後もどりすることになります。場違いなところにあれば、それが感じられますし、そういう感じはたいていエコロジーに問題があることを知らせています。

この変更はゆっくり行なわなくてはなりません。これを肝に銘じておいてください。手ぶりを使ってクライアントを手助けしてもかまいませんが、クライアントの動作より大げさにしたり速くしたりしないでください。クライアントが判定基準を上昇させているときに、それを急上昇させて生命そのものより重要にしてしまうというようなことがあってなりません。速くやりすぎると、終わってみれば、「こぎれいにしておくこと」という判定基準が「生きつづけること」という判定基準よりも重要なものになっていた、などということにもなりかねません（笑）。これでは、エコロジーに問題がないとはいえません。

クライアントに「判定基準を引き寄せる」ように指示すると、その判定基準は、**判定基準の序列にある他の判定基準とさまざまに関わりながら**近づいてきます。こういう状況があるからこそ、判定基準の変更は効果を発揮するのです。わたしは前置きの指示に、「はい、これであなたは、それ以外の自分の判定基準もすべてそこにあり、それらが連続体の一部を形成していると感じることができます」といい添えることがあります。エクササイズをすると、これらすべてがどう機能しているかをもっとたっぷり味わうことができるでしょう。

▼テストする

自分の行なったワークをテストする方法はいろいろあります。第一の方法では、まずワークを中断して、ほんのしばらくの間なにか別のことをします。その後クライアントに、変更した判定基準についてどう思っているかを訊ねます。今それをどう体験していますか？　それは予測どおり、望んでいた位置にありますか？　充分高い位置にありますか？　あるいは、充分近い位置にありますか？　判定基準を変更するために使ったサブモダリティは、いずれも望んだとおりになっていますか？

第二の方法は、ことのほか重要です。それは、未来ペースすることでもあるからです。まず、今回の変更によって差異が生じた状況についてクライアントに考えてもらいます。その後、クライアントにその状況の中に入ってもらい、クライアントがどういう体験をするかを調べます。それはクライアントの望みどおりのものですか？　これはわたしがデヴィッドにしたのと同種のテストです。当然のことながら、どういったテストであれ、その介入によって変化が生じたことを非言語的に立証してくれるものをよく観察してください。疑わしいことがあったり、徹底的にテストしたいと思う場合は、数種類の状況を設定してテストしてください。

第三の方法は、なんらかの形で行動を利用したテストを用意します。その判定基準の変更によって変化が現れるはずだと思う状況を設定し、なにが起きるかを調べます。

では、さあどうぞ、やってください。結果については、あとで話し合いましょう。

◎エクササイズの要点

1. 判定基準の序列はひとつの連続体である。その連続体を形成する主要なサブモダリティを特定する。
2. 調整したい判定基準を特定し、それが今、連続体のどの位置にあるかを明らかにする。
3. それを連続体のどの位置へ移動させるか、おおよその目標を定める。
4. 目標とする位置に向かってゆっくり調整しながら判定基準を動かし、ここだと思うところまで移動させる。

＊＊＊＊＊

討論

皆さん、おめでとう！　実にうまくやっていた人がたくさんいましたよ。何人かにそれを証言してもらいましょう（笑）。デヴィッドの話では、彼の心は先ほど発生させた変化に対して、もっと目的を意識した方向にさらに組み換えと修正を行ないつづけていたことがわかったとのことです。

デヴィッド：　今もまだチェックしている最中です。至るところで何度も組み替えが行なわれています。そして、その変化は、双方向でタイムラインと一致した状態を維持しています。ぼくのタイムライン・ベルトは、こう過去があって（左側を指す）、こう未来があります（右側を指す）。そして、ぼくの一日が最初から最後までこうあって、あらゆることがこの連続体に沿った位置に収まりつつあります。

けっこうです。こんなふうに組み換えが継続していることに気づいたというのは、すばらしいことです。自分の判定基準を変更するにせよ、誰か別の人の判定基準を変更するにせよ、調整を進めるために充分な時間を取ってください。そのときの作業と一致するところのない別の活動にあわてて移らないことです。また、今デヴィッドがしているように、無意識レベルで調整が起きるように手配することも大切です。ただ、必ず意識的な心はすぐに使えるようにしておき、自分がこれから着手しようとしていることがなんであれ、それに対する注意を怠らないようにしましょう。

レア：　わたしたちはグループのメンバーひとりひとりの連続体を明らかにしたあと、それぞれが変えたいと思う判定基準とその方向を決めました。それから各自、無意識の心に、自分にとって適切な調整をするよう指示しました。のちにテストしましたが、とてもうまくいきました。

上手に応用しています。

ベン：　ぼくの場合、一番重要度の低い判定基準は目前の近いところにあり、もっとも重要なものははるか向こうにありました。これまでぼくは、たいしたことでもないのに、近くにあるものに対応してきました。そして、遠くにある、実際には自分にとって重要なものには対応しませんでした。それに気づいたぼくは、「ばかげてる」と心の中でいい、すべての配置を入れ替えました。

そして、これは彼の状態を本当に変えました。わたしはさっきベンのグループを参観していたんです。皆さん、ベンがなにをしたか、わかりますか？　単にひとつの判定基準の位置をデータ構造内で変えたのではなく、データ構造全体の配置を変更して、自分の大脳に重要だと認識してほしいものとその位置とが一致するようにしたのです。ですから、今は重要なものが間近にあり、たいしたことではないものは遠くにあります。本当によくやりました。

ベン：　どうしてああいう形にしておかなくてはならなかったのかも、自分ではわかっているつもりです。ずいぶん前にいやな思いをしたことがあり、それが原因で、判定基準の並びを反転させたんです。

さっきベンからこの話を聞いたとき、わたしはベンに、変更する前にエコロジーをチェックするよういいました。変更することによって、以前の並びにまつわるなにかが不快な体験を**発生させる**ことがないか、チェックしてほしかったからです。もし不快な体験が発生するようなら、元にもどすのはエコロジーに問題があることになります。

ベン：　そして、それはまったくの杞憂でした。今の形でうまくいくと思います。

ところで、興味深い例をひとつ紹介しましょう。クリスは「正しくなくてはならない」という判定基準の重要度を下げましたが、予めなんの計画も立てていませんでした。すると、「ユーモア」という判定基準がポンと飛び出してきて、その位置に収まったのです。これはすばらしいと思いました。ユーモアは偉大であり、生活の中におけるユーモアの重要度を高めることによって、わたしたちの多くは有用な変化を生み出すことができるでしょう。
フレッド：　ぼくは「柔軟性」の重要度を変更するつもりでした。そして、その重要度を高め始めたとき、「柔軟性」がシステム全体に、序列の最下位にまでさざ波のように伝わり始めました。いきなりどの場所でも「柔軟性」を持てるようになったのです。
つまり、数多くの判定基準の中に柔軟性を組み入れたということですね。とてもすばらしい。それは、こちらのグループが「楽しみ」について行なったこととよく似ています。判定基準をひとつ、単に変更するのではなく、それを序列全体に流して影響を与えるようにするというのは、興味深いバリエーションです。
デヴィッド：　ぼくたちのグループでは、判定基準とタイムラインの相関関係を利用しました。ティムは、なにかの重要度を高めたいと思ったときには、未来の方にそれを移動しました。すると、それは自動的にある時間枠にスポッと入りました。なにかの重要度を下げたいと思ったときには、過去の方へそれを移動しました。
ビル：　ぼくの場合は、人参を食べることの重要度を上げ、「べきだ」としました。ぼくは人参を食べるべきだと感じ、それが本当に重要なことだとは感じましたが、この判定基準が好きではありませんでした。
人参を食べることは行動であって、判定基準ではありません。人参を食べることは、あなたにとってなぜ重要なんですか？　なにか健康やフィットネスに関することですか？（そうです）となると、健康全般の重要度を上げることを考えているのかもしれませんね。それなら判定基準になります。それを目指すなら、「べきだ」とはならないはずです。

皆さんの中には、ある具体的な行動の重要度を上げようとしている人が何人かいましたが、してほしかったのは、その行動が満たしている一般的な判定基準を特定して、その判定基準の重要度を上げることです。行動は、たとえば人参を食べることや家庭学習を増やすことなどのように、具体的であり、状況を伴います。判定基準を特定して変更することに価値があるのは、さまざまな状況にまたがって影響を与える変更を行なうからであり、その判定基準を満たす具体的な行動をもっと自由に選べるようになるからでもあります。

どんなレベルの一般化に取り組みたいのかについては、検討が可能です。具体的な行動をひとつ変えたいだけなら、エコロジーの維持は比較的簡単です。しかし、判定基準はもう一段上の一般化というレベルにあります。それはさまざまな状況にまたがって作動するため、判定基準のレベルで変更を行なうと、行動の変更よりも広範囲に影響が及ぶことになります。それゆえに、判定基準の変更については、エコロジーのチェックにいっそう注意を払わなくてはならないのです。

判定基準の変更に関する未来ペースは、特定の状況についてのみ行なうことも可能です。たとえば、もしわたしがクライアントに取り組んでいるときだけ、ある判定基準を変更したいと思ったら、自分がその状況にいるのを想像し、その状況を背景にして判定基準を変更するところを想像します。つづいて、その判定基準の変更が一般化されていないのを確認するために、自分が別の状況にいるところを想像し、その判定基準をチェックして、その状況で位置していてほしいと思っている位置にそれがあることを確認します。新しい判定基準の一般化は、その他の変化を一般化するときと同じ要領で行ないます。つまり、それが役立つと思うさまざまな状況すべてに適用するところを想像し、そうでない状況に適用するところは想像しないということです。

メアリー：　いつこの方法を使えばいいかは、どうやって判断するのですか？

判定基準を変更すべきときかどうかを判断するには、自分の感度を上げる必要があります。クライアントは不満を抱えて訪ねてきても、必ずしも「重要度を下げなくてはならない判定基準があるんです」といってくれるわけではありません。どこか不快感があって、というような訴え方をするのが普通です。情報を集めるうちに、中心となっている問題に気づくかもしれません。たとえば、このクライアントは多くの点で健康を軽視しすぎているとか、正しいこと、主導権を握ることを重視しすぎているると気づくこともあるでしょう。さまざまな状況でひとつのパターンが見つかれば、それは判定基準の変更が役立つ可能性を示しています。

これについて考えるときは、情報を集めて以下のように自問するのも一法です。「これに関係している判定基準はなんだろう?」「そのいくつかの重要度を増減させたらどうなるだろう？　それはこの人物が自分の問題に対処するのに役立つだろうか?」

このトレーニングでは、数多くのサブモダリティに関する正確な情報を集めさせたり、それらを徹底的にテストしたりと、あらゆる体験の詳細に非常に細かくこだわっています。これはたいへん有益な予備知識的体験だとわたしたちは考えています。こうした体験をすることによって、皆さんはこれらの方法がどう機能するかを完全に思い描くことができるようになるからです。いったん詳細情報の収集というものをやっておけば、通常、クライアントの変化を助けるためにその種の情報を集める必要はありません。

クライアントに対してこれをより簡単に——信頼性は劣りますが——行なおうと思ったら、単刀直入に「あなたにとって、ささいなことはなんですか？ 中程度に重要なことはなんですか？ 非常に重要なことはなんですか？」と訊ねることです。そのあとで判定基準を特定し、それらをクライアントがどう表現しているかを明らかにします。

わたしはよく、非常に重要なことをなにか考えてくださいとだけクライアントに頼み、クライアントがそれにアクセスしている間、非言語的な手がかりを観察します。つづいて、なにかささいなことを考えてもらい、再び観察します。そうすると、クライアントはほぼ必ず別々の場所を見ます。わたしには、それがわかれば充分です。判定基準の序列は場所を使って区別されていることが多いので、それをすぐにチェックすることができるため、半時間もあれば詳細な情報を収集することができます。

いったん方法をよく理解すれば、現実世界ではそれを「手っ取り早く」済ませることもできるようになります。問題にぶつかったら、いつでも後退してさらに詳しい情報を集めればいいのです。しかし、これらの方法を学ぶときに**最初から**「手っ取り早い間に合わせ」で済ませたりすると、ワークは結局ぞんざいで効果のないものになり、正確で即効性のあるものは望めません。ひとつの方法を最低数回は細心の注意を払ってやり通すことは、自分のワークを常に体系的で完全なものにしておくための体験として、きわめて有益です。

肯定的な判定基準と否定的な判定基準

人が近づこうとするものと遠ざかろうとするものとの差異を調べる時間があった人はいますか？　これについて、グループで手早く調べてみましょう。「学び」「幸福」「人の安全」「命を守ること」など、肯定的な判定基準、自分が近づこうとする事柄をいくつか取り上げて、それらについて考えてください。それらの表象のサブモダリティに注目します。……つづいて、「無知」「不幸」「危険」「死」など、同じ判定基準を避けるべきものとして否定的に表現したものの表象と対照してください。前者と後者のイメージが持つサブモダリティには、どんな違いがありますか？　どちらが見ていて楽しいですか？　前者ですね？

ジョー：　わたしの場合、近づこうとするものの方が明るくて色も鮮やかで、立体的です。それに、スライドではなく映画になっています。

ほかの皆さんも、だいたい同じですか？　多くがうなずいていますね。近づこうとするものの表象には、今挙がった特徴がよく見られます。肯定的なものは色鮮やかで立体的であり、かつ動きも活発です。一方、否定的に表現された判定基準――避けようとしたり遠ざかろうとしたりするもの――は、ぼんやりとしていて動かず、色もくすんでいる傾向があります。殺風景な白黒画像になっていることも多く、アナログなグラデーションはいっさいありません。人は脅されていると感じると、文字どおりガチガチにこわばった二者択一的な思考法に頼るようになり、連続体の観点から物事を考えられなくなります。安全だと感じられるまでは、別の選択肢を検討するとか、連続体上の変化に気づくなどといった思考上のリソースの多くを、どうにも使えなくなってしまうのです。

実際に命にかかわるような危険な状態にあり、迅速な行動が要求されるときは、大脳がごく単純な二者択一の選択を提示してくれたらたいへん助かります。しかし、危険な状態にないときには、この種の思考はきわめて限定的です。

適格な目標を肯定的に表現することが理に叶っているのは、以上のようなこともあるからです。そうした目標の枠組みを使い、遠ざかろうとしているものや望んでいないものではなく、望んでいるものに集中して取り組むだけで、どんなに深くクライアントの内的体験を変化させられるか、想像してみてください。

肯定的／否定的に表現された判定基準とそれぞれのサブモダリティの特徴とのこうした関係を発見することは、わたしたちにとってとても興味深いことです。皆さんには、判定基準を変更するこの方法を自分自身の生活や他者の生活に適用しながら、さらに別の有益な特徴を発見して、この方法の理解を深めていってほしいと思います。

第五章　抑えがたい衝動を取り除く

ある特定の状況になるとどうしてもある行動を取ってしまう、あるいは、どうしてもある感情が湧いてきてしまうというのは、たいていの人が思い当たることです。たとえば、壁に掛かっている絵が歪んでいるとまっすぐにしないではいられないという人がいます。そういう人は、たとえそれがよその家の他人の絵であっても、歪んだままにしておくと落ち着けません。また、チョコレートを食べずにはいられないという人もいます。そういう人はチョコレートが手近にあると、どうしても食べてしまいます。手近になければ、わざわざ買いに行ったりさえします。さらに、アイスクリームを食べずにはいられない人、ポテトチップスを食べずにはいられない人もいます。道にコインが落ちているのを見たら拾わずにはいられない人もいれば、公衆電話に小銭が残っていないかを調べずにはいられない人もいます。読みたくもないのに、新聞を隅から隅まで読まずにいられないという人もいます。

食に対する強迫的な欲求は重大な結果を招きかねない場合もありますが、こうした抑えがたい衝動のほとんどは、ほんのささいなことです。わたしたちが「**抑えがたい衝動を爆発***させる方法**」と呼んでいるものはきわめて強力な方法で、これを使うと、非常に極端で強烈な衝動でさえ――ほんの数分で――取り除くことができます。皆さんには、この方法をまずささいな衝動で試してほしいと思います。やり方がしっかり身につけば、もっと大きな影響を及ぼす重要な行動や反応に用いることもできます。抑えがたい衝動を爆発させる方法は、スイッシなどの他のテクニックでは簡単に取り除けないような強烈な行動や反応に最適です。

＊　ここでいう「爆発」というのは、衝動を行動に移すのではなく、消滅させること。

衝動を爆破したあとも、その行動を取ることはできます。それを**せずにはいられない**ということがなくなるだけです。チョコレートを食べたいという衝動を爆破しても、チョコレートは食べられます。ただ、食べずにはいられない状態にはもうなりません。以前実演でこの方法を適用した男性は、電話のメッセージにはすべて即座に対応せずにはいられないという衝動を取り除きたいと思っていました。彼は実演のあともたいていの電話のメッセージにはすぐ返事を入れていましたが、さほど重要でないものを先送りしても血圧が上がることはなくなりました。

この方法は、すぐにカッとなる衝動や暴力を振るわずにはいられない衝動を取り除くのにも使えます。しかし、最初にこの方法を学ぶときには、暴力が関係している反応は取り上げないでください。そういった反応に適用するのは、自分がどういうワークをするのかをしっかり理解してからにすることが重要です。

実演：　衝動の動因となっているサブモダリティを顕在化させる

これからまず実演をします。その後、この方法をエコロジーに問題のないやり方でいつ、どう使うかを討論します。実演とそれに続くエクササイズのために、皆さんには、ごくささいな抑えがたい衝動を選んでいただきます。なにかひどく惹きつけられるけれども、もしその行動がなくなっても不自由しないというものを選んでください。

初めに、抑えがたい衝動の動因となっているサブモダリティを顕在化させる方法を手早く実演します。エクササイズで皆さんにそれをやってもらったあと、そのサブモダリティを使って抑えがたい衝動を取り除く方法を実演します。どなたか、自分の抑えがたい衝動がどう機能しているのかを見つけたいという人はいませんか？

では、レイチェル、あなたはどんなことをしないではいられませんか？

レイチェル：　キスチョコを食べずにはいられません。どうしても手が出てしまいます。

なにか同じようなもので、好きでも嫌いでもないものはありますか？

レイチェル：　クッキーはどうしてもという気持ちになりません。食べることもあれば、食べないこともあります。

わかりました。で、この衝動は爆破してしまってもかまわないんですね？

レイチェル：　ええ、かまいません。

けっこうです。では、これからキスチョコについて考えてもらいます。キスチョコのことを考えたら、それらがどう見えているかに注目してください。……次に、クッキーについて考えてください。心の中でそれらがどう見えているかに注目してください。……

ここで、サブモダリティの差異をチェックします。キスチョコの見え方はクッキーの見え方とどう違いますか？

レイチェル：　キスチョコの方が少し近くにあるようです。今にもお皿から飛び降りてきそうです。どうもイメージ全体が近くにあるってことではなくて、近くにあるのはキスチョコだけのようです。クッキーは飛び降りてきたりはしません。

けっこうです。ほかになにか違いに気づきましたか？

レイチェル：　キスチョコの方が明るく輝いていて、うしろに光輪がある感じです。気づいたのはそれだけです。

それらの聞こえ方について、なにか差異はありますか？

レイチェル：　いいえ。どちらからもなにも聞こえません。

抑えがたい衝動**以外に**、触運動覚で感じ取れる差異はありませんか？

レイチェル：　そうですね、キスチョコの方に引っ張られる感覚はあります。

それはあなたの反応の一部で、抑えがたい衝動の感覚です。わたしたちが関心を持っているのは、その反応の**発生**を助けていると思われる触運動覚の感覚を見つけることだけです。

さて、既にいくつかサブモダリティの差異が見つかっています。これらから、レイチェルの大脳が

「なにかをしないではいられない」をどうコード化しているのかが、ある程度わかります。ここでは、サブモダリティはすべて視覚によるものです。ある特定の方法でイメージをコード化することによって、レイチェルの大脳はただそのイメージを見るだけで、キスチョコの場合のように、どんなことをしないではいられないのかを、また、クッキーの場合のように、どんなことには選択肢があるのかを即座に判断しています。

次のステップでは、テストを行ない、これらのサブモダリティの差異のどれがもっとも重要な「動因」となってレイチェルの抑えがたい衝動を引き起こしているのかを明らかにします。

レイチェル、キスチョコのイメージを見てください。そして、それをほんの少し近づけてみてください。お皿からもう少し飛び降りてくるようにしてください。こうすると、チョコレートを食べずにいられないという衝動は増減しますか?

レイチェル：（頬に赤味が差し、口を動かしている）はい。今すぐ、もっとほしいです。

わかりました。では、キスチョコをお皿にもどしてください。これで、反応は変わりましたか?

レイチェル：さっきほどはほしくなくなりました。

では今度は明るさを変えてみましょう。キスチョコを少し明るくしてください。これで反応は変わりましたか?

レイチェル：変わりましたが、それほど大きな変化ではありません。さっきキスチョコをお皿から少し飛び出させたとき、同時に少し明るくなったように思います。でも、ただ明るさを強めるだけでは、たいした違いは感じません。

今の話から、近さが動因のサブモダリティだということがわかります。近さを変えると、レイチェルの反応も変わり、明るさも変わります。さらにもう少しテストしましょう。光輪を強めてみてください。……

レイチェル：　ほしいという気持ちが強くなります——でも、チョコが飛び出してくるときほどではありません。

光輪を弱めてみましょう。……

レイチェル：　キスチョコに対する反応は少し減りましたが、でも、まだほしいと思っています。

さあ、これで、レイチェルの反応の「動因となっている」主要サブモダリティがわかりました。イメージが自分に向かって飛び出してくるようにして、それを背景から離すことです。

▼エクササイズ

次は、皆さんどうしで、これと同じことをしていただきます。全員にこの段階まで来てほしいと思っています。必ず、なくしてもかまわない衝動を選んでください。エクササイズが終わると、たぶんその衝動はもうなくなっているからです。「この衝動がなかったら、わたしの生活はなにかが不足して不自由になるだろうか?」と自問してみるといいかもしれません。皆さんには、その衝動がなくなることで、必ずこれまでより幸せになってほしいと思っています。

まず抑えがたい衝動について考え、次に、それと似た行動で、**しないではいられないという気持ちにならない**ものについて考えます。マンガはなんでも読まずにいられないという場合でも、スポーツ欄なら必ずしも読まないでいられるでしょう。コーヒーは飲まずにいられなくても、紅茶なら必ずしも飲まないでいられる――飲んでもいいし、飲まなくてもいい――でしょう。キッチンのお皿は全部洗わずにはいられなくても、床の掃除はしなくても平気でしょう。ふたつの行動は、似ていれば似ているだけ、望ましいといえます。

強迫的でない行動には、必ず**ニュートラルなもの**を選んでください。自分が不快になるようなものは選ばないことです。反感と魅力は実際にはとても似ているからです。このふたつは抑えがたい衝動の二面を表わしていて、違っているのは、**衝動の方向**だけです。それから遠ざかるか、それに近づくかという違いがあるだけです。もしチョコレートを食べずにいられない場合は、食べられるけれども、どうしても食べなくてはならないとは思わないものを取り上げることです。絶対に食べたくないと思うような食べ物は選ばないでください。

こうしてふたつの体験――抑えがたい衝動とニュートラルな体験――を選んだら、対照分析を行ないます。双方のサブモダリティの違いはなにか、どのサブモダリティが抑えがたい衝動の動因となっているかを調べてください。必ずすべての代表システムをチェックしましょう。どんな違いが重要な影響を与えているのかを見つけてください。

どのサブモダリティが動因になっているかをテストする方法はいつくかあります。レイチェルには、まずニュートラルな体験であるクッキーを見てもらい、それがお皿から飛び出すように想像してもらうことも可能でした。レイチェルがこれによってクッキーを食べずにはいられなくなるかを調べてもよかったわけです。こうしたやり方をするときには、必ずサブモダリティはほんの少しずつ、かつ、かなりゆっくり変化させてください。速すぎると、別の衝動をインストールしかねません。先ほど実演したように、衝動の体験そのものを変化させてテストする方がやや安全です。ニュートラルな体験と衝動の体験とのサブモダリティの差異はひとつ残らずテストしてください。双方向をテストするのはよい考えです。たとえば、まずイメージの明るさを強めてもらい……その後、薄暗くしてもらうというふうにします。

ヘレン：　動因となっているサブモダリティは、ひとつだけ見つけるのですか？

抑えがたい衝動の場合、たいてい、ひとつのサブモダリティが他のサブモダリティの動因になっています。動因がふたつ見つかるなら、それはそれでけっこうです。

抑えがたい衝動の動因となっているサブモダリティは、必ず**アナログなもの**、つまり、ある範囲を連続的に変化するものを見つけてください。デジタルなサブモダリティはこの方法では役に立ちません。これについては、あとで詳細を話し合いましょう。

サブモダリティの差異を特定し、それらをテストして動因を見つけ出したら、もうひとつしてほしいことがあります。先ほどの実演では行なわなかったのですが、動因を**弱める**だけで衝動を取り除くことができるか、やってみてください。たとえば、パートナーの動因となっているサブモダリティが大きさなら、アイスクリームが大きくなれば、それをほしがる気持ちは強まります。そのアイスクリームを小さく見えるようにするだけで、この衝動を取り除くことができるかどうかを調べてほしいのです。この方法で一時的に衝動を減らせるのは、テストをしたときにわかっています。問題は、これで衝動を永久に取り除けるかどうかです。パートナーにアイスクリームが次第に小さくなっていくところを想像してもらい、パートナーが最終的にそのアイスクリームを見て「もうこれに惹きつけられることはありません」、あるいは「食べようと思えば食べられるけれど、どうしても食べなくてはならないとは思いません」というまで、それを続けます。つづいて、数分間別のことについて話したあと、もう一度テストをします。相手にアイスクリームのことを考えてもらい、どうしても食べずにいられないと感じるか、あるいは、さっきと同じようにニュートラルな感じしか湧いてこないかを調べます。動因となっているサブモダリティを弱めるだけで衝動を取り除くことができるかどうかを調べてほしいのです。

このエクササイズは、各自一〇分ほどずつかけて行なってください。それが済んだら、次のステップに進みます。

◎エクササイズの要点

1. ごくささいな抑えがたい衝動のことを考える。
2. 1の衝動と似ている体験で、ニュートラルな反応しか生じないもののことを考える。
3. サブモダリティの差異を特定する。
4. テストをして、「動因」となっている最強のサブモダリティを見つける。

＊＊＊＊＊

討論

トム：　ぼくはボブと組んだのですが、サブモダリティの差異について訊ねると、ボブはなにも見つからないというんです。

パートナーが差異に気づかない場合、重要なサブモダリティを発見する方法はほかにもいくつかあります。「自分がそれをもっとほしいと思うようにするには、そのイメージにどういう処置をしなくてはいけませんか？」と訊ねるのも、そのひとつです。相手はたいてい、「それを大きくすれば、もっとほしくなります」とあっさりいうでしょう。

抑えがたい衝動に「抵抗」してもらうのも、ひとつの方法です。まず状況を設定します。たとえばチョコレートなら、「目の前にチョコレートがいっぱい載ったお皿があると思ってください。では、それに背を向けて、そこから離れてください。……なにが起きましたか？　チョコレートがもっとほしくなりましたか？　自分がもっとほしがっているというのは、どうしてわかるのですか？」と訊ねます。チョコレートから離れていくとき、相手は通常、欲求が強くなっていくのを感じますから、そのときイメージになにが起きているのかを相手に調べてもらいます。欲求を強調するようなシナリオの中に相手を入れると、たいていの場合、動因をよりはっきりさせることができます。人によっては、あっという間に衝動に負けてしまうため、その動因になっているものを認識する暇がないのです。

相手が衝動にアクセスするのを助けて情報収集しようとするときは、自分自身も衝動が生じた状態にアクセスするのがうまくやる秘訣です。相手の衝動の対象なんてどうでもいいといわんばかりにため息をついたり、冷静で傍観者的な態度を取ったりすると、その非言語的な行動が原因となって、相手は肝心の体験を分離体験しがちになり、反応は減少する傾向が見られます。そうなると、相手はますます衝動の反応を得るのが難しくなっていきます。自分のあらゆる非言語的行動を通して「衝動が生じた状態」を相手に伝えれば、相手はいっしょにその状態に入っていきやすくなります。「そのイメージにどんな処置をすれば、あの美味しそうなチョコレートを**もっと**食べたくなり、**よだれを垂らさんばかり**になれますか?」

動因は、結果的に「図と地」を表わすサブモダリティの差異になることがよくあります。レイチェルの場合、お皿は同じ場所に留まっているのに、チョコレートは近づいてきました。チョコレートには光輪があり、それによって背景から切り離されていました。

視覚的に衝動を引き起こしているものがなにも見つからない場合は、他の代表システムをチェックしてください。なにか聴覚的なもの、触運動覚的なものはありませんか? エクササイズをしているとき、チャールズは「わからない。違いがなにも見つからない。それに惹きつけられる現状の変え方は、ぼくには見つけることができない」といっていました。わたしは彼のために、今説明したのと同じようなちょっとしたシナリオを創りましたが、なにも見つけることができませんでした。「それを大きくしてください、それを近づけてください」といった標準的なサブモダリティをいくつかテストしましたが、いずれもなんの効果もありませんでした。そこで、「じゃあ、なにか**聞こえ**ますか?」と訊ねると、チャールズはすぐ声に気づきました。「それを大きくしてください」、「ああ、これです、**これ**のせいだったんですね」 こういうことがありますので、視覚による差異が見つからない場合は、ほかの代表システムをチェックするよう相手にいいましょう。

ルース‥　わたしはコーヒーを飲まずにはいられないのですが、これはすべて触運動覚だと思うんです。そういうことって、ありますか？

あるにはありますが、そう多くはありません。クライアントが「すべて触運動覚だ」というときは、通常、欲求そのものの感覚についていっています。それが感覚であることは既にわかっています。知りたいのは、「大脳はどのようにして欲求というその感覚を創り出しているのか？　潤滑油を飲むことを考えても、たぶんその感覚は湧いてこないだろう。では、違いはなにか？」ということです。たいていは、コーヒーそのもののイメージが変わっているんです。

仮に触運動覚の感覚がコーヒーを飲まずにいられないという衝動の動因だとしたら、それは**触知できる／自己受容性**の感覚──舌の上や口の中にコーヒーが触れたときの感覚──でなくてはなりません。それを特定する必要があります。メタ感覚として結果的に生じた欲求は、これに当たりません。

ある喫煙者には触知できる奇妙な感覚がありました。それは首で発生して上に進み、頭に到達すると、今度は彼を覆い始めます。決定的なサブモダリティはその感覚の**広がり**で、それが広がれば広がるだけ、煙草を吸いたいという衝動が強くなりました。その感覚を試してみましたが、わたしも好きになれませんでした。もしそんな感覚があったら、わたしだって煙草を吸ってしまうかもしれません（笑）。この自己受容性の感覚は欲求の感覚とは別のものです。もし身体的な感覚を訴えられたら、テストを行ない、それを使えば欲求を発生させられること、それが欲求反応そのものの単なる言い換えでないことを確認してください。

さて、動因のサブモダリティを弱めるだけで衝動を取り除こうとしたときには、なにが起きましたか？　どなたか、これでうまく衝動を取り除けた人はいますか？

男性：　しばらくは衝動を減らせましたが、その感覚はいつもじわじわともどってくるように思いました。

それが普通です。もし動因のサブモダリティをただ弱めるだけで永遠に取り除けるとしたら、それはたぶん、そもそも抑えがたい衝動といえるものではなかったのでしょう。なにかもっと弱い、むしろ欲求と呼ぶようなものだったのだと思います。動因を弱めるだけで「抑えがたい衝動」を永遠に取り除けた人がいれば、なにか別の衝動を使ってエクササイズを続けてください。

皆さんの多くは自分の抑えがたい衝動の動因を正確に特定しました。しかもこれを綿密に行ないました。初めてこの方法を学ぶときは、このように綿密に行なうのがよいのです。この方法は、時間をかけて探求する必要があります。数回繰り返せば、クライアントを観察することによってすばやく動因となっているサブモダリティを特定できるようになってきますし、サブモダリティをあれこれいつもテストする必要もなくなります。

サブモダリティについて質問するときは、常に正確な言い方をしてください。自分の知りたいと思っていることを的確に訊ねることです。「それを大きくしてください。さて、どんな感じですか？」「ああ、これはすごくいいですね」というようなやり取りはあまり具体的とはいえません。知りたいのはそういうことではなく、「それを大きくしたら、**もっとそれがほしくてたまらなくなるか？　抑えがたい気持ちが強まるか？**」ということです。自分が知りたいと思っている反応を、必ず正確な言い方で質問してください。変更によって自分の関心事以外の反応が生じたかどうかは、どうでもいいことです。アンはアイスクリームのイメージを拡大したとき、そのイメージが前より**気に入りました**が、それを食べずにいられないという気持ちは高まりませんでした。イメージを変化させたとたんに悲しくなったり、もっと別の感情を味わったりする人もいます。そうした反応の方が強烈なこともあるかもしれませんが、**それは皆さんが知らなくてはならない反応ではありません**。

抑えがたい衝動

抑えがたい衝動が起きるときは、通常、以下の四要素が順に発生します。

1. **抑えがたい衝動を引き起こす対象物の表象**。視覚によるものがほとんどだが、ときには聴覚や触運動覚によるものもある。当人はこの表象によって、抑えがたい衝動を感じるべきときが来たのを知る。
2. **その表象のサブモダリティの歪み**。その内的表象がある具体的な形に変更される。複数のサブモダリティが関わっていることもあるかもしれない。また、これはどの代表システムにも起こりえるし、すべての代表システムに起こることもありえる。しかし、通常は、その衝動を引き起こし抑えがたいものにしているものとして、単独のアナログなサブモダリティが見つかる。視覚によるものであることが多い。
3. **抑えがたい衝動の感覚**。これは、なにかをしなくてはならないという触運動覚的なメタ感覚で、どうにもしようのないものである。
4. **衝動的な行動**。抑えがたい衝動の感覚が発生すると、当人はそれをせざるをえないものとして行動に移すことが多い。たとえば、爪をかむとか、チョコレートを食べるなどの行為だ。怒りなど、もっと一般的な情動反応の場合は、具体的な行動という形で反応が現れないこともある。

実演：　抑えがたい衝動を取り除く

では、つづいて「抑えがたい衝動を爆発させる方法」を実演しましょう。抑えがたい衝動を取り除くために集めた先ほどの情報を利用します。どなたか、取り除きたい衝動がある人はいますか？

フレッド：　はい。

動因のサブモダリティはもう特定できていますか？（はい）ではこちらに来てください。どんなことか、話してくれますか？

フレッド：　もちろんです。実はぼく、ピスタチオが大好きなんです。話をしただけで、よだれが出てきます。

わかりました。では、どうすれば、ピスタチオをもっとほしいという気持ちになりますか？　あなたにはお手のものですよね？（フレッドはため息をつき、上目づかいをする）今なにか見ていますね？　もっとほしいという気持ちになるために、イメージにどんな手を加えているんですか？

フレッド：　焦点をどんどん絞っていってたんです。

それで、うまくいきましたか？　いったようですね。パートナーはなにかほかのサブモダリティもテストしましたか？

女性：　はい、しました。ピスタチオをひと粒ズームインしてもらい、ものすごく大きくしたら、とても効果がありました。

けっこうです。今、サブモダリティが三つ挙がりました。焦点、ズームイン、大きさの三つです。これからしなくてはならないのは、なにが他のふたつを自動的に発生させているのか、あるいは、なにがもっとも重要なのかを調べることです。フレッド、最初はなにが見えますか？　山ほどあるピスタチオのイメージですか？　ひと粒だけのイメージ？　それとも、なにかもっと別のもの？

フレッド：　お皿にいっぱい盛られています。

わかりました。お皿にいっぱいのピスタチオですね。その中のひと粒だけをズームインしてください。……なるほど、彼を見ていると、ズームインが大きな影響を与えていることがよくわかります。では、普通の状態にもどしてください。つづいて、イメージ全体を大きくして、自分の反応を調べてください。

フレッド（ため息交じりの低い声で）：　えーと、もっと数を多くするということですか？

いいえ、違います。でも、それをやってみてもかまいません。それだと、どうなりますか？

フレッド：　驚きました、あまり違いがありません。

非言語的な反応も先ほどのようにはなりませんね。彼は抑えがたいという気持ちになっているようには見えません。では、フレッド、ピスタチオのお皿を取って、各粒を大きくしてください。……これも、ズームインほどの反応は引き出せません。では今度は、ピスタチオを普通の大きさにして、お皿に載ったピスタチオの画像をくっきり鮮明にしてください。

ああ、これもだめですね。別のサブモダリティをチェックしましょう。ピスタチオのお皿を引き寄せてください。……ズームインはしません。

フレッド：　こうすると、いい香りが漂ってきます。

でも、もっとほしいという気持ちにはならない？　わたしたちが知りたいのは、香りがわかるかどうかではなく……

フレッド：　ええ、もっとほしいという気持ちにはなりません。

ズームインがあなたの心をつかむということですね。皆さんもよだれを垂らしそうになっています。これは昼食前にすべきでした。

フレッド：　ぼくはピスタチオ・サンドイッチを食べましたよ（笑）。

衝動を爆発させる前に知っておいてほしいのですが、たとえ爆発させても、ピスタチオを食べたいとか楽しみたいと思ったときには好きなだけそうできます。ただ、どうしても食べずにはいられないという状態にはならない、ということです。これを踏まえた上で、やはりその衝動は取り除きたいと思いますか？　それとも、すごく楽しめるから、ずっと持ちつづけたいと思いますか？

フレッド：　いや、いや、とんでもない。我が家にはピスタチオを置いておけないんです。一度腰を下ろしたら、全部ぼくが食べてしまいますから。いくらか買い置きをおいておけるようにしたいんです。

わかりました。では、フレッド、お皿に載ったピスタチオのイメージはもう浮かんでいますね？　これからあなたにしていただきたいのは、次のことです。まずお皿のイメージを思い浮かべ、ピスタチオをひと粒高速でズームインして、本当にそれを食べたいと思えるようにします。次に、もう一度ピスタチオのお皿全体を見るところから始めて、再び高速でズームインします。

予めいっておきますが、これをすると、食べずにいられないという気持ちが増大します。そして、もしある時点で、その気持ちが強烈すぎてもう耐えられないと感じたら、うまくいっている、あともう一歩のところまで来ているということです。

こんなにピスタチオを食べたいと思ったことはないと思うまで、ズームインを繰り返してください。自分の反応に質的な変化が現れたのを感じるまで繰り返します。……次第に速くしていきます——そうです、もっと速く、これ以上速くはできないというくらい速く。……そうです。よくできました。

少し前になにかが変わりましたね？

フレッド：　大きすぎました。大きすぎて、消えてしまいました。もう手を伸ばしてもなにもありません。

そんな言い方もできます。では、ちょっとお話しましょう。そのあとでテストをします。

フレッド：　誰かピスタチオを持ってきてくれませんかね？（笑）

それは名案です。それなら本物のテストができます。ともあれ、今ピスタチオのことを考えてみて、食べたいと思いますか？

フレッド：　いいえ、思いません。ズームインできないんです。今はお皿全体が見えるだけです。普段ならお皿を見て、ピスタチオをひと粒だけズームインして、それをつかみ取ってるんですが、今はお皿が見えるだけです。

確かですか？　もう一度、いつもの反応を起こそうとしてみてください。
フレッド：　たぶんがんばることはできると思います（笑。）
サリー：　もしピスタチオのお皿があなたのすぐ右上にあったとしたらどう？……
フレッド：　なにかが違う。
サリー：　イメージの位置が変わったの。ズームインする前とは違う位置にあるの。よく観察していますね。フレッドは今ピスタチオを思い描きながら、さっきとは別の位置を見ていました。これでいよいよ確信できます。ピスタチオは今、強迫的でないイメージが置かれる位置にあります。どなたか、ピスタチオを買えるところを知りませんか？
フレッド：　ホテルの一階で買えます。
わかりました。ちょっと買って、午後に試してみましょう。フレッドについて、なにか質問はありますか？
ビル：　フレッド、爆発を起こしたときの内的な感覚というのは、どんなものでしたか？
フレッド：　まずお皿を見て、それからすごくはっきり見えるピスタチオをひと粒ズームインしました。それを繰り返せば繰り返すほど、なにかがぼくをためらわせているという感じが強まりました。
それで、次になにが起きましたか？
フレッド：　そうですね、そのときの感覚はあまり気持ちのいいものではありませんでした。ひと粒のピスタチオがどんどん大きくなっていき、どうしたものか、とても自然だとは思えないほど大きくなってしまっったんです。

これは、閾値を越えるときの典型的な描写です。大脳は連続体の両端に閾値を設定しています。たとえば、チョコレートを食べずにはいられない女性がいて、その動因のサブモダリティが大きさだったとしましょう。彼女の思い描くチョコレートのイメージがとても小さければ、小さな黒いシミのように見えるだけで、なんの影響力も持たないでしょう。そのイメージを少し大きくすると、彼女は低い方の閾値を越えることができるので、彼女の大脳はそれがなにか抑えがたい欲求を生み出すものであることを認識します。イメージを次第に大きくしていくと、食べずにはいられないという気持ちが増大していきますが、イメージがあまりに大きく見えるようになると衝動の増大はストップし、彼女の反応は高い方の閾値を越えてしまいます。イメージがあまりに大きいと、大脳はもはやそれが抑えがたい欲求を生み出すものであると認識しなくなります。今や大脳はそれを見て、「ばかばかしい」とか「やけに大きい」などといった、これまでとは違うカテゴリーにそれを分類します。これを充分に速く行なえば、変更は永久的なものになります。

わたしたちが最初にこの方法を学んだとき、スティーヴはこれを使って、マンガを読まずにいられないという衝動を爆破しました。スティーヴは、たとえ好きでないマンガでも、とにかくマンガはなんでも読まずにはいられませんでした。あまり好きでないものを飛ばし読みすると、まるで灰色の黴《かび》のようなものがそのマンガの周りに生えてくるような気がするのでした。そのマンガから遠ざかれば遠ざかるほど、黴は大きく生長し、スティーヴはその、マンガの方に強く引きもどされるように感じました。そこで、その黴をものすごいスピードでどんどん大きく生長させ、最終的に読まずにはいられないという気持ちがまったく湧かなくなるまでそれを続けました。それから元にもどってテストをしました。どうでもいいマンガを飛ばし読みすると、まるでそのマンガの上にズタズタになった黴の小さな黒山ができているような気がしたそうです。こうしてスティーヴの体験は変化し、以後、元にもどることはありませんでした。

「抑えがたい衝動を爆発させる方法」は、閾値を使う方法のひとつです。この方法では、きわめて強烈な反応を取り上げ、それを減少させたり取り除いたりしようとするのではなく、増大させます。非常に速い速度でどんどん増大させると、ある時点で閾値を越え、「パンと破裂します」。これは風船をふくらませるのにとてもよく似ています。しばらくの間は息を吹き込むたびに風船は大きくなっていきます。しかし、そのまま息を吹き込みつづければ、最後はパンと破裂します。いったん破裂したら、最後のひと息を抜いて風船を元どおりにするというようなことはできません。それどころか、完全に元どおりにするには、とんでもない面倒がかかるでしょう。もうひとつ、似ている例を挙げましょう。金属片や針金は何度も前後に曲げていると、しまいには折れてしまいます。いったん折れてしまったら、まっすぐに伸ばそうするだけでは元どおりにはできません。

爆発させる方法はふたつあります。

1. サブモダリティを一気に増大させる。
2. 繰り返し徐々に増大させる。

ひとつめは、動因のサブモダリティをすばやく極限まで増大させる方法で、触運動覚の反応が上限の閾値を越えてはじけます。スティーヴが使った方法です。もしフレッドの動因のサブモダリティが大きさだったら、ピスタチオのお皿を取り上げて、そのイメージを高速でぐんぐん大きくし、反応をはじけさせることもできました。

ふたつめは先ほどフレッドに使った方法で、実際のところ、ひとつめのやり方を立てつづけに繰り返すものです。この方法では、まず動因のサブモダリティを取り上げて、それを急激に増大させます。つづいて、最初にもどってイメージを元の状態にし、再びサブモダリティを急激に増大させます。これを連続して何度も繰り返し、抑えがたい触運動覚の反応を増幅します。例を挙げるために、たとえば、明るさを上げると衝動が起きることにしましょう。まず相手にイメージを思い描いてもらってから、その明るさを急激に上げます。その後、すぐにイメージを元の明るさにもどしてもらい、再び明るさを上げていきます。これをすばやく何度も繰り返すと、やがてなにかが破裂します。その破裂が起きると、相手の反応は変化し、もはや抑えがたい衝動は感じなくなります。

この働きは、ジャッキを使って車を持ち上げるのにとてもよく似ています。ジャッキのハンドルを押すと、車は少し上昇します。再びジャッキのハンドルを押すと、車はまた少し上昇します。ジャッキのハンドルを押すたびに、車は上へ上がっていきます。ジャッキのハンドルは、徐々に増大させていく大きさや明るさなどのサブモダリティのようなものです。車の上昇は、しないではいられないという触運動覚の感覚の増大に相当します。いずれの方法でも、なにかをほしがる反応を急激に増大させつづけ、やがて相手が閾値を越え、反応が破裂するまで、それを続けます。衝動が破裂したときには、通常、外からも変化がわかります。相手の非言語的反応がどんどん増大し、その後ふいに増大が止まって、減少し始める様子を見ることができます。

いずれの方法においても、触運動覚の反応を増大させるために、ある範囲内でサブモダリティを変化させます。それゆえに、デジタルなサブモダリティではなく、アナログなサブモダリティが必要になるのです。

触運動覚には慣性、すなわち、持続期間がありますが、ふたつめの方法がうまく機能するのはこの慣性のおかげです。内的なイメージや音は急激に変化させることができ、変化後にそれまでの余韻が残ることはありません。しかし、本当に強烈な感覚が生じた場合、別の感覚に転換するには、はるかに長い時間が必要となります。強烈な情動状態に伴って、ホルモンの変化や化学的な変化が数多く発生し、身体が元のニュートラルな状態にもどるのにしばらく時間がかかるからです。たとえば、自分が重大な危険に瀕していると確信すると、身体はアドレナリンを分泌し始めます。その後、実際にはなんの危険もないことがわかっても、触運動覚的に落ち着くには時間がかかります。

感覚は持続する傾向があるために、すばやく小さなイメージにもどって再びそれを大きくする作業を繰り返す余裕が生まれます。イメージを大きくするたびに、感覚はその前にストップした位置から再スタートを切り、さらに増大していくのです。

サム：　つまり、ゆっくりやっては効果がないということですか？

そのとおりです。ゆっくりやると、衝動の強度を上げることになり、かえって悪化させてしまうだけかもしれません。

フレッド：　もしさっきのワークをゆっくりやっていたら、ぼくはそのせいで、もっとピスタチオをほしがるようになっていただろうと思います。例のサブモダリティを試すたびに――ああ、たまらん――よだれが出てきて、イメージのズームインが続いてほしいと思いましたから。

プロセスの進め方が遅すぎるのは、よくある間違いです。このワークをゆっくりやりすぎると、衝動を強めた状態で終わることになり、クライアントはそこに置き去りにされて、こうなります。「あぁーー、**もう、たまらない**、今すぐピスタチオが食べたいーー！」

フレッド：あなたも、ですね？（笑）

したがって、もしこの方法で効果が現れない場合は、おそらく充分なスピードでやっていないのでしょう。では、どうすればクライアントにスピードを上げてもらえるでしょう？

デニス：話すスピードをどんどん上げていく。

そうです。もしあなたが、とーーってもゆーーーっくり話していたら、たぶん相手は閾値を越えないでしょう。速くやるよう指示するときは、すばやい手ぶりや、音や声を利用することもできます。指をパチンと鳴らしてもいいし、「すばやく、パッと！」と声をかけてもいいでしょう。ほかにも、「速く」というのがほんの一瞬でという意味だと伝わるようなやり方なら、なにをしてもかまいません。「速く」は、五年と比較したときの五秒のことではありません。非言語的な動作は、速度と同じように、サブモダリティの具体的な変更を伝えることができます。相手にイメージを引き寄せてほしい場合は、まず自分の手をイメージの出発点に置き、そのイメージの代わりに手のひらを相手に向けます。つづいて、その手を相手に向けてすばやく動かします。「イメージを、こうんなふうに、すばやく引き寄せてください」といってもいいでしょう。イメージを大きくしてほしい場合は、まず両手を使って小さな枠組みを作り、つづいてその両手をすばやく外に動かして、枠組みを拡大します。さらに、これらの動作や音声をアンカーとして使い、相手がすばやくできるように手助けすることもできます。催眠言語を使って、プロセスがおのずから速度を上げていくことを暗示するのも役立ちます。

このプロセスを実演するときは、少しばかばかしいくらいに演技をしてもいいでしょう。相手もそんなふうに振る舞っていいのだと知らせることになるからです。閾値を越えるためには、多少奇妙な振る舞いが必要になることもあります。

ビル：　サブモダリティを一気に増大させる方法と徐々に増大させる方法のどちらを使うべきかは、どうやって判断するのですか？

サブモダリティの中には、際限なく増大するものがあります。大きさがそのひとつです。理論的にいって、大きさはどこまでも広げていくことができます。終わりがありません。一般的に、こういうタイプの衝動は問題のサブモダリティを一気に増大させて反応をはじけさせるという形で爆発させます。

しかし、特定の方向への変化に限界があるサブモダリティもあります。たとえば、ズームインには限界があります。こうしたサブモダリティの場合は、しばしば徐々に増大させる方法が必要になります。一気に増大させる方法は、どんな場合にも試してかまいません。まずやってみて、しばらく待ち、それからテストします。そして、もし衝動がまだ爆発していなかったら、徐々に増大させる方法を使うようにすればいいのです。

徐々に増大させる場合は、必ず**一方向のみ**に増大させてください。ある女性は読みたくもない『ニユーヨーク・タイムズ』を読まずにはいられませんでした。内的な声が低くなっていくのを聞くと、新聞を読みたいという欲求が高まるのですが、その反応を破裂させることができませんでした。彼女は徐々に増大させる方法を使おうとして、まず声を低くし、それから徐々に大きくしていって、さらにまた低くするということを繰り返していました。こうすると、欲求反応を強めたあとに弱め、またそのあとで強めることになります。彼女はどのようにして自分の反応を爆発させようとしているのかを説明したとき、手を前後に動かしましたが、どちらへの動きもゆっくりでした。わたしはこの手の動きを見て、彼女がそうしていることを知ったのです。たいていの場合、非言語的な動作を見れば、相手がサブモダリティを一方向ではなく双方向に変化させているかどうかを見わけることができます。彼女に効果があるのは、まず声を次第に低めていき、次は、再び大きな声から始めて、それを徐々に低めていくというやり方です。そのあとも、また大きな声から始めて、それを徐々に低めるプロセスを繰り返すのです。

デニス：衝動を爆発させている映画を巻きもどすだけで衝動がもどってくるということはありませんか？

映画を巻きもどす方法には、この方法を無効にする働きはありません。この方法を使って誰かの反応を破裂させてしまったら、ただ元の方向にもどるということはできなくなります。ですから、誰かの反応を爆発させるときには、事前に必ずその人が本当にそれを爆発させたいと思っていることを確認してください。その衝動がなくなったら、その人の生活はどういうものになるのかを探ってください。いったん閾値を越えたら、ただ元の方向にもどるだけではその衝動を取りもどすことはできないからです。この状況は、大きなクリスマスツリーを狭いドアから引きずり入れるのに少し似ています。ツリーを元の場所にもどそうとしても、そのドアから簡単に押しもどすことはできません。そんな単純なことではないのです。皆さんが衝動の爆発方法を身につけたら、そのあと、衝動の構築方法をお教えしましょう。

▼テストする

爆発させたあとは、必ず二、三分待ってからテストを行なってください。ときには、自分が変化したことにすぐには気がつかない人もいます。抑えがたい衝動の感覚は消失するのに少し時間がかかるからです。「まだ衝動を感じますか？」と訊ねると、相手は「まだ感じているような気がします」と答えるかもしれません。触運動覚系は慣性が強く働くために、当人にはいつ閾値を越えたのかがすぐにはわからないのでしょう。

すぐにテストをした場合、正確な結果が得られるとは限りません。待つ時間は、その触運動覚の感覚がどれくらい強烈になれば閾値に達するかによって左右されます。衝動の感覚があっという間に消えたのなら、それを爆破できたと自信を持っていいでしょう。しかし、その感覚がまだ残っているなら、少し待って、もう一度テストをする必要があるかもしれません。

二、三分も待てば、触運動覚は落ち着きを取りもどすので、もはや衝動の感覚を発生させられなくなっていることに気づくことができます。イメージと触運動覚の反応とのつながりは断たれています。破壊されて、これまでとは違うものになったのです。

では、エクササイズに移りましょう。もし問題があったり、助けが必要だったりする場合は、知らせてください。

◎エクササイズの要点

1．動因のサブモダリティをしっかり特定する。
2．動因のサブモダリティを一気に増大させる方法、徐々に増大させる方法のいずれかを使い、閾値を越えさせる。
3．少し時間を置いてからテストする。

＊＊＊＊＊

討論

この方法を効果的に、しかもエコロジーに問題のないやり方で活用するためには、把握しておくべきことがたくさんあるので、しばらく話し合いをしましょう。

サム：　ぼくたちのグループでは、オーガズムに達するためにすごく励んだのに、結局イケなかったという感じでした。

そうもいえます。あとでテストしたとき、衝動は違っていましたか？

サム：　はい、消えていました。でも、いきなりなにかを突破したとかいうのはありませんでした。

その言い方は好きです。いつ閾値を越えたのかに気づかない人はたくさんいます。特に、反応がはじける前に、きわめて強烈な状態に達しなくてはならなかった場合には気づかないことがよくあります。でも、しばらく待てば、それだけで触運動覚系は再び落ち着くので、しないではいられないという気持ちにはもうならないことに気づくことができます。

テンポ

女性：　速くやりすぎるということはありますか？

この方法では、遅すぎるからスピードを上げなくてはならないというのが一般的です。しかし実際のところ、たまには速くやりすぎる人もいます。速くやりすぎて効果が出ないなら、スピードを落としてしっかりした触運動覚の反応を発生させなくてはいけないでしょう。わたしはこの方法を何度も使ってきましたが、減速させなくてはならなかったのは二度だけです。そのふたりはあまりに速くサブモダリティを変化させていたために、触運動覚の反応を充分に得る暇がなかったようです。

ボブ：　ぼくの衝動はあまりに急激に増大していったので、やり方はこれでいいのか、そもそもこれではじけるのかと心配しました。しまいには作業のスピードをコントロールできなくなりました。すると、耳鳴りがして、実際に「ボーン」と破裂しました。

ほかの人とのワークに取り組むときは、以下のことを忘れないようにしてください。感覚が本当に強烈になり始めたときに、もし相手が狼狽してその感覚を減少させようとしたら、そのワークはうまくいきません。準備段階で、これからどういうことが起きるかについて警告しておく必要があります。

そうしておけば、衝動の感覚が増大したとき、相手はこれでいいのだと納得できるので、引き返すことはありません。わたしがこの方法を使ってクライアントとワークをするときは、通常、まず風船が割れるときや針金が折れるときの喩えを出してこの方法を説明します。クライアントはそうした説明を受けることによって、これから衝動の感覚を増大させて、最後にはそれを爆発させる準備をすることができます。フレッドとの実演では、前もってほとんど説明をしなくてもこの方法は効果があることを示したいと思いました。ですから、フレッドに引き返そうとする兆候が現れるかもしれないと考えて、ずっと注意していました。

また、ワークの相手を衝動の増大した状態のままで放置することがないよう、よく注意してください。相手に反応を膨らませさせておいて、充分にはじけさせなければ、実際には相手の衝動を強めてしまうことにもなりかねません。こういう状況の発生は、たいてい充分な速度でワークが行なわれなかったということを意味しています。

サブモダリティを徐々に増大させる方法を取ったとき、各段階で充分に増大が進まなかったり、反応を爆発させる直前で相手が止まってしまったりすることがあります。かつてある人がわたしに、「今イメージをこの既知の宇宙と同じくらいの大きさにしているところですが、まだ効き目が現れません」といいました。「この既知の宇宙と同じくらいの大きさ」というのは、ある種の中継点を意味しています。そこでわたしは、「もう一度やってください。そして、今度はそのイメージが既知の宇宙より大きくなるまで広がりつづけるようにしてください」といいました。一回そのようにすると、反応は爆破されました。

サラ：　これを行なうと、なにが「破壊される」のですか？　なにが「ポンとはじける」のですか？

その人の持っているイメージ——音声や感覚——と触運動覚の反応とのつながりを壊しています。つながりが壊れたあとも、イメージを思い描くことはできますが、以前のようにそれに引っ張られることはなくなります。

強烈な感情反応

先ほど皆さんには、この方法を学んでもらうために、あまり重要でない衝動を使って実際にやってもらいましたが、この方法は重大な衝動にも同様の効果を発揮します。強烈な感情反応にも使えます。これまでこの方法を使って取り除いてきた抑えがたい衝動には、深酒、煙草、ある人への過度の思慕、怒りなどがあります。強烈な反応が生じたとき、普通はとにかくそれを鎮めようとしますが、反応が強烈すぎて簡単には鎮められないという場合、この方法は優れた効果を発揮します。

この方法は激しい怒りもうまく処理しますが、怒りに対応する場合には充分に注意してやってください。中には、怒りを増大させたときに暴力を振るう危険性のある人もいます。どんなに激しく怒ろうとも暴力には訴えないという人が大半ですし、そういう人たちが皆さんに危険をもたらすことはないでしょうが、それでも、こういったことは警戒しておくに越したことはありません。相手に手順をしっかり説明しておくと、暴力を避けるのに役立ちます。迅速に爆発に到達できるよう相手に準備をさせておけば、なにかをぶち壊す暇ができる前に閾値を越えてしまうでしょう。ゆっくりやりすぎて、非常に興奮した状態から出られなくなってしまった場合、暴力的になることもありえます。そういう疑いがあるときには、いざというとき自分を助けてくれる屈強な人物を近くに配しておくといいかもしれません。念のためです。

わたしたちの教え子のひとりがこの方法を使って自殺衝動と殺人衝動に取り組んだことがありますが、彼がいうには、この方法で衝動が永久に強くなりつづけることはないそうです。しかし、衝動が増大した状態のままにしておく危険性を考えると、わたしなら充分に注意して対処します。もし皆さんがまだこの方法のベテランではなく、自殺衝動や殺人衝動のある人々と取り組んだ経験もわずかなら、そうした問題を抱えたクライアントは必要な経歴を積んだ人物にゆだねることを強くお薦めします。

不快な反応

心地よさを感じる反応――食べ物、セックス、喫煙などに対する欲求――にこの方法を使うときは、通常、その反応を増大させるのになんの問題も起きません。しかし、相手が好ましく思っていない反応にこれを使うときは、そう簡単にはいかないこともあります。激しい怒りのようなものは、普通、誰も味わいたがらないからです。その場合は、皆さんが前もって行なうフレーミングがきわめて重要になります。激しい怒りを抑えきれないと思うことが二度とないようにするには、今、激しい怒りを感じてもらわなくてはなりません。そういう事情がわからなければ、相手は指示に従おうとは思わないでしょう。相手はまだ自分の好きなように怒ることはできますが、自分自身の怒りに対して抑えの効かない状態になるつもりはないはずです。相手は今、数秒間怒りを味わわなくてはなりません。それにには正当な理由があります。そうすることによって、将来何度も怒りを抑えきれなくなるのを避けることができるのです。

この閾値効果は「内的破砕療法」という名前で既に活用されています。しかし、内的破砕療法士はサブモダリティについて知りません。したがって動因のサブモダリティを増大させる代わりに、内容《コンテンツ》を使って恐怖症を克服しようとするのです。シナリオを用意し、たとえば、ネズミがクライアントの腕を登って口の中に入るというようなコンテンツを設定します。サブモダリティの代わりにコンテンツを使うと、プロセスははるかに扱いにくいものになります。サブモダリティを使うときほど迅速にできませんし、サブモダリティの極限まで行くこともできません。また、わたしの知る限りでは、内的破砕療法を行なっている人々はサブモダリティを徐々に増大させる方法や速度の重要性についてわかっていません。そのために、クライアントが激化した状態にはまって動きが取れなくなり、閾値を越えることができなくなってしまうことも多くなります。内的破砕療法士が自らの治療法の作用に関して抱いている見解も、わたしたちのものとは異なっています。彼らは現実の成り行きを欠いた刺激を提供することによって反応を消滅させていると信じています。もしそれが真実なら、恐怖症は自然消滅するはずなのですが。

エコロジー

エコロジーについて話し合いましょう。この方法については、どの部分でエコロジーに配慮しますか？

アル：　今日のエクササイズから例を挙げます。ぼくたちのグループのある女性は、夜間に塩辛いものを食べずにはいられませんでした。ご主人が夜パックマンのゲームをするのが好きで、自分が起きている間は彼女にも起きていてほしいというのだそうです。彼女はなにもすることがなく、同じ部屋の椅子に座ってうつらうつらする状態でした。

つまり、そうして食べることで、手持ち無沙汰が解消されたのかもしれませんね。また、食べることによって、目を醒ました状態でご主人と夜を過ごせるようになったというわけですね。

アル：　そうです。

その衝動を爆発させて、彼女があっさり眠ってしまうようになったら、どうなるでしょう？

アル：　うーん、ご主人は奥さんがいっしょに起きていてくれないことに腹を立てるかもしれません。

そうですね。それに、ふたりの関係が悪化する可能性もあります。実際のところ、抑えがたい衝動を爆発させる方法は、エコロジーについてまったく配慮していません。ある反応を取り除くだけで、その代わりになにかを用意するということがなく、NLPには珍しいパターンのひとつです。その女性の場合、エコロジーの問題を処理するにはどうしたらいいでしょう？

アル：　スイッシを使う？

そのとおりです。まさにここでスイッシを使って、彼女の大脳をもっと有益な方向に向けてあげたいものです。

アル‥　衝動のイメージを爆発させてしまった場合、手がかりのイメージにはなにを使いますか？　そのイメージがもう衝動を誘い出すことがないとしても、最初にその衝動を引き起こしたイメージを使い、サブモダリティも、動因となっていたものを使ってください。以前に大きさが動因になっていたのなら、スイッシも大きさを使って行ないます。当人にとってなにか肯定的なものがその衝動にある――食べずにいられないというこの女性の衝動は夫に付き合って夜遅くまで起きていることに役立っていた――とわかったときには、衝動を爆発させたあと、必ずスイッシをすることが肝要です。自己イメージは、ご主人との関係をよくする選択肢をほかにもたくさん持っている自分自身を思い描くよう指示してください。衝動に肯定的な機能があるとわかっていない場合でも、念のためにスイッシをしておくのはよい考えです。そんなに時間はかかりませんし、ひょっとしたら、これはとても重要なことかもしれません。わたしたちは、衝動を爆破したあとは必ずスイッシをするようにしています。

サラ‥　スイッシを使うだけではだめなんでしょうか？　どうしてわざわざ衝動を爆発させる方法まで使わなくてはならないんでしょうか？

反応が強烈すぎて、スイッシやその他の方法ではほとんど効果が上がらないことがあるのです。きわめて強烈な反応の場合、ときには最初に衝動を爆発させなくてはなりません。これで古いパターンが破壊されるので、スイッシが機能するチャンスが生まれます。リチャード・バンドラーは前出のパニック発作のクライアントとのワークで、スイッシだけではうまくいかなかったため、問題を発生させているイメージを「修正液で白く塗りつぶす」ようクライアントに指示し、そのあとスイッシを繰り返しました。そうすると、うまくいきました。

わたしたちが初めてスイッシを学んだとき、スティーヴは一〇分かけてわたしたちのタイプセッターに標準的なスイッシを行ないました。このタイプセッターは、煙草を一日にひと箱半ほど吸っていましたが、スイッシのあと、日に一本まで減らすことができました。しかし何ヶ月かの間に喫煙本数はじわじわと増えつづけ、とうとう日に二、三本吸うようになってしまいました。この頃ちょうどわたしたちは抑えがたい衝動を爆発させる方法を学びました。コニリーは写植の仕事をいくらか持ち込み、それから二〇分ほどかけて、タイプセッターの動因となっているサブモダリティを特定し、それらを爆発させました。この場合は聴覚のサブモダリティが最強のように思われましたが、念のためにいくつか視覚のサブモダリティも爆破しました。直後のテストでは、反応が変わったのかどうか、コニリーにもタイプセッターにもはっきりわかりませんでした。しかし、その後、タイプセッターは煙草を吸おうとしたのですが、「たとえ一本でも、最後までは無理だと思う」といいました。

男性…　わたしたちのグループのある男性は自分の衝動を爆破するのを迷っていました。そして、その代わりになるものを決めて、やっと爆発させました。

それは名案でした。相手が爆発を躊躇していたり、パッと簡単に反応の中に入っていけなかったりするときは、要注意です。エコロジーに関する心配があるかもしれないということですから。そういうときは、その衝動的な行動にはなにか有用な意図があるのかもしれないと考えて、少し探ってみてください。もしそれに有用な意図があれば、同じ目的を持った別の行動を取ることになるということを必ず相手に理解してもらいましょう。場合によっては、その新しい選択肢を用意してから、衝動を爆発させることになるかもしれません。

一般化

女性：　わたしたちはパートナーの衝動を爆発させることに不安を感じました。衝動だけでなく、モチベーションまで全部吹っ飛ばしてしまうのではないかと心配だったからです。それを爆発させていたら、ひどいことになっていたのではないでしょうか？

これは一般化の問題で、クライアントが自分の体験をどう考えているかによって変わってきます。別のセミナーで、ごくささいなことを選んで爆発させるよう参加者に指示すると、ある男性は「きれいに片づけること」を選びました。強迫的に片づけをしてしまう自分がいやだったからです。ところが、それについて説明するとき、彼は、自分の「整然性」を爆発させる、という言い方をしました。この種のことを耳にしたら、つまり、相手が**モチベーション**について触れたり、そのほかにも、判定基準のように広範囲の状況をカバーするような一般的な名詞を使ったりした場合は、この方法を使うことに**おおいに慎重になってください**。整然性は非常に広い意味を持つ言葉なので、どう変更しても、あらゆる面で一般化が生じる可能性が高く、問題を引き起こしかねません。彼には確実に問題が生じました。

翌日彼はまたやって来ていいました。「昨日ぼくは自分の整然性を爆発させました。それ自体はとても簡単なことでしたが、あのあと車を運転して家に帰ろうとしたとき、うまく運転できないことに気がつきました」別の参加者がいいました。「そうなんです、わたしは彼のうしろを運転していましたから、今の彼の発言を証言できます」つまり、この男性にとって、整然性は運転の質を表わすものでもあったわけです。彼の運転は規則を守った「整然とした」ものだったのです。相手の衝動を訊ねたとき、広範囲をカバーする名詞が返ってきたら、エコロジー・ブザーを鳴らさなくてはなりません。必ず相手が爆発させたいと思っているものだけを爆発させるよう、充分に注意してください。なにか疑問を感じたら、それに関する状況設定に話を持っていきましょう。「どういう状況では、整然性を維持しておきたいと思いますか？」「そうですね、車を運転するときですかね」「なるほど、わかりました。つまり、皿洗いについてあまり整然性を追求したくないだけということですね？　だから皿洗いをせずにはいられないという衝動を爆発させたいだけなんですね？」「うーん、いや、風呂掃除も頻繁にやりすぎです。風呂掃除をせずにはいられないっていうのも願い下げです」こうした話をすることによって、相手はふたつのカテゴリーを思い描きます。一方はその衝動を取り除きたい状況、もう一方はそれを維持したい状況です。こうしてふたつの状況を明確に整理しておけば、その衝動を取り除きたいと思っている状況だけを爆発させることができます。

抑えがたい衝動を爆発させる方法は、明確に制限を設けて使うべきテクニックです。この方法は代わりに作動するものをインストールしないので、通常は相手の生活全体に一般化させないでください。

ビル：　それはつまり、衝動を爆発させる方法は生成的ではないということですか？

スイッシが生成的だというなら、その意味で、これは生成的ではありません。単に抑えがたい衝動を破壊するだけです。これは非常に重要で有用なものになりえますし、これを利用することによって、その他のいろいろなことができるようにもなります。でも、生成的ではありません。そうであっては困るのです。

ビル：　整然性を爆破した人はどうなりましたか？

彼には、整然性によって起きる衝動を運転のコンテクストに再インストールしてもらいました。さて、わたしたちは次に、**衝動を発生させる方法**を教えるつもりですが、皆さんにはまず衝動を破壊する方法をしっかり理解してほしいと思っています。破壊する方法が理解できていれば、もしへまをして間違った衝動を発生させても、それを取り除くことができますから。ただ、ＮＬＰにはほかにも皆さんをサポートしてくれる基本テクニックがたくさんありますので、衝動を破壊する方法や発生させる方法は、それらをしっかり身につけてから使うよう、くれぐれも用心していただきたいと思います。

聴覚や触運動覚の動因

この中には、何人か気づいている人がいます――「自分のパートナーは既に視覚を使ってあの抑えがたい衝動を爆発させたけれども、今でもまだそれを引き起こせるはずだ」と。彼らはときには別の代表システムを使って同じ衝動を引き起こそうとします。わたしたちが最初に衝動について学んだとき、ある女性が視覚を使って自分の衝動を爆発させました。彼女は視覚を使ってそれを引き起こすことはできなくなりましたが、聴覚を使って、つまり、ある声をきっかけにしてその衝動を引き起こすことができました。そこで、聴覚を使ってそれを爆発させると、今度は触運動覚のテンポを使えば、またそれを引き起こせることに気づきました。しかし、それも爆発させてしまうと、もう衝動が戻ってくることはありませんでした。そこで彼女は別の衝動を触運動覚のテンポだけを使って爆発させました。すると、視覚を使っても、聴覚を使っても、もうそれを引き起こすことはできないことに気づきました。触運動覚を使って発生するそれを爆発させることで、他の代表システムを使って発生するそれも爆発させたのです。このことから、彼女の場合、主要な動因は触運動覚系にあったことがわかります。

これに対するアプローチは二通りあります。ひとつは、すべての代表システムを徹底的にテストして、抑えがたい衝動を引き起こしているもっとも強力な動因のサブモダリティを見つけ出すというやり方です。今ひとつは、その衝動を引き起こしているとわかった視覚のサブモダリティを使って、まずそれを爆発させ、そののちに、ほかの方法で再びそれを引き起こせるかどうかをチェックするというやり方です。もし音声を使って引き起こせたら、それを爆発させます。さらにまだ感覚を使って引き起こせたら、それも爆発させます。こうすれば、少なくとも次回はどの代表システムを最初に使えばいいかがわかります。

あるセミナーの参加者は、強迫的な状態にスイッチで戻ることによって自分の衝動を再度引き起こすことができました。これは、別の場所でその人にスイッシを行なうことによって処理しました。

女性：　感覚を爆発させる例を上げていただけますか？

たとえば、トントンと足踏みをする触運動覚のテンポによって抑えがたい衝動が引き起こされ、足踏みのテンポを速くすればするほど、衝動を強く感じるのであれば、そのテンポをどんどん速くしていって――実際に足踏みをしてもかまわないし、想像で足踏みをしてもかまいません――衝動が爆発するまでテンポを上げていきます。触知できる感覚の**程度**が衝動反応の動因になっている場合は、まずその感覚をほんの少しだけ感じるところから始め、それを全身に広めていって、最終的に衝動がはじけるまでそれを続けます。

ある女性は、夫の手の感触に嫌悪感を感じていました。それが自分の身体の特に「秘めやか」な部分に近づけば近づくほど、嫌悪感が募りました。それを爆発させることになったら、彼女には、まず夫の手の感触を肝心の場所から離れたところで感じてもらいます。それから、サブモダリティを徐々に増大させる方法を使って、すばやくその感触を近づける操作を繰り返します。

しかし、こうしたケースの場合は、必ずエコロジーをチェックしてください。わたしはこの女性に訊ねました。「本当にこれを爆発させたいと思っているのですね？　たぶん、ご主人はがさつでデリカシーに欠けるさわり方をしているのでしょう。それに気づかないといけないのではないでしょうか？」すると、女性は答えました。「いいえ、夫のさわり方はとても繊細です。わたしはどうしてもあの嫌悪感がいやなんです」そこで、わたしはその嫌悪感を取り除く手伝いをしました。のちに彼女から聞いた話では、しばらくの間は効果があったけれども、そのうちにまた嫌悪感を感じるようになり、やがて、それにはまぎれもなくふたりの関係に関する重要なメッセージが含まれていることに気づいたとのことでした。

こういう状態になると、多くの人はこのクライアントとのワークは失敗したと考えます。しかし、わたしたちはこれを成功の兆しだと考えます。この女性は、そして皆さんは、今、二次利得に関する重要な情報を手にしています。この二次利得については、いかなる介入が作用するにせよ、それが永久的に作用する前に対処しておかなくてはなりません。彼女はそれまでこの情報を手にすることができませんでしたが、例の嫌悪感がない状態でしばらく暮らすうちに気がついたのです。エコロジーについて質問された彼女は、ひとつ問題があるかもしれないと思うようになり、未来ペースをして、その問題が発生した場合にどうなるかに注目しました。ここまで来れば、本当に効果があり、完全にエコロジカルなものを設計できます。この例はスイッシの章の最後に紹介しています（メアリーのケース）。

自覚できない場合

以前わたしがワークしたある人は、自分を駆り立てているものの表象をまったく意識的に把握できませんでした。そこで彼には、なにかが自分の衝動を増大させているかのようなふりをしてもらいました。わたしはまず彼に閾値を越えた人たちの例を数例示し、彼の準備を整えました。こうした準備はとても大切です。つづいて、彼には自分自身の体験の中で動因のサブモダリティを増大させているふりをしてもらい、さらに増大の速度をどんどん上げてもらって、最終的にそれがはじけるまでこの作業を続けました。これでうまくいきました。

両極性

皆さんはプラクティショナー・トレーニングで両極性の扱い方を学んだときのことを覚えていますか？　たとえば、過食症の場合、患者にはがつがつ食べたいと思う面と、飢えて痩せたいと思う面とがあります。こうした二面の片方だけに衝動を爆発させる方法を使ったらどうなると思いますか？

サラ：　もう片方が乗っ取ってしまう。

そうです。もし食べ物に引き寄せられる衝動を爆発させ、飢えたいという衝動が残ると、最後は拒食症になることもあります。過食症と拒食症とは密接につながっていて、一方から他方に「無意識のうちに」切り替わることもよくあります。もし相手に、なにかに引き寄せられる面と反発する面とがあったら、充分に注意して、**反発**も同様に爆発させなくてはなりません。ふたつの面をテストするには、引き寄せられる面を爆発させたあとで、**ニュートラル**な反応の有無をチェックします。ポテトチップスに引き寄せられる面を爆発させたら、今度はポテトチップスが大嫌いになったというのでは、まだ仕事は途中です。もう一方を処理しなくてはなりません。それも爆発させてニュートラルな反応が得られたら――相手の様子や行動から、どちらかを選べるようになっているとわかったら――そこでやっと終了です。

もうひとつのチェック方法としては、不一致を示す通常のサインや複数のパートを使うという手があります。これについては、『リフレーミング』（前掲邦訳を参照）に説明されています。

重要性を持たせる

なにかに対する抑えがたい衝動があると、行動は確実に体系化されます。他の種類のモチベーションがある場合と同じように、それを達成しようとすることに注意と努力が集中します。加えて、その衝動がきわめて強いときには、選択肢がひどく狭められ、「視野狭窄」に陥ることもよくあります。

ある**目標**に向かうモチベーションが発生すると、その目標を達成しようとして柔軟性が高まります。

対照的に、ある特定の事柄によって自分の目標は達成できるはずだと期待すると、その事柄に対して抑えがたい衝動が発生します。自分が欲していたものを手に入れても、期待したほどの恩恵が得られなかったと思うことはよくあります。どうしてもあることをしなくてはならないとなると、それよりもはるかに自分を満足させてくれるようなことがほかに数多くあっても、それらを見逃すかもしれません。手に入れずにはいられないと思うものを手に入れようと努力すると、周囲の人たちを不幸にしたり、遠ざけてしまったりすることもあるかもしれません。「黄金虫」に嚙まれて頭がおかしくなった多くの人々はこのことをいやというほど思い知らされます。皆さんもたぶん、かつて抑えがたい衝動が不快な結果を招いたときのことを思い出せるでしょう。

優秀なセールスマンはしばしば、抑えがたい衝動を発生させるのに非常に長けています。次のエクササイズの目標のひとつは、自分自身の反応を、自分が望んだときに、その場で爆発させる訓練をすることです。そうすることによって、他者に不当に振り回されることなく自分自身の脳を運営する能力をさらに高めることができるようになります。次のエクササイズを活用して、なにかに重要性を持たせる方法を見つけましょう。それを済ませたあと、今創ったばかりの抑えがたい衝動を爆発させます。このエクササイズは通常ふたり一組か三人一組で行ないます。そうすれば、互いに助け合うことができるからですが、もちろんひとりで行なうこともできます。

▼エクササイズ

1．重要なものを考える

自分にとって以前はどうでもよかったが、今はとても重要だという事柄を、なにか考えてください。このエクササイズのために、なにか自分が「どうしても手に入れなくてはならない」もの——活動でないもの——を考えます。ある絵画、ある宝石をどうしてもほしい、どうしても手に入れなくてはならないと思う人もいるでしょう。コンピュータ、ドレス、記念の品、車が自分にとっては特別重要だと思うかもしれません。

2．重要でないものを考える　自分にとって重要ではないものを、なにか考えてください。必ずニュートラルなものを選ぶことが大切です。反発を感じるもの——悪い意味で重要なもの——は選ばないでください。あるものに嫌悪を感じるのであれば、まずその嫌悪反応を爆発させ、それをニュートラルにしなくてはならないでしょう。発砲スチロールのカップ、鉛筆、雑誌など、身近にあるささいなものを選んでください。

3．対照分析を行なう　上記1と2のサブモダリティの差異を見つけ、それらの差異のいずれが、重要でないものを重要にする上でもっとも強力に働くかを、テストして見つけます。他者にこれを行なう場合は、相手が自分にとって重要なものについて語っているときと、重要でないもののことについて語っているときとの非言語的な変化に対して、必ずキャリブレーションを行なってください。

4．抑えがたい衝動を創り出す　この取るに足らない重要でないことに**永続的な**重要性を持たせるためにはなにをすべきかを調べます。一度にひとつのサブモダリティを変化させ、少し時間を置いてから、その変化が一時的なものか永続的なものかをテストします。**永続的な**形でこれに重要性を持たせるには、なにが必要かを調べてください。

5．テストする　以下のような状況を想像することによって、それが自分のものになっているかどうかをテストします。たとえば、誰かが自分にそれを持たせまいとしている状況。あるいは、誰かがそれを持っていて、充分に支払いをすれば、それを売ってくれるという状況。ふたつめの状況では、別の誰かが自分にそれを持たせまいとしているケースも想像してください。

6．抑えがたい衝動を爆発させる　以下の二方法のいずれかで、それの重要性を「爆発させ」ます。ひとつめは、ニュートラルなものに重要性を持たせたときに使ったサブモダリティを使って爆発させる方法。それがうまくいかない場合、ふたつめとして、衝動を破壊するエクササイズで使ったサブモダリティを使って爆発させる方法を取ります。

あるものが自分にとって重要になるときのプロセスをさらに熟知したい、抑えがたい衝動を迅速に爆発させるスキルを高めたいと思う場合は、上記エクササイズの最後の二段階を順に数回繰り返します。これは、「防弾性のある」販売抵抗力を創るときの方法です。

あるものが永続的に重要になるのは、ある強力なサブモダリティが低い方の閾値に達したからです。いったんこの閾値に達すると、増大させたサブモダリティをただ減少させるだけでは、それを重要でないものにすることはできません。抑えがたい衝動を爆発させる方法は、それと同じサブモダリティをさらに増大させていき、高い方の閾値を越えさせます。この閾値を越えると、再びニュートラルの状態になります。

どんなサブモダリティが相手の抑えがたい衝動を創り出しているかがわかれば、会話を交わしながら衝動を創り出すことができるようになります。腕利きのサラリーマンはたいていこれを無意識のうちにやっています。三年前わたしたちが初めてリチャード・バンドラーからこの方法を学んだとき、彼はある男性をクライアント役にして実演をしました。この男性はテッドと呼ぶことにしましょう。テッドの場合、抑えがたい衝動を創り出すサブモダリティは明るさと、視野内における高さでした。テキサス訛り特有の母音を伸ばすゆっくりした話し方をする声がなにかを説明するのを――内的・外的を問わず――聞くと、彼の表象は明るさを増し、その位置を高めていきました。リチャードはセミナー会場にあったなんの変哲もない黄色の椅子について、テキサス訛りで説明を始めました。「テッド、その黄色い椅子がもし自分のものだったら、と考えてください。その椅子をあなたのオフィスの目立つところに置こうというのは、最高のアイディアじゃないでしょうか。その椅子を見たクライアントの目に、あなたの社会的地位向上の経緯がどう映るかを考えるのは、最高におもしろそうです。オフィスの照明はその椅子をどんなふうに照らし出すでしょう？　一般的に黄色い椅子というものについて考えるとき、あなたはなにを思い浮かべますか？」

リチャードはこう話しながら、話と一致するように手や顔を動かし、言葉のインパクトを増幅させました。たとえば、「目立つ」「最高の」「向上」「浮かべ」のところでは、片手を一五センチほど上げ、顔をやや上向きにしました。ほどなくそのごく普通の黄色の椅子はテッドにとって非常に重要なものになりました。テッドは自分の心の中の高い位置に明るく見えるものは、たいていなんにでも抑えがたい衝動を創り出すことができます。人によっては、ある色で輝く光輪のあるものなら、なんにでも衝動を発生させられるということになるかもしれません。

しかし、中には、はるかに強力な販売抵抗力がある人もいます。抑えがたい衝動を発生させるときの構造が違うからです。たとえばララはある品物の購入を検討するとき、品物のイメージの周囲に、その実際的な利用法を示すいくつかのイメージを置いて考えるというやり方をします。コンテクストと切り離して品物について考えることがないため、彼女に根拠もなくなにかを重要だと考えさせるのは、はるかに難しくなります。その品物と彼女の人生の目標との間にある機能的なつながりを説得力のある形でいくつも用意しなくてはなりませんし、さらにこれを、彼女の判定基準を実際に満足させるようなやり方で行なわなくてはなりません。ララのようなタイプがどうしても必要だと感じるものは比較的少なく、それらは通常本人の判定基準を満足させています。衝動を構築する方法がもっと単純な人は、どうしても必要だと感じるものが多くなり、それらの多くは本当は当人の判定基準を満足させていないため、結局、物置やガレージに放りっぱなしになります。

通常、ものの表象が「重要性」のサブモダリティに従って変化するのは、当人がそれを、「重要性」の判定基準を満足させると判断したときです。たとえば、充分に有用であることがわかると、それは背景から飛び出してくるかもしれません。充分に楽しいときにはせり上がり、充分に高級なときには光輪があるかもしれません。明るさとか高さとか、ほかにもいろいろありますが、そうしたサブモダリティを増大させた状態でそれを思い描くようストレートに指示するということは、相手の判定基準を迂回して、判定基準に合致していることを示すサブモダリティのコード化へ一気に進もうとしているということです。

相手の判定基準を迂回するわけですから、上記のようにして永続的な衝動を構築するときには、とりわけエコロジーに注意する必要があります。抑えがたい衝動を爆発させる方法と同様、衝動の構築にはエコロジーの問題に対応するものがなにもありません。たいていの販売訓練ではエコロジーについて教えませんが、わたしたちが販売について教えるときは、必ず、もっとも重要なのは満足を売ることだと指摘します。満足感は再注文や紹介につながります。誇大広告や高圧的なテクニックを使えば、エスキモーに冷蔵庫を売ることもできるでしょう――しばらくの間なら。しかし、満足して売り手と別れた客は、それが大変得がたい体験だったという理由で、友人たちに話します――そのときなにかを買ったか買わなかったかは関係なく。

抑えがたい衝動の構築に関するこの部分を収録したのには、いくつか理由があります。まず、それが本質的に興味深いものであるということ。それから、抑えがたい衝動にサブモダリティがどう作用しているのかについて、理解を深めるのに役立つということ。さらに、実際のところ相手のために衝動を構築したくなることがたまにはあるかもしれないということです。間違った衝動を爆発させてしまったときの対処法がわかります。

しかし、たいていのケースにおいて、ある特定な事柄に対して盲目的な衝動を構築するよりも、NLPのその他の介入の方がはるかに生成的であり、当人にも役立ちます。特定の衝動があれば、通常、選択肢は制限され、当人はロボットのような状態に陥ります。対照的に、たいていのNLPの介入は選択肢と柔軟性を行動に追加し、わたしたちをより人間的にしてくれます。

第六章　「最後の藁で」閾値《いきち》を越える

皆さんは、ラクダの背骨を折ってしまう一本の藁《わら》の話を知っていますか？　この種の閾値を説明する言い回しはほかにもたくさんあります。「度が過ぎる」、「堪忍袋の緒が切れた」、「我慢の限界だ」、「それで台無しだ」、「もううんざり」など。この種の閾値を越えるときは、まるでなにかに対して「もう二度とごめんだ」といっているかのようです。たとえば、女性が離婚を決意するとき、たいていそれまでに夫といざこざを重ねてきています。失敗も一度なら我慢できます。たぶん二度、三度、四度、あるいはそれ以上でも我慢できるかもしれません。しかし、やがて限界に達するときが来て――ラクダの背中に最後の藁を置いたときのように――ついにいいます。「もう我慢できない。もうダメ。離婚する」

同じことが、喫煙、飲酒、過食などの習慣にも起こります。毎朝激しい空咳で目が醒め、周囲の人々とトラブルを起こしてきた人が、ある朝、とうとういいます。「もう二度と煙草を吸わないぞ」と。過食のせいで不快な満腹感を味わいつづけ、何度も服の縫い目を裂いてきた女性が、ある日また縫い目を裂いたのを境に、とうとう決心します。「二度とあんな食べ方はしない」

わたしたちのあるセミナーに参加した女性は、最初のデートで相手の男性に平手打ちされました。彼女はすぐに未来を想像し、このままデートを重ねたら、彼はもっと強く殴るようになるだろうし、殴る回数も増えるだろうと考えて、そのとき限りで彼との関係を断ちました。彼女はたった一度の例から「二度といや！」にまで行きました。わたしたちはこれを「たった一本の藁で閾値を越えるパターン」と呼んでいます。このケースでは、閾値を越えるのに、現実世界の体験はたった一度しか必要ありませんでした。残りは彼女の大脳が処理しました。人によっては、なんらかの「マジックナンバー」に到達して閾値を越えるまでにもっと多くの体験が必要です。さらに、少なくともある状況では、けっして閾値を越えないという人もいます。

内的にどういうことが行なわれて「二度とごめんだ」というに至るのか、もしその構造がわかれば、同じパターンを使って別の内容《コンテンツ》を運営し、行動様式を変えることができます。閾値を越えるべきときにうまく越えられないという人も、そのやり方がわかれば、自ら進んで越えられるようになります。この方法は、望ましくない習慣を取り除くために適用できるのはもちろんですが、ほかにも役立つケースがいろいろあります。たとえば、我慢ならない仕事を我慢して続けているが、実際には閾値を越えて辞職し、楽しめる仕事に就いた方が本人にとってずっと有益だというような場合です。

虐待を受けている人々はそこから脱すべきだとわかっていることが多いのですが、そうするための措置を講じることはありません。繰り返し虐待を受けつづけます。そういう人たちが実質的に身動きが取れないのは、けっして「二度とごめんだ」といわないためです。なにか別のことで閾値を越える方法がわかれば、皆さんはそういう人たちが虐待の閾値を越え、矛盾なく「もう我慢できない。二度とごめんだ」といえるよう、手助けできるようになります。

抑えがたい衝動を爆発させる方法では、煙草を吸いたい気分やチョコレートを食べたい欲求を取り上げて、それを増大させつづけ、最終的には大脳がその動機だと認識している状態を通過させます。つまり、ある行動を取りたいという願望や欲求を増大させ、最終的にその反応をはじけさせるというやり方です。

最後の藁の方法も閾値を使いますが、閾値に至るまでの構築に使うものが逆になります。ある行動を取りたいという欲求を増幅させるのではなく、ある行動を取りたくないという欲求を閾値に到達するまで増幅させます。通常、その行動を取りつづけるときの不快感の表象を蓄積することによって、これを行ないます。

この方法がどう作用するかを具体的に示すために、相手の閾値の越え方を顕在化させる方法をこれから実演します。

実演：　閾値の越え方を顕在化させる

では、どなたか、過去に「もう二度とごめんだ」といった経験があって、自分がそれをどうやったのか知りたいという人はいますか？　これを行なうにはなんらかの内容《コンテンツ》が必要です。だから、気楽に話せるものを選んでください。詳細は必要ありません。だいたいの内容がわかれば充分です。

（以下は、一九八六年一〇月に実施したサブモダリティ・トレーニング上級コースの一部を編集したものです。ボビィはある男性と四年間暮らしていましたが、ある日とうとう「二度とごめんだわ」といいました。それ以降、彼に話しかけたことは一度もありません）

コニリー：　この男性と別れることは、これまでに何度も考えましたか？

ボビィ：　ええ、もちろん。

コニリー：　でも、別れようと思うところまでは行っても、結局そのままになった？

ボビィ：　そうです。実際には二度ほど別れたんですが、彼が曖昧な言い訳をしてよりをもどしてしまいました――わたしがそういう彼のやり方を許したってことなんですが。

コニリー：　うってつけのケースです。まずあなたに考えてほしいのは、「もういやだ」と思ったのに、彼が曖昧な言い訳をしてよりをもどしてしまったときのことです。それから、「もう本当に我慢できない」という状況になったときのことも考えてください。わたしたちはこれから、ボビィが閾値に達してそれを越えるために心の中でなにをしなくてはならなかったのかということについて、本人から情報を集めます。これにはしばしば長い時間がかかるという点に注目してください。時間がかかるという意味で、この顕在化は少々面倒です。ただ、相手のしたことをなにからなにまで知る必要はありません。

スティーヴ：　これは、先送りの戦略を顕在化させるのに少し似ています。いちいち細かいこととまで情報を集めていたら、とんでもなく長い時間がかかります。
コニリー：　何年もかかるでしょうね。
スティーブ：　閾値に達してそれを越えるプロセスは、一般的にある程度の時間をかけて発生するので、わたしたちはこれを意図的に三段階に分けます。ひとつめは、閾値に達するところまでです。彼女はこの段階では、「ああ、もうあの男には二度と会わない」と思いますが、やはり会ってしまいます。次は、閾値を越えるプロセスでです。ここで彼女には閾値を越えてもらい、「もう我慢できない。もうたくさん。二度といや！」といってもらいます。最後は、これからどうするかを見つける段階です。閾値を越えた今、どんな新しい行動が取れるのかを調べます。
コニリー：　というわけで、ボビィ、あなたには、彼を愛していた頃にもどってもらいます。この体験には枠をはめましょう。あとで再びそこから出ることになります。ですよね？　彼をまだ愛していた頃にもどってください。あなたはかつてそうなることを望んでいました。いったんもどったら、今度は自分の体験をすばやくたどり、閾値まで到達したら、これを越えます。これは、あなたの参考になれば、という意味で行なうものです。さあ、なにが起こるか、よく注意してください。……
（ボビィは目を閉じて、しばらく座っていました）
コニリー：　体験をたどってみて、自分が閾値に達するためにどんなことをしていたか、気づきましたか？
ボビィ：　わたしは行ったり来たりしています（頭を左右に傾ける）。
コニリー：　なにとなにの間で？

ボビィ：　彼のいうこと（頭が左側にやや傾く）と、彼のすることの間で、です（頭が右にやや傾き、目を開ける）。彼のいうこと（手で左を指す）と、彼のすることの間で、です（手で右を指す）。

コニリー：　ということは、なにか言葉が聞こえていて……

ボビィ：　彼、いうことは優しいんです（手で真正面を指す）。でも、することは最悪（手で遥か右を指す）。

コニリー：　わかりました。彼の言葉が聞こえると、その意味を表わす表象も浮かびますか？

ボビィ（短い間、目を閉じる）：　そうですね。……ええ、確かに、心の中に。

コニリー：　彼女の手ぶりからすると、まるで言葉の意味も同じ代表システムで動いているかのようです。彼女は言葉について語っていますが、なにかイメージを指し示しているように見えます。おそらく、言葉の意味を表わすイメージがあるのでしょう。

ボビィ：　ええ、そうです、言葉とイメージ、両方です。

コニリー：　つまり、彼女は現にふた組のイメージを思い描き、それらを比較しているのです。ひと組は彼のいうことを内的なイメージにしたもの、もうひと組は彼の実際の行動をイメージにしたものです。これらの表象を順に比較しているために、あなたは行ったり来たりしているように思えるのですね。

ボビィ：　そうです。彼は、なにかいっても（右手が真正面を指す）行動がそれと一致しなかったり、前言を翻したりしました（手を右側へさっと払う）。また話し合うと、さらに別のことをいい、またしても言葉と一致しない行動を取りました（再び手で真正面を指し、それからその手を右側に払ったが、今度はさっきより高い位置でその動作を行う）。こういうことをずっと繰り返して来たわけです（同じ手ぶりを繰り返す位置が次第に高くなっていく）が、結局、最後は、ああです。

コニリー：　彼女の手ぶりの位置が高くなったのに注目してください。皆さん、見ましたか？

スティーヴ：　なにがきっかけでこの変化が生じているんでしょう？　彼がなにかいいことをいったり、あなたの気に入ることをいったりすると、そうなるのですか？　それとも、いやなことをいったりするとそうなるのですか？

ボビィ：　わたしがいやだと思うこと、彼の言葉のイメージ（左手を掲げる）に合わないことをすると（右手を掲げる）、そうなります。彼がそういうことをするときは必ず、いったことと全然違うことをするので、また口論になりました。彼はよく「悪かった、もうそんなことは二度としない」と約束するんです（右手で左を指す）が、結局守りませんでした（その手を右に払う）。そして、わたしはそういう様子（目と身ぶりで右を示す）を見て、いうんです。「なによ、いったとおりしてないじゃない（手で右を指す）、あんなふうにいったのに（目と左手で左を指す）」って。それで、さらに腹を立てるわけです。

コニリー：　それから？

ボビィ：　わたしはひとつ上の段階に行きます（顔と両手をやや上げる）。次の口論は激しさを増します。

スティーヴ：　「ひとつ上の段階」に行くというときは、実際に視野内でそれが上昇するのですか？

ボビィ：　ええ、そうです（右手を挙げる）。

コニリー：　ほかの出来事も同時に見えますか？　それとも一番上にあるものしか見えませんか？　あるいは、もっと別の状態ですか？

ボビィ：　全部見えます。ひとつひとつが上へ上へと積み重なっています。

コニリー：　つまり、彼がそういうことをするたびに、今回の様子が見えると同時に、その下に前回の様子も見えるのですね。

ボビィ：　そうです。連続体です、建築中の。

スティーヴ：　左から右へ手を払う動作をしていましたが、そのとき、そこにはなにがあるのですか？　イメージがひとつあるのですか？　別のイメージもありますか？　さらになにかほかものは？　それとも、はっきり区別のつく二枚のイメージがあるだけですか？

ボビィ（右手を右に払いながら）：　複数の活動のイメージがあります。わたしたちは口論するたびに話し合い、基本的に新しい枠組みをリセットしました（両手で自分の左を指す）。つまり、その枠組みの中でわたしと彼は互いに努力することにしたわけです。合意に達すると、いい感じになりました――計画と枠組みがありますから。けれども、結局また振り出しにもどります。この枠組みに合わない行動がまた出てくるのです（枠組みのやや右側を指す）。不一致がひとつ見つかり、ふたつ見つかり、またひとつ見つかりと増えていきます（不一致が増えるたびに、手ぶりは少しずつ右へずれていく）。

コニリー：　わかりました。つまり、不一致を示す複数のイメージがこのあたりにあるのですねたあと、不一致のイメージが何枚集まると、「多すぎる、ひとつ上の段階に行こうか？」となりますか？

（ボビィの右を指す）。これは閾値の中に閾値が存在するパターンです。肯定的な枠組みをリセットし

ボビィ：　たくさんです。歳を取るにつれて少なくなりましたが、かつてはたくさんでした。

コニリー：　いよいよ対決のときだというのはどうやって知ったのですか？「互いに向き合って、新しい枠組みを設定すべき時期では？」と知るには、ある特定の数だけイメージが必要だったのですか？　それとも、質が変化したのですか？

ボビィ：「膠着状態に陥った」という感覚がありました。

スティーヴ：　でも、なにによってその感覚が生まれたのでしょう？

ボビィ（顔を左右に向けながら）：　こうしてあっちを見たり、こっちを見たりします。彼が約束するところを見て（左を指す）、それから彼が約束を破るところを見る（右を指す）という具合に――。そのつど、こうして実際に約束を破っているかのようでした（両手で繰り返し、破る動作をする）。それがあまりにひどくなると――破れ目が多くなりすぎて――ああ！　このイメージが台無しになるんです（左側の「計画」のイメージを指す）。そうなると、次の段階に移りました。

コニリー：　わかりました。閾値を越えるときには、通常、こうしたデジタルな変化、ある種の質的な変化が見つかります。ボビィは不一致のイメージを一度に一枚ずつ加えていき、やがて枠組み全体がガタガタになり、次の段階へ進んでいます。

スティーヴ：　そうなったとき、あなたは再び彼と向き合って新しい計画を立てるのですね？　そ

して、新しい段階に移って、再び一連のプロセスをすべて体験するのですね？
ボビィ：　その通りです。どうもすごいことになっているようです。
コニリー：　彼との関係を続けるのは「もう二度とごめんだ」というべきときが来たというのは、どうやって知るのですか？　こうした段階がいくつか積み重なったら、というようなことですか？
ボビィ：　わかりません。その中を覗き込んだことはこれまでありませんでしたから。……ちょっと見てみましょう（ボビィはしばらく目を閉じる。顔を繰り返し左右に向ける）。彼が今「あの表情」をしました。弁解するときの表情です。そして、わたしは淡々といいました――（両手で大きなハサミを使う手ぶりをする）。わたしたちは会話を交わすことすらありませんでした。
スティーヴ：　では、彼の表情を思い描いてください。（ボビィ：　んーー）　もう彼とは口も利かないというところまで行くのに、あなたの内面ではなにが行なわれたのですか？
ボビィ：　わかりました、ちょっと待ってください。……破ったものを全部見ました（手で払い上げる）。
コニリー：　破ったものを全部同時に見たのですか？
ボビィ：　ええ、まぁ。これを全部（手を右へ払う）。
コニリー：　で、それからなにが起きましたか？
ボビィ：　破ったひとつひとつのイメージに、彼の顔が見えます。彼は「だから、これはぼくがなんとかする」といって、謝っています。
コニリー：　これまで彼と向き合ったときは、いったんは枠組みの外に出ても再び戻ってきました。

そのときとこれは、どう違いますか？

ボビィ：　今まで一度に全部のイメージを見たことはありませんでした。

コニリー：　当時はなにを見ていたのですか？

ボビィ：　そうですね、イメージを一枚ずつ見ていました。イメージの山の前回の一枚だけを見ていたんです。残りも保存してはいましたが、それらは見ませんでした。それらをちゃんとは見ないで、「ああ、ひどい！」なんていっていました。一番最近のイメージだけ見て、「そうねえ……」という調子でした。わたしはいつも本当に順応性があって、物事をなんとか丸く収めたいと思っていました。全容は見たくなかったんです、そこにあるのはちゃんとわかっていたのですが……。でもやがて、彼があの言い訳がましい表情をするときが来て、わたしは彼のしたことを全部見ました。そして、「うわっ、これはだめ！」といいました。

スティーヴ：　その直後、なにが起きましたか？　彼女は今、閾値を越えるところまで来ています。

ボビィ：　プツンという音がして、彼との接続を切りました。

スティーヴ：　どうやって切ったのですか？

ボビィ：　わたしは誰とつながる場合も、ひものような軽い繊維組織でつながります（へそのところから手を伸ばす）。どんなものでも、自分が惹かれるものとつながるときは、そんなふうにしています。

コニリー：　つまり、そのひもがちぎれた？

ボビィ：　彼の場合、完全に切れました。イメージをつなぎとめているひもは、万一事態が好転したときのために、いつもわたしの左側の暗いところに置いてあるんです。
スティーヴ：　そのひもが切れてしまった今、あなたの視覚の表象は、なにかが変わっていますか？
ボビィ：　もちろんです。
スティーヴ：　それは永遠のかなたに飛んでいってしまったのですか？　それとも空っぽになったとか……
コニリー：　あるいは、粉々になったとか、ホワイトで消されたとか……？
ボビィ：　まったく光を失っています。イメージはひもから光を取っているので、そのひもが切れると真っ暗になり、もうそこに存在しなくなります。わたしの心の中では、もうそれは生きたものではなくなってしまいます。
コニリー：　わかりました。ひもがなくなり、イメージは真っ暗になっているのですね。そのあとどうなるのか、わかりますか？
ボビィ：　「もうこんなことは、相手が誰であろうと、二度とごめんだわ」といったのを憶えています。……その次に自分に向けていった言葉は――これは本当にはっきり憶えています――「わたしはそれっぽちの値打ちしかない人間なんかじゃない。だから、働きに出て自立する」でした。
コニリー：　それの表象はどんなものですか？
ボビィ：　自分が違って見えます（真正面のやや上を見る）。
スティーヴ：　それを少し説明してくれますか？　つまり、自分自身を見たのですね？

ボビィ：　んーー。そのわたしは今までよりリソースに満ちている感じで、うまくやっているようでした（自分の胸の前で両手を動かしている）。
コニリー（聴衆に向かって）：　どこかで聞いたような話ですね？
スティーヴ：　彼女はなにをしているのでしょう？
参加者の中のさまざまな人々：　スイッシ！
コニリー：　そのとおり。未来の彼女のイメージが登場しています。
ボビィ：　その後イメージはとても明るくなり、きらきらしてきました。これは、わたしの好きなサブモダリティです。
コニリー：　それでいいんです。彼女は、これまでより豊かなリソースにあふれた自分のイメージを見ています。人間関係をうまくこなしていける人物として自分を思い描いているのです。このイメージは、彼女が新しい方向に向かうのに役立っています。
ボビィ：　そのイメージがくっきり鮮明になったとたん、そこに至る段階が示されました（自分と自己イメージまでの間にある一連のイメージを手ぶりで示す）――わたしはこうして意欲を掻きたてるんです。それから、その小さなイメージ――自己イメージに至るためにわたしがしなくてはならないことを段階的に表わしたもの――が全部降りてきて、すばらしく明るく輝きました。
スティーヴ：　そして、それ以降は、お茶の子さいさいってわけですね。すばらしい。こういうのは初めてです。ボビィ、本当にありがとう。
コニリー：　興味深い閾値のパターンでした。なんといっても、入れ子になっていますから。

スティーヴ：　まずある閾値があり、その理想のイメージが台無しになると、彼女は彼と対決し、ふたりで新しい計画を立てます。さらに第二の閾値があり、彼女はそこで、それまでとまったく同じことが繰り返されるのを見ます。その結果、すべてが真っ暗になるというわけです。

▼エクササイズ

では、今わたしたちがボビィといっしょにしたことを、今度は皆さんにしていただこうと思います。**自分**がどのようなサブモダリティを使って不可逆的に閾値を越えているかを調べてください。ボビィの場合、わたしたちは人間関係というひとつの内容《コンテンツ》を使って、彼女がどう閾値に到達するかを調べました。そして、同じコンテンツを使って、その後の段階、すなわち、閾値を越え、新しい選択肢の表象に向かって進んでいく段階について学びました。

同様の情報を得るには、別の方法もあります。これらふたつの段階に対して、それぞれ別のコンテンツを使う方法です。まず、閾値に到達した状況について考えます。たとえば、禁煙を決意したのに、気がつくとやはり煙草を吸っているというようなケースがそうです。次に、実際に永続的に閾値を越えた別の状況について考えます。たとえば、車があまりに頻繁に故障するので、ついに買い換えた、とか、信頼していた人に裏切られたので、その人を二度と信用しない、などといったケースがこれに当たります。

そうした過去の状況に自分の身を置き、閾値に到達してそれを越えるプロセスを体験しているとき、どんなサブモダリティが変化するか、その後の新しい選択肢をどう表現しているかを見つけてください。このエクササイズの目的は、このプロセスにおけるサブモダリティの**構造**の詳細を突きとめ、いかなるコンテンツもその構造を使って処理できるようにすることです。

パートナーの閾値を越える方法を顕在化させたら、それを使って別のコンテンツを処理することによって、その方法を完全に自分のものにしているかどうかをテストしてください。パートナーが閾値を越えたいと思っている状況——たとえば、コーヒーを飲むのをやめたいと思っている、などのコンテンツ——を取り上げ、パートナーに自分の方法を使ってそのコンテンツを処理してもらいます。パートナーがそれをやり終えてもまだコーヒーを飲みたいと思うなら、なにかを見過ごしていたということです。そういう場合、永続的に閾値を越えるためにパートナーのすべきことは別にあります。それを見つけなくてはなりません。

新しいコンテンツを選ぶときはよく注意して、必ず閾値を越えたあとの生活がそれ以前より改善するようなものを選んでください。この方法は通常、取り消しが効きません。幸せな人間関係を台無しにしたり、本人が気に入っている仕事や留まる必要のある仕事を無理やり辞めさせたりしてはいけません。少なくとも、このセミナーではいけません。閾値を越えたいと思うものを考えつかないときには、テストはしないでください。

以下は、皆さんに作業を少しでも楽に進めてもらうためのガイドラインです。閾値を越える方法には、通常三つの段階があります。たいていの人はまず、なんらかのやり方で類例を積み重ね、次に、なんらかのやり方でそうした類例に「二度とごめんだ」といい、最後に、もっとも重要な段階として、新しい生活に関してなんらかの表象を持つようになります。

普通は上記の三段階があるはずですが、ボビィが見つけたものとそっくり同じものを見つけられるとは思わないでください。わたしたちは、まったく同じやり方でこれをやった人に一度も会ったことがありません。どのように類例を積み重ねるか、どのように実際に閾値を越えるのか、またそのあとなにが起こるのか、サブモダリティや代表システムの点から厳密に見れば、まさに千差万別です。ひょっとしたら、皆さんのパートナーは閾値を越えるために複数の類例を積み重ねるということをせず、代わりに、ただ一例のイメージを次第に大きくしていくなど、強度を高めていく別の方法を使っているかもしれません。

情報を集めるときは、この閾値を越える方法は長い時間をかけて発生したものであることが多いという点に留意してください。その間に起きた出来事をすべて知る必要はありません。閾値を越えるプロセスの変わり目に関与したサブモダリティの変化だけを知ればいいのです。

もうひとつ、閾値を越えた例を挙げておきましょう。閾値の越え方にはいろいろあるということをわかってもらえると思います。その男性はかなりの肥満で、ありとあらゆる食事療法、ピル、痩身計画を試しましたが、なにひとつ功を奏しませんでした。あるとき、彼はふと決心しました。「もうごめんだ。これまでのような過食はもうしない」と。それ以降、食事療法はすんなり進み、あっという間に適切な体重になりました。彼はある晩自分でそう考えて、これをなし遂げました。セラピストやらなにやらに通うことはありませんでした。彼はそれを「意志力」だといいましたが、NLPでは常に、「その意志力の**構造**はどうなっているのだろう?」と考えます。それが彼に効果をもたらすなら、ほかの人にも効果をもたらすかもしれません。彼は相次いでイメージを思い浮かべました。最初はそのときの姿のままの――丸々と太った――自分を思い浮かべました。それから、二、三週後のさらに丸く大きくなった姿を思い浮かべました。そうして、将来ますます太っていく自分を想像しつづけ、どんどん丸く大きくしていきました。最後のイメージには、浜に打ち上げられた鯨よろしく息絶えて横たわっている自分の姿がありました。傍らに立ちすくむ幼い娘はひどく悲しそうでした。この自分の最後のイメージを見たとき、「ノー！」という大きな声が上がり、彼は閾値を越えたのです。

この例には、よくある積み重ねのプロセスの一種が見られます。その部分で起きているのは、アナログな変化です。彼はイメージを重ねつづけ、しまいにはそれが「限界質量」に――このケースではまさに文字どおり――到達します。ここでは同時にデジタルな変化が発生し、抵抗しがたい大きな声が「ノー！」と叫びます。閾値を実際に越えるときには、サブモダリティに必ずなんらかのデジタルな変化が生じます。ボビィの場合は、「軽い繊維」でできたひもが切れ、イメージが真っ暗になりました。

さあ、エクササイズを進めてください。しばらく時間がかかるかもしれません。ひとり当たり三〇分で済むかどうか調べてください。

◎エクササイズの要点

1. 閾値に到達するために変化するアナログなサブモダリティを見つける。
2. 閾値を越え、「もう二度とごめんだ」というときに発生するデジタルなサブモダリティの変化を見つける。

3．これから始まる代わりの新生活をどう表現しているかを調べる。

＊＊＊＊＊

討論

はい、けっこうです。皆さん、このエクササイズはもう我慢の限界でしょう？（笑）さあ、なにが見つかったか、何人かに話してもらいましょう。

ハンク：ばかばかしく聞こえるかもしれませんが、ぼくは人生のある時期に、もう二度とホットドッグは食べないと決めました。

わかりました。ホットドックについて、どのように閾値を越えたのか、詳しく話してください。

ハンク：えーと、大学の研究室でのことなんですが、ぼくたちのグループはいつも集まって、学生会館の「二五セント金曜ホットドッグ・スペシャル」に行っていました。ぼくは一個か二個食べるのですが、三〇分もするとそれが仕返しを始めます。胃がむかむかし、ガスが貯まり、挙句にフルコースです。最後はすっかりうんざりして、「もう二度と食べない」と決めました。

具体的に、どんなふうにそこに達したのですか？

ハンク：ホットドッグの例の不快な後遺症に苦しんでいる自分のイメージを——実際にはカラーの映画ですが——分離体験したんです。映画はかなり近い場所で始まりましたが、ぼくはそれを見ながら、どんどん「ズームアウト」していき、とうとう、そんなひどいものを食べつづけることがいかにばかげているかを納得できるくらいの距離まで遠ざけました。そのとき、自分自身の声が聞こえてきました。「まったくどうかしてるよ。もう二度とホットドッグなんか食べるもんか！」それ以降、ひと口も食べていません。

この映画のほかにも、類例をたくさん積み重ねましたか？

ハンク：いいえ、一番影響力があったのは、ズームアウトしたことだと思っています。最後に充分な距離を取ることができたので、自分の状況がどんなにばかばかしいものか理解できたのです。

なにか別のコンテンツにそれを使ってみましたか？

ハンク：はい。ぼくが取り仕切ってきた会合があるんですが、そのメンバーとのこれまでの関係を絶たなくてはなりません。この人間関係にはもうあまり関心がなくなっているので、このグループとの付き合いに割く時間を減らして、自分のプロジェクトに取り組む時間を増やしたいと思っています。前々からこのグループから離れようと思っていたのですが、なかなかできずにいたのです。

それで、どうやったのですか？

ハンク：いつもの会合のひとつに出ている自分を映画にしました。ほとほとうんざりしているのに、それでも万事がスムースに運ぶように動いているぼくを描いたものです。この映画をどんどんズームアウトしていって、最後には、自分がそこにいるのがどれだけ無益かを理解できる距離にまで遠ざけました。そこで、ぼくは「こんな活動も、次が最後だ」というようなことをいいました。つまり、ぼくの気持ちは決まったのです。このグループを出ます。

すばらしい！　皆さん、ハンクの場合、事実上イメージの積み重ねがない点に注目してください。

代わりに、映画のズームアウトが閾値に達するプロセスのアナログ部分を担っています。そして、それが充分に遠いところにまで離れると、デジタルな声が入ります。「どうかしてるよ！　二度とごめんだ！」

ハンクのやり方をこのままそっくり使っても、たぶん多くの人には役立たないでしょう。でも、ハンクがこのやり方を自分に役立つように作動させようとして、必要な要素をすべて見きわめているのがよくわかります。異なるコンテンツでそれを使うことに成功しているからです。彼の場合、新しい選択肢のサブモダリティの構造は特定されていませんが、既にそれははっきりしています。彼はホットドックに代わる食べ物を食べ、会合に出る代わりに自分のプロジェクトに精進することになります。

タイムラインや実体験／分離体験との関係

トム：　ぼくは閾値に達すると、窓ガラスを突き破り、新しい活動を実体験しました。それは、実質的には、自分をコントロールする力や実用的な選択肢が得られたという感覚で、ひとつの具体的な活動ではなく、なにをすべきかがわかっているという感じでした。

トムは今、閾値を越えることに関して、非常に重要なことを二点述べました。窓ガラスを突き破るのはデジタルな変化で、彼はそれによって、それまで窓ガラスの向こう側にあって分離体験するしかなかった表象を実体験できるようになりました。新しい活動のこうした表象は、この方法の重要な要素でもあります。

トム：　興味深いなと思ったことがあります。ぼくにはもうひとつやめたいことがあるのですが、その行動にこれを試してみると、窓ガラスを突き破ったとたん、新しい可能性を実体験できたということです。
ボブ：　かつての行動の記憶はどうなっていますか？
トム：　いいことを訊いてくれました。（長い間、左やや下を見つめる）　その記憶は残っていません。
もちろん、それがなんだったかはわかっていて……
トム：　はい、それは――そう、かつての行動の内容は説明できますが、ことサブモダリティとなると、取りもどせそうにはありません。
それから、トムを観察していると、彼はかつての行動を自分の左やや下あたりに見ていることがわかります。皆さん、昨日明らかになったトムのタイムラインを憶えていますか？　かつての行動は、今、トムのタイムライン上の過去の部分に位置しています。
わたしはたまたま、閾値を越える前のトムを見ていました。そのとき、トムがやめたいと思っているもうひとつの行動は彼の真正面に伸びていました。彼のタイムラインでは、現在に当たる部分です。閾値を越えてしまった今、その行動は過去に移り、タイムラインのこのあたりにあります（トムの左側を指す）。以前より小さくなってもいるようです。
サンディ：　わたしのも、それと似ていました。わたしは自分が煙草をやめたときのことを考えていました。今では、喫煙ははるか昔の過去のことで、まるであんなに吸っていたのは誰か別の人かと思うくらいです。現実だったという感じすらありません。

今の話では、興味深い点がいくつか強調されています。ひとつは、この方法とタイムラインの共通点です。閾値を越える前は、かつての行動は通常、その人の現在の位置に見えています。ときには、未来に見えていることもあります。閾値を越えてしまうと、その行動はたいてい、タイムライン上の過去の位置に移ります。

実体験しているか分離体験しているかという点も、しばしば重要です。サンディは「まるで誰か別の人かと思うくらい」という言い方をしましたが、ここから、彼女が今は喫煙をしっかり自分から切り離していることがわかります。閾値を越えると、たいていはかつての行動を分離体験するようになります。閾値を越えたあとでかつての行動について考えるときには、その行動から自分を切り離しているのです。

新しい表象も、実体験／分離体験に関して変化することがあります。トムは閾値を越えたとき、新しい選択肢を実体験するようになりました。どんな人にもこのような作用が生じるとは限りません。人によっては、スイッシのときのように新しい選択肢を分離体験したままのこともあります。これは重要な要因になることが多いので、かつての行動や新しい可能性のイメージについて情報を収集するときには、「実体験していますか？　それとも、分離体験していますか？」と訊ねるといいでしょう。この次元は、当人が閾値を越えたとき、たいてい逆転します。

エコロジー：代替案を構築する

皆さんのほとんどがエコロジーの問題をしっかりチェックしていることがわかり、とても嬉しく思います。皆さんは、ときには閾値を越える前になんらかの調整が必要だということに気づきました。去年、ある人は喫煙について閾値を越えようとしましたが、最後まではやりませんでした。しかし、喫煙というコンテンツにこの閾値を越える方法を使うのは、彼にとって有用なことでした。彼は喫煙には自分にとって肯定的な面があることに気づき、ここで煙草をやめるとエコロジーの問題が生じると考えて、そういった目標を達成するために新しい選択肢を入手してから禁煙することにしたのです。

場合によっては、エコロジーの問題を調整する方法が見つからないために、安心して閾値を越えられないということがあるかもしれません。こういう状況はやはり適切だとはいえません。皆さんの中にも、これに気づいて、課題を無理に進めるのをやめた人がいるのは嬉しいことです。

閾値を越え、人生で取り組むべきなにかほかのことを思い描くのはとても重要なことですが、これを過度に強調してはいけません。新しい生活を想像できなければ、なかなか「もう二度とごめんだ！」というわけにはいかないのが普通でしょう。今ある唯一の選択肢を取り除く前に、将来なにか新しくてよりよいものにアクセスできることを知っておく必要があります。バーバラのパートナーたちは、あることに関する閾値を彼女に越えさせようと助力しましたが、うまくいきませんでした。彼女はみんなで特定したサブモダリティの変化をたどっていきましたが、どうしても「もう二度といや！」という覚悟ができませんでした。わたしはバーバラに、取り除きたいと思っている反応が存在しない生活のイメージを構築するようにいいました。いったんそれができると、彼女はなんなく閾値を越えました。

新しい代替案がないのに、どうにかして相手に閾値を越えさせてしまった場合、相手はうつ状態になったり、自暴自棄になったりすることがよくあります。わたしたちのセミナーのひとつに参加した元アルコール依存症の女性は、新しい代替案がないまま、アルコールの関する閾値をうっかり越えてしまったときのことを話してくれました。自殺したくなり、文字どおり三日間ベッドに横になったきりでした。アルコールなしでどうやって新しい生活を送っていけるかを思い描き始めるようになって初めて、身体を起こしたそうです。相手が自殺したがったり、未来がないといったりするのは、しばしばこうしたことが起こっているのです。こうした危険な局面を迂回するには、閾値を越える前に、必ず相手が実現可能な代わりの生活を思い描けるようにしておくことです。

レア：　アルコール依存症の人に対しては、どのように閾値を越える方法を使うのですか？

飲酒の結果で、不愉快なことって、なんでしょう？　相手の閾値の越え方を見つけたら、そのやり方で、こうした飲酒の結果を積み重ねていきます。「朝目醒め、激しい頭痛に苦しみ、前夜酔った勢いでとんでもないことをしなかったかとびくびくする状態を、あと何回喜んで繰り返すつもりですか？」というように、主観的に説得する形で行なえば、この方法はどんなことにも効果を発揮します。

サム：　飲酒のように世の中に蔓延していることについてですが、たとえば、アルコールのない未来の生活をどう想像するのか、とても興味があります。否定的な結末になるような気がするのですが。

いいところを突きました。わたしなら、最初に「飲酒のない未来」について語るかもしれませんが、そのあとで、「そういう未来では、ほかにどんなことをするつもりですか？」と訊ねます。わたしにはクライアントが飲酒以外のどんなことをしたいと思っているのかわからないので、はなから具体的なことをいいたくないのです。

この方法は、他のNLPのさまざまなツールと合わせて使えるということを頭に入れておいてください。また、この方法は数多くの行動的な選択肢を前提としています。たとえば、アルコールがなくても自分の身を処していけると仮定して、プロセスを進めています。最初にその他のツールを数多く使って、行動的な選択肢を未来に築いておく必要があるかもしれません。

未来に積み重ねる

ジェリー：　わたしは閾値パターンを顕在化させたとき、過去におけるその状況の類例が長々と連なって見えるのに気づきました。そこで、物事のさまざまな状態を描いたその長いスクリーンを詳しく調べました。そして、新しいコンテンツを加えたとき、そのスクリーンを未来に延長して、同じパターンを未来にも映し出さなくてはならないことに初めて気づきました。過去の状態がそういうふうだったことは自覚していて、それを好ましくは思っていませんでした。でも、未来の生活もそんなふうになっているのを見て、初めてつくづくうんざりしました。

これはよくあることです。多くの人々にとって、そうした積み重ねは過去にあるだけではありません。そして、ある時点を過ぎると、考えるようになります。「ちょっと待った。こんな生活が死ぬまで続くかもしれないのか？　こんなひどい生き方、続けている場合じゃなさそうだ」未来への積み重ねはプロセスの進行を速め、消耗も涙もかなり抑えることができます。したがって、悪い状況からははるかに早く抜け出すことができます。最初のデートで平手打ちを食わされた女性はほぼ完全にこの未来への積み重ねを行なっています。

ラルフ：　わたしは離婚したときにそれをしました。閾値を越えたまさにそのとき、わたしは妻と共にいる自分の姿を見ていました。ふたりに嫌なことがあれこれ発生し、それが生涯続いていくのが見えたのです。こんなのはいやだ、そう思って、行動を起こす決心をしました。

デジタルな目標を特定する

アル：　ぼくたちはどうしていいかわかりませんでした。というのも、ぼくのパートナーは体重を減らしたいと思っていたのですが、彼女に食べることに対して「もう二度とごめんだ」といわせても、うまくいかないのは明らかだったからです。

それに気づいてくれて、本当によかった！　でないと、彼女はたいへん困ったことになったでしょう。さて、では、彼女が実際に「もう二度とごめんだ」といいたいのは、なにについてでしょうか？　食べるのはやめたくないはずです。たぶん、食べすぎるのはもう二度といや、ということでしょうね。枠組みを**食べ過ぎること**に変更するのを手伝ってやれば、彼女は安心して「もう二度とごめんだ！」といえるなにかデジタルなものと取り組めるようになるでしょう。この方法を使う場合は、必ず相手には、「もう二度とごめんだ」といってもかまわない内容で、かつ本人の望んでいる内容が伝わるような形で行動を描写してもらってください。

アル：　食事は、少なくとも日に三回は向き合わなくてはならないことです。ときには、どうしても食べすぎてしまうことがあるんじゃないでしょうか？

それはありえます。皆さんもよくご存知だと思いますが、ずっとダイエットを続けてうまくやっていた人たちが例の運命の日を迎え、いっときにアイスクリームでもクッキー、クラッカーでも、なんでもかんでもガツガツ食べてしまうということがあります。あるいは、スポンジ菓子のトゥインキーズを一本だけ食べただけで、自分のダイエットは完全に台無しになったと思ってしまうこともあります。何週間も続けてきたダイエットが水の泡になり、自分はダイエットに失敗したと判断するのです。でしょう？　こういう状況には、ありうる例外を盛り込んでおくことです。そうすれば、上記のような後退が一度や二度あっても、完全な失敗の合図にはなりません。口元のかけらを拭き取って、まだダイエットに戻ることができます。

キャシー‥　以前の行動が終局を迎えたときのサブモダリティを取り出して、新しい行動をそれにマップアクロスすることはできますか？

それは試したことがありませんが、相手にプロセス全体を体験させるのであれば、たぶん成功の確率はかなり高いでしょう。相手にその人の閾値を越えるプロセス全体を体験させると、そうしたサブモダリティは自然に発生します。ただ単にそうしたサブモダリティをインストールしようとすれば、かなりの抵抗が生じると思います。エコロジーの問題に気づきにくくもなるでしょう。

男性‥　閾値を越える方法を使うことで、判定基準を変更することにもなりませんか？

閾値を越える方法は判定基準を変更することはありません。判定基準を利用します。ささいな類例がひとつふたつある場合は、ある判定基準に反しているといえるかもしれませんが、それに対して措置を講じるところまではいかないでしょう。ささいな類例でも、それが長期にわたって頻繁に発生していたり、重大な例が一例あったりする場合は、明らかにその判定基準を侵害しますが、それが高じると、閾値を越えることになります。

閾値を越える方法を「無意識に」使う

この方法がどう作用するかをいったんしっかり理解してしまえば、皆さんが感覚の鋭敏性に優れている場合、相手が大脳内でしていることの詳細をすべて明らかにしなくても、この方法を使って閾値を越えさせることができます。

エクササイズの時間に、わたしはルーとこれを行ないました。ルーには過去に閾値を越えた好例がありましたが、そのときのサブモダリティを特定できませんでした。そこで彼女には、閾値を越えたときの体験をもう一度たどってもらいました。閾値を越えるプロセスの最初からスタートして、閾値を越えることがどういうことなのかを再体験してほしかったからです。ルーはその作業に入ると、特定のうなずき方や手ぶりを示したので、わたしはのちにそれを「盗み」、プロセス全体をアンカーしました。彼女が再体験している間、わたしは彼女の非言語的な表現を観察しながら、「既にあなたには閾値を越える方法があり、今それを再体験しています。同時に、**あなたの大脳は閾値を越えるためにたどるべき道筋を学び取っています**」といいました。いったん再体験を終えたルーに、わたしはもう一度やるようにいいました。**そうすれば大脳は手順をしっかり記憶でき、エコロジーに問題のないやり方で簡単に閾値を越えられるようになるからです。**わたしはこのときアンカーを使って、ルーがプロセスの最初にさっと戻れるようにしました。そして、彼女が再びプロセスをたどるにつれ、先ほどと同じ順序で非言語的な変化を示すのを観察しました。二度の「リハーサル」を終えると、今度は、ほかに閾値を越えたいと思っている別のコンテンツを取り上げ、それに同じプロセスを適用するよう指示し、「たとえ詳細な方法を完全に自覚できていなくても、あなたの大脳はなにをしたらいいか知っています」といいました。わたしは非言語的なアンカーも使い、彼女の大脳が間違いなく正しい軌道にのって作業を開始できるようにしました。

このやり方は、相手がたどるサブモダリティの変化の順序を完全に把握して行なう方法ほど信頼できるものではありません。もし「無意識」を使う方法にあまり効果がなければ、最初に戻ってトラブルシューティングを行ない、正確にどうすべきかを調べなくてはなりません。しかし、別の選択肢があるというのはいいものです。特に、通常より秘密の多いワークを行なわなくてはならないというときには。

動機づけ

リチャード：これを逆向きに行なうことはできますか？　この方法を使って、**過食をやめる**のではなく、**運動を始める**ようにすることは可能ですか？

なにかを**やり始めたい**と思ったら、動機となるものを創る必要があります。一番簡単なのは、既に実践する動機のあるものに対して「マップアクロス」するか、説得力のある未来を創ることです。

対照的に、最後の藁で閾値を越える方法は、**既に確立している動機を壊す**ためのものです。その車を持っていたい、その習慣を維持したい、その人間関係を続けたいという気持ちが既にある、しかし、それが自分の願うとおりには作動していない、という場合に使います。そして、抑えがたい衝動を爆発させる方法と同様、ただ体験の積み重ねを崩すだけということはできません。元にもどせない閾値に対して、なにかを構築しなくてはなりません。

ケイト：　閾値を越える方法をまったく持っていない人はいますか？　たとえどんな最悪の状況でも、そこに留まりつづける人っているのでしょうか？

ええ、います。もし皆さんが閾値を越える方法を持っていなければ、自分のレパートリーにひとつ加えようと思うかもしれません。でも、時間をかけて体験を積み上げる方法をどうしても身につけられない人もいるんです。そういう人たちは通常、ほかの誰かが閾値を越えて状況を終了させてくれるまで待ちます。自分ではけっして閾値を越えず、断固たる行動を取るということがないために、ある特定のスキルがないというだけで、「受動攻撃性」という精神病的なラベルを貼られてしまうこともよくあります。虐待を受けつづけるような状況にある人や、我慢する価値のないことを我慢しつづけているような人は、体験を積み重ねる方法がわかっていないのかもしれません。

ほかに考えられるのは、過去に不快な体験がたくさんあるのは認識していても、未来はもっとよくなるはずだと考えているケースです。アルコール依存症の夫をもつ女性は、「わたしが彼を変えてみせる」、「彼は将来はよくなるはず。だから、別れない」などと考えます。そういう人には、過去に類例を積み重ねるだけでなく、未来にも積み重ねるように指示すると、閾値を越えさせられることもあります。これはジェリーが行なったことです。

もうひとつ考えられるのは、自分のひどい生活がこれからも続くのを認識していても、それに代わるものを見つけられないというケースです。皆さんが自分の主観で実質的な代替案だと判断したものを構築してあげると、相手が自動的に閾値を越えることもあります。相手は代替案がなかったがために前進できなかっただけだからです。一方、ほかのテクニックを使って別の新しい生活を構築したあとでこの方法を使うことによって、変化を固定できることもあります。

極端なのは、合図ひとつで簡単に閾値を越えるというケースです。そういう人は元友人や前職に事欠かないのかもしれません。ときには、その関係をすべて取り除くのではなく、特定の活動に関してのみ閾値を越えるようにすると役立つこともあります。たとえば、ある人に関して、お金が絡んでいる場合だけは二度と信用しないことにして、秘密や所有物についてはまだ信頼できると了解し、友人関係を続けるという具合にします。

閾値を越えるパターンは非常に強力な方法であり、結果的に人生を大きく変えることもありえます。しかし、皆さんにはぜひこれを「最後の手段」と考えていただきたいと思います。これよりもはるかに簡単でもっと基本的なNLPのテクニックによって、クライアントの望む目標を達成し、起こりえる反動や副作用をはるかに少なくできることが多いからです。

第七章　内的準拠枠と外的準拠枠

他人の方が正しいと決めてかかり、他人の意見に基づいて自分の意見を決めるせいで、しばしば窮地に陥る人がいます。社会学者はこういう人たちを「他者志向」とか「順応者」と呼びます。NLPでは、「外的準拠枠を使っている」という言い方をします。**外的準拠枠**を使うというのは、自分にとってよいこと、悪いこと、正しいこと、間違ったこと、楽しいこと、退屈なことなど、すべての決定を自分**以外の**誰かやなにかにしてもらうということです。外的準拠枠を使っている人は、なにをしたらいいかを繰り返し人に訊ねたり、「なにをすべきか調べるから、星占いをチェックさせて」などといったりします。セラピストはしばしばクライアントの外的準拠枠になります。「X先生はわたしにはエディプス・コンプレックスがあるといいました。だから、そうに違いありません」、「どういう人生を送るべきか、先生が教えてくれさえすれば、わたしは幸せになれるんです」といった具合です。わたしたちのお気に入りの漫画のひとつは精神科医が長椅子の患者に話しかけているところを描いたもので、その医師のせりふは、「ミスター・ジョーンズ、いい知らせです。わたしの母は、あなたの症状はかなり改善していると思っていますよ」。外的準拠枠を使っている人に複数の人が指示を与えると、指示をもらった当人は通常、どれを選ぶかに苦労します。狂信的なカルトに入っている人には、普通ひとつの外的準拠枠――カルトのリーダーか、決定を下すために唯一の基準として用いられる聖典もしくはそれに類するもの――しかありません。

対照的に、**内的準拠枠**を持つというのは、よいこと、悪いことなどを**自分で決める**ということです。ほかの人たちや周りの環境から情報をたくさん集めるけれども、決定するのはこの自分、というわけです。

女性：　つまり、内的というのは、自分の内的体験に注意を払うということで、外的というのは、自分の外側にあるものに注意を払うということですか？

いいえ、違います。今の質問、出していただいてありがとう。というのは、彼女の区別は、これからお話ししようと思っていることとは異なる区別だからです。あなたがいっているのは、**外的な気づき**と**内的な気づき**の差異です。**準拠枠**というのは、必ずしもどこに注意を向けるかとは関係がありません。誰が決定するかが問題なのです。内的準拠枠を持っていても、周囲の意見には耳を傾けられますし、外界からたくさんの情報を集めることもできます。しかし、内的準拠枠を持っている場合は、自分自身の判断力を使って、そうした意見やデータに関する決定を下します。……

多くの人々は内的準拠枠と外的準拠枠を診断区分として――「あなたは内的準拠枠を使うタイプですか？　それとも外的準拠枠を使うタイプですか？」というふうに――使います。わたしたちはずっと内的準拠枠と外的準拠枠とのサブモダリティの差異を探求してきました。もし希望があれば、行動を変更できるようにするためです。

グループで行なうエクササイズ

これから皆さんには、内的準拠枠から外的準拠枠に移ったとき、または外的準拠枠から内的準拠枠に移ったとき、**自分の**大脳になにが起きるかを、実験で調べてもらおうと思います。全員にまず内的準拠枠があるふりをしてもらい、つづいて、外的準拠枠を持っているふりをしてもらいます。そして、このふたつの体験で、自分のサブモダリティがどう変化したかを見つけてください。たぶんどなたも、自分の準拠枠が内的気味だったとき、外的気味だったときについて考えることができると思います。この実験では、それを極限にまで強めたつもりになってください。各準拠枠を極限まで強めたふりをうまくできないという人がいれば、それはそれで、また興味深い情報です。

では、まず、内的準拠枠を持っているふりをしてください。これからわたしはあることをいいます。皆さんには今、内的準拠枠がありますから、以下の内容を判断したり評価したりするのは**皆さん**です。「毎日三〇分北を向いて逆立ちすれば、あなたの生活の質は大きく改善します」これについて内的準拠枠を使って考えると、皆さんの体験はどういうものになりますか？――それを**皆さん**が判断します。

さて、今度は一時的に外的準拠枠を持っているふりをしてください。そして、わたしがその外的準拠枠になります。これは単に一時的なものであることを忘れないでください。この実験のあと、すぐにも自分自身の決定能力を取りもどすことができます。でも今は、わたしが皆さんの外的準拠枠です。わたしのいうことはなんでも真実だと前もってわかっているということです。「毎朝少なくとも五分間、中央ハ音でハミングすると、宇宙との調和をそれまでになく感じられるようになります」これに対して外的準拠枠で対応しながら、自分の体験に注目してください。

討論

さて、どんな変化がありましたか？　内的準拠枠から外的準拠枠に移ったとき、なにが変わりましたか？

ディー：　外的準拠枠を使ったとき、声はひとつ——あなたの声——しかありませんでした。内的準拠枠のときはふたつ以上ありました。会話とか討論の感じでした。あなたの声も、わたしの声も聞こえました。

これはかなり代表的な変化です。イメージはどうですか？　イメージについては、なにが変わりましたか？

ディー：　イメージも同様でした。外的準拠枠のときはひとつ、内的準拠枠のときはふたつ以上でした。

ディック：　ぼくの場合、内的準拠枠のときは複数のイメージがありました。そのひとつは、別の人がいっていたことですが、**自分自身**の体験に関係した他のイメージもたくさん浮かんできました。

過去から学んだこととか、自分が創造できることとか、ほかにもいろいろです。さまざまな選択肢があって、その中から選ぶことができました。

たいていの人が内的準拠枠を持つことができますが、これはその持ち方の本質的な部分です。

キャロリン：　わたしの場合、内的準拠枠に複数のイメージはありません。わたしは実体験の映画を思い浮かべて、それを数分上映し、それをすべきかどうかを判断します。映画を上映している間、そこで起きていることについて自問します。「これはわたしに役立つだろうか？　わたしはこの人をどのくらい好ましく思っているのだろうか？　わたしはあの人たちのためにこれをすべきだろうか？あの人たちが持っているもので、わたしがほしいと思っているものがなにかあるだろうか？」というふうに。

そうした質問にはどうやって答えるのですか？　言葉で答えるのですか、それとも、視覚を使って答えるのですか？

キャロリン：　言葉で答えます。「ううん、これは楽しくない。これはしたくない」

多くの選択肢を持つ手始めとして、これも一法です。こうすれば、自分がなにをもっとも望んでいるかを判断することができますから。外的準拠枠については、どういうふうにするのですか？

キャロリン：　やはり映画なんですが、こっちはずっと分離体験の状態で上映します。自分がそれを望んでいるかどうかを見るためにテストする、ということはしません。

アン：　わたしの場合、外的準拠枠のときは、相手のいっていることを表わすイメージがものすごく近くにありました。そして、内的準拠枠のときには、イメージはかなり離れていました。

外的準拠枠の場合、たいていの人は大きくて明るいイメージを間近に思い浮かべます。状況を考えると、納得できます。つまり、他者の意見に応じるつもりで、相手のいっている内容のイメージを大きくして間近に置けば、他の選択肢である**自分自身**のイメージを入れる余地がなくなります。内面に見えるものが「専門家」の話の表象だけであれば、自分で考えるのはかなり難しくなります。

では、今度はイメージの場所をチェックしてください。内的準拠枠のときと外的準拠枠のときとでは、イメージの見える高さに違いがありますか?

サム:　外的準拠枠のときの方が高いです。

うなずいている人がたくさんいます。そうじゃなかったという人、いますか?　……つまり、ジョアン、あなたの場合、外的準拠枠のときに他者の発言の表象の方が低いところにあったのですね?その方があなたにとって説得力があったのですか?

ジョアン:　いいえ、違います。それの方が低い位置にあって、小さいし、ぼんやりもしていました。それに、イメージの中の私がとても小さくなっていました。内的準拠枠のときは、イメージは高い位置にあって、はるかに大きかったです。

それは不可解です。これまで出てきたほかの反応パターンと一致しないようです。

クリス:　ぼくのもそれによく似ています。でも、気づいたんですが、ぼくの場合、外的準拠枠を使おうとしたとき、実際には内的準拠枠のスタンスを取っていました。つまり、メタ・ポジションです。だから、イメージは小さくて、低い位置にあったんです。ぼくはうまく本当の外的準拠枠を使う状態にはなれませんでした。そこで、リチャードとぼくはちょっと考えました。そして、ふたりの口から同時に出たのは、「年齢を逆行すればできるよ」でした。ぼくは子供時代に戻りました。そうしたらすぐに外的準拠枠のイメージの方が大きく輝き出しました——誰かがぼくを叱っています。

ジョアン、クリスの話はあなたに当てはまりますか？

ジョアン：　はい、当てはまります。外的準拠枠は、短い時間ならともかく、わたしにはとても使いづらいものでした。

これで、一見例外のように見えたものも筋が通りました。情報が充分集まれば、つじつまも合うものです。

フラン：　わたしたちのグループでは、みんな外的準拠枠の方がリラックスして取り組めました。なにをすべきかいってもらうのを待つだけというのは、自分で決定を下さなくてはならないというのとは違って、安心していられる感じでした。

ビル：　ぼくたちはその反対でした。ぼくたちのグループは内的志向が強かったに違いありません。みんな、外の権威との対応にかなり緊張しました。戦いのような感じでした、「こんなの、大っ嫌いだ」って。

つまり、自分本来の傾向と一致する方がリラックスできたということですね。相手のいっていることに対抗しているとしたら、緊張するのはうなずけます。

サリー：　わたしは外的準拠枠にうまく対応できませんでした。なにかが命令のように聞こえると、頭の中でドアがバタンと閉まって、相手の話を聴けなくなってしまいます。サンディはもう少し従順で、いわれたことを受け入れて考慮し、代替案となる別のイメージに向かうことができました。でも、わたしにはそこまですることはできませんでした。わたしの場合、相手がわたしの代案を除外しようとしているのを感じると、「もういい、今のはなかったことにして！」といいます。

自分を守ろうとするこの手の極性反応は有用なこともありますが、全か無かを選ぶ反応であるため、リスクもあります。たとえば誰かが、「火事だ！　**今すぐ**建物の外へ出ろ！」と叫んでいるのに、自分はそこに佇んで「まっぴらよ——**わたしに**ああしろこうしろ指図なんてしないでよ！」と思ったとしたら、どうでしょう？（笑）こうした極性反応には、他者の意見から自分を保護し、自分の選択の幅を守ろうという**意図**がありますが、実際には**選択肢を限定する**結果に終わっていることがよくあります。

他者からどんなことを——それが命令でも、称賛でも、お追従でも、批判でも、とにかくなんであれ——いわれようと、「そんなものは気に食わない。もういい！」とはねつけて選択肢を狭めるより、むしろそれに対して心を開き、自分自身のためにそれを判断できたらいいなとわたしは思います。誰かの意見に門前払いを食わせるような態度を取ると、重要な情報を手に入れ損なうことがあります。柔軟に対応して、選択肢はいつでも快く受け入れ、さまざまな考えに——それがどのようにもたらされ、どれだけ常軌を逸しているように思えても——耳を貸すようにしたいものです。今お話ししたのは内的準拠枠の場合の一例で、この中にはリフレーミングも二、三、含まれています。

外的準拠枠の特徴

さて、集まったデータから少し一般論を引き出してみましょう。もし強力な**外的準拠枠**を発達させたいと思ったら、専門家の発言のイメージを大きく明るいものにして、間近に位置させてください。このイメージは必ず充分に大きくて説得力のあるものにして、視野内には自分自身の考えが入り込む余地をこれっぽっちも残さないようにします。心の目で相手を見るときは、自分より少し高い位置に相手を見るようにしましょう。なにかが聞こえるなら、それを「専門家」の声にするか、専門家の発言を繰り返す自分の声にします。後者の場合は、できれば専門家の口調やテンポを使いましょう。

外的準拠枠をインストールする

指導者というのは外的準拠枠のインストールが大の得意ですから、指導された者は指導者のいうとおりのことをします。指導者は必ず高い演壇に立って話をします。参加者より低い位置にいる指導者を見ることはまずないでしょう。人々を見下ろすような場所に、実物以上の大きさの自分のポスターを掲示することもよくあります。知り合いのあるセミナー指導者は、トレーニングのときには、背後に実物より大きな自分のポスターを貼り、両サイドに設置した巨大なＴＶモニターには自分の顔のアップを映し出すようにしています。

カルトのリーダーもさまざまなことをして、信奉者たちがほかの可能性を考えようとする気持ちをくじきます。わたしたちはある公開の会合に出席したことがありますが、そのときひとりの青年が有名なグルに非常に理に叶った（とわたしたちには思われた）質問をしました。グルはその質問に対し、重々しくこう答えました。「わたしは木を彫る者であり、おまえは一片の木切れである。先月ひとりの弟子がわたしの言葉に背こうとした。翌日その男は自動車事故に遭い、命を落とした」

グレッグ：　まるで軍隊だ！

フランク：　軍隊はカルトじゃないっていいたいのかい？（笑）ぼくはずっと同じものだと思っていたよ。

軍隊ができるだけ若い新兵を欲しがるのは偶然ではありません。彼らのほとんどはまだ強力な内的準拠枠を発達させていません。わたしたちは軍隊の大ファンというわけではありませんが、部隊が生き残れるかどうかは命令に対して無条件で即座に従えるかどうかにかかっているというのは、そのとおりであることも多いのです。命令を出す者が部下より分別があり、自分のしていることを承知しているといいのですが――。でも、たとえそうでなくても、たぶん孤立して別行動を取るよりも、命令に従うほうが賢明でしょう。

クリス：　もうひとつぼくがやってみたのは、自分にとってとても意味のあるものでした。外的準拠枠を使うことにして、それから、頭が混乱するような指示や理解できない指示をいくつか受けているところを想像したのです。これは非常に当惑する体験でした。やたらに大きくて明るいイメージがすぐ間近にあるのに、それが完全にぼやけているんです。

そうですね。正しいと思い込んでいる人からチンプンカンプンな指示をごっそり与えられたら、たぶん、充分な指示は受けたはずだと思いながらも、なにをしたらいいのか見当がつかないでしょう。これは非常に困るはずです。

サンディ：　それは、学校の子供たちによく起こっている現象に似ています。先生は偉い存在で、なんでも知っていることになっています。でも、その先生が子供たちにわけのわからない指示を出すので、子供たちはなにをしたらいいかわからないのです。学校でついていけない子供が多い理由のひとつは、これに違いありません。

アンディ：　さっきエクササイズを指示されたとき、わたしは部屋を眺め回していて気づきました。外的準拠枠から内的準拠枠に変更したとき、みんなの姿勢がはっきり変わったのです。外的準拠枠のときは前に乗り出しがちでしたが、内的準拠枠のときはたいていの人が少しうしろにもたれるような格好になっていました。

よく観察しましたね。外的準拠枠の場合は、顔を上向きにする傾向もありますし、目を大きく見開きがちになります。内的準拠枠の場合は、たいてい頭をうしろに引き、目もそんなに大きくは開きません。

いつ、なにをすべきか

たいていの場合、内的準拠枠があれば、自分の価値観や手持ちの最善の情報に照らし、自分で決定を下すことができるので、よりよい結果が得られます。内的準拠枠はしばしば、人が生き延びることとも強く関係しています。ヴィクトール・フランクルは、強制収容所を生き抜いた多くの人々が、完全に他者によってコントロールされているかに見えた状況下でさえ、**内的には**選択の自由を維持できていたことに気づきました。ガンに打ち勝った人々も、下された判決を受動的に受け入れるのではなく、自分の人生で取りうる別の道を**内的に**創造していることがよくあります。「専門家」から余命はあと半年などといわれても、彼らはそんな意見に同意しません。そうした絶望的な状況にある人たちにこれが可能なら、わたしたちにはどれだけ多くのことができるでしょう？

しかし、誰か別の人が間違いなく自分より分別がある場合は、外的準拠枠の方がよい結果が得られます。たとえば、緊急救命室に病気の子供を運び込んだ場合、自分が決定を下せるように時間をかけて医師になるよりも、その救命室の医師の判断を信頼する方が理に叶っています。

こうした場合、自分の情報はきわめて不完全なので、ある特定の状況に対処する外的準拠枠として、少なくとも一時的には他者を受け入れるのは適切です。医者にかかったとき、配管工を頼んだとき、そのほかにも、自分にはほとんど知識のないことに関する専門家を訪ねたとき、たいていの人たちはそのようにしています。つまり、適切なコンテクストで外的準拠枠を慎重に用いているわけです。そのとき、外的準拠枠は内的準拠枠の**内部に収められ**、ふたつは融合しています。それでもやはり、いつ他者の意見を信頼すると役立つかについては慎重に判断するでしょうし、自分の最低限の知識が許す限りのテストを行なうことも可能です。もし医師がヒルを使うといったり、配管工が応接間に蓋《ふた》のない汚水槽を提案したりしたら、別の専門家を見つけようと思うことでしょう。

ホセ：　ぼくが外的準拠枠を受け入れるのは、たとえば、誰かのいっていることを見て、ほかに比較するものがなにもないときです。自分ではそれについてなにもわからないからです。ほかには、その人が過去に話したことを見て、その内容が常に正しかった場合です。

どちらの場合も、外的準拠枠を内的準拠枠に収める好例です。

内的準拠枠を創る

他人の意見に振り回されるのではなく、自分でうまく決定を下せるようになりたいと思っている人はたくさんいます。もし強力な**内的準拠枠**を持ちたいと思うなら、内的な探求をするにせよ、外的な探求をするにせよ、あるいは双方の探求をするにせよ、それまでのものに代わる表象を生成する方法を確実に身につけるようにしてください。こうした内的表象には、少なくとも他者由来の表象と同程度の説得力が必要です。

内的準拠枠をもっと持ちたいと思うのであれば、自分が望む以上に外的準拠枠に頼っている状況について考えましょう。たとえば、誰かのアドバイスに従ったけれども、いい結果が得られなかったというような状況について考えます。その状況が発生した時期までさかのぼり、相手の発言の表象を取り出して小さく縮めたり、遠くに移動させたり、不鮮明にしたり色褪せさせたりします。そうすると、それに対する反応が減少し、**自分自身**の代替案の表象を創る余地が広がります。さらに、その過去の出来事を調べ、その人物を信頼したのが間違いだったことを示す早期兆候を探したり、それを教えてくれるはずだったテストの機会をどこで見逃してしまったのかをチェックしたりすることもできます。最後に、自分の学んだことを未来ペースします。

権威者に「おじけづかない」ようにする

わたしたちはこの方法を使って、権威者におじけづいてしまう人たちに取り組んだことがあります。

クライアントは自分を威嚇する人のことを考えると、「ああ、はい、彼が見えます。イメージは大きくて明るく、間近にあり、なにかこう偉い人という感じです」などとよくいいます。こういうケースでは、そのイメージを小さくし、少し遠ざけ、位置を下げ、明るさを落とすように指示します。こうすることによってクライアントは、権力を持つ人のことを考えても圧倒されなくなり、ついつい相手のいうことに同意してしまうことはなくなります。相手を独裁者としてではなく、同等の人物として楽に扱えるようになるのです。

また、キャロリンのように、自分を守る声をはっきりとインストールする必要もあるかもしれません。そうしておけば、その声が誰かのいったことを自分の目標という観点から繰り返し問題にし、誰かの発言どおりにしたときの結果を調べ、可能な代案を提案してくれます。ある状況を表わす表象がひとつしかないと、たとえそれを小さくし、ぼんやりさせ、遠ざけても、それに則って行動してしまうかもしれません。次の第八章では、自己評価や自己決定の下し方の指導法を具体的に紹介します。

他者の要求に過剰に反応する人

権威者におじけづくことは特にないけれども、他人の要求には、自分の必要を無視してまで過剰に反応してしまうという人もいます。こういう人は最終的には「燃えつき症候群」に陥ることが多く、反応の構造はたいてい威嚇に対する反応の構造と似ています。他者の要求に過剰に反応するようになるには、まず、相手が必要としていることの表象をイメージします。それから、そのイメージを大きく明るくして間近に置くか、ズームインしてパノラマにするかします。そうすると、それが視野を埋めつくすため、自分の必要を表わすイメージの入る余地がなくなります。目に入るものが他者の要求だけになれば、どうしてもそれに反応します。こうしたイメージは通常、権威者の威圧とは異なり、高いところに掲げられてはいません。

対抗手段は以下のとおりです。

1．自分の必要を否定してまで過剰に反応してしまう相手のことを考える。

2．その人物を心の目でどう見ているかを調べる。イメージは大きくて、間近にあるか？　あるいは、パノラマになっているか？　その声には、どうしても無視できないような特徴があるか？（重要なサブモダリティをうまく特定できない場合は、過剰には反応していないと思う人のイメージとそのイメージとを対照する。）

3．相手の要求を表わすイメージを遠ざけ、縮めたり、ぼんやりさせたり、色を不鮮明にしたりする。最初にパノラマになっていたものは、小さな枠に入った絵として目の前に置く。相手の声を次第に弱めたり、声質を自分に有益になるように変えたりして、最終的には、その人物の要求に圧倒される感覚を減少させる。

4．ここで、別のスクリーンを用意する。その大きさや明るさ、自分からの距離は、相手の要求を表わすイメージと同じものにする。そして、「**このわたしは**なにを望んでいるのか？」と自問し、その新しいスクリーンに答えを描き出す。

5．今、目の前にはスクリーンがふたつあり、ひとつは自分の必要を表わし、もうひとつは相手の要求を表わしている。それらを眺めながら、「自分と相手**双方**の必要／要求をもっともよく満たすにはどうしたらいいだろう?」と自問する。文脈や相手によっては、自分の必要を相手の要求より重視(あるいは軽視)した方がいいかもしれない。適切なバランスを保って以前よりうまく双方に対応できるだろうか?

6. 新たに選択した物事の見方を適切な未来の状況に当てはめて、未来ペースする。

外的準拠枠に偏っているクライアントの場合、内的準拠枠をもっと使えるようにしてあげるのは比較的簡単です。つい人の助けを求める人はたいてい外的準拠枠に偏っています。もちろん、自分にほかの考えがあることを意識している部分が少ないのかもしれません。外的準拠枠への偏りが強いクライアントは、皆さんになにをすべきかを訊ね、いわれたとおりになんでもする傾向があります。皆さんが正しいと思い込んでいるからです。そういう人たちにとって皆さんを自分の外的準拠枠として受け入れるのは、通常さほど難しいことではないので、皆さんはただなにをすべきかを指示するだけで済みます。「あなたは自分自身の欲求にもっと注意を払い、自分自身のことを考えるべきです。それには議論の余地がないと思います」といえばいいだけです。いわれたとおりにするクライアントは、内的準拠枠をもっと使い始めます。いわれたとおりにするのを拒否するクライアントも、これまでより内的準拠枠を働かせて行動していることになります。相手のいったことをしないで、自分で判断しているわけですから。

フィードバック

内的準拠枠の人が心を開き、外からのフィードバックや情報を受け入れられるようになったら、本人も周囲の人々もたぶんハッピーでしょう。他者の意見をもっと受け入れられるようになりたい、アドバイスをもっとうまく活用したいと思ったら、自分自身の考えの説得力を減らし（小さくし、ぼんやりさせ、遠ざけ）、ほかの表象の入る余地を作ればいいのです。他者の意見には、少なくとも考慮しないではいられなくなるくらいの説得力は持たせるようにしましょう。

フィードバックにやや気づきにくい人の場合は、決断を下すときのイメージの中に誰か別の人がいないか訊ねてください。たぶんいないと思います。そこで、奥さんでも、子供さんでも、あるいは雇い主でも、当人の決断によって影響を受ける人たちをイメージに加えるようにいい、そうした人たちが自分の提案した決断や行動にどう反応するか、よく注意するよう指示してください。こうすると、有益な変化が生じて、フィードバックに気づくようになります。厳密にいえば、これは**コンテンツ**への介入であって、サブモダリティを変化させる**プロセス**への介入ではありませんが、外的準拠枠をもっと使えるように手助けするのはたいへん有益なことです。外的準拠枠の人は、既に自分のイメージの中に無数の他人を描いていることがよくあります。ときには、何千人と登場することもあるくらいです。そういう人たちには、そこまで多くの監視を立てずに決断を下す実験をしてみるのも役立つでしょう。

内的準拠枠の人の中には、非常に極端な人もいます。そういう人は前もって自分が正しいと仮定し、人の意見は無視します。たいてい、自分の意見のイメージを非常に説得力のあるものにしているため、代案の表象を考慮するだけの余地すらありません。フィードバックをシャットアウトしている場合、その人を変えるのはきわめて困難になりそうです。人の意見を――当然皆さんの意見も――無視するよう既にプログラミングされているからです。

内的準拠枠が強い人は、めったに助けを求めません。こういう人は裁判所が差し向けてくるような人や非協力的な配偶者になりそうです。フィードバックをシャットアウトしている人と取り組む場合は、くれぐれも慎重に相手の信念体系にペース合わせをしてください。彼らの信念体系には、自分が正しくて皆さんが間違っているという信念も組み込まれています。「あなたの状況については、当然あなたの方がよくわかっていて、わたしが知りえた内容など微々たるものです。わたしにできることといっても、せいぜいつまらない提案をいくつかして、ひょっとしたらあなたがそのひとつかふたつを取り上げて、自分に役立つかもしれないと思ってくれるのではないだろうかと、わずかに望みをつなぐことくらいです」という具合にします。相手にしてほしいと思うことはすべて、できる限り相手の考えとして、あるいは少なくとも相手の判断としてフレーミングしなくてはなりません。「これがあなたにとっていかに重要か、既にお話ししていただきました。これからご紹介するのは、あなたに考えていただきたい事柄で——といっても、あなたはきっともうこれらについて考えたことがあるはずですが——ひょっとしたら、あなたの計画がさらに完璧なものになるかもしれませんので」など。皆さんのいうことなど聴く価値がないとする相手の信念体系にペース合わせをすることによって、逆説的に、皆さんの意見は聴く価値のあるものになるのです。

フィードバックを完全にシャットアウトしている人は、おそらく極端に外的準拠枠に頼る人より——特に、他者にとって——危険です。知人で、このカテゴリーに当てはまる人のことを考えてみてください。こういう人たちは「自分が正しいと納得するために、外から何事かを見たり聞いたりする必要はない」と考えます。適切な情報——改良点、反証、追加の学習など——を求めて外界に注意を払ったりしません。フィードバックは、たとえ提供されても耳を貸しません。いつも「自分が正しいことはもうわかっている。だから、そんなものは必要ない」と思っているからです。こうした極端な内的準拠枠を変えるのは非常に困難です。その人が正しいと確信していることを侵害するような発言をしたとたん、「冗談じゃない！」となるからです。こういったタイプの人は非常に狭い特異な世界に住んでいるので、取り組みは困難をきわめます。妄想性障害の人はその好例です。

サリー：　そういうケースはどうやって切り抜けるのですか？

そうですね、絶対確実な方法はありませんが、試してみてもいいことはたくさんあります。たいていは、相手に悟られないようにこっそりやります。

妄想性障害の人や他人を信頼しない人には、たとえば、こんなふうにいいます。「わたしを信頼しないでください。あなたを傷つけたくなくても、偶然傷つけてしまうかもしれません。警戒を怠らないようにして、わたしのいうこと・なすことはすべて慎重に検討してください。**この場でいっしょにしていることがあなたに役立つ**ようにしたいので、念のため」ここでもやはり、皆さんを信頼するなと指示することによって——どっちみち相手は皆さんを信頼しませんが——逆説的に皆さんの意見は信頼に足るものになるのです。こうしたやり方をすることで、のちに役立つ数多くの前提や再構成をこっそり紛れ込ませることができます。たとえば、上記の引用符内の台詞には、意図と行動と目標を区別して導入しているだけでなく、共同で取り組むことは可能であり、これは当人の利益になるという前提も取り入れています。

相手の信念体系を変えようとするよりも、それをてことして利用し、こちらの望んでいることをさせる方がはるかに簡単なことが多いものです。完全にペース合わせをしたあとは、自分が使える他のNLPツールを総動員します。ただし、これも、相手に悟られないようこっそり行なうか、適切なフレーミングを行なうならば、という条件つきです。「あなたにはご家族の皆さんよりずっと知性がありますから、既にあなたにはわかっていることをゆっくり学習していくご家族に優しく接するのは、とても簡単なはずです」、「あなたには自分が正しいという自信があるのですから、奥さんの意見を注意深く聴き、それらが自分の意見と同じくらい重要であるかのように慎重にそれらを検討しても、まったく不都合はないでしょう。自分の見解に自信のない人は、どうしてもそうするのを嫌がりますけれど」など。

フィードバックをシャットアウトしている人は、他人を信じるのは危険だという意見にたいてい同意します。これにペース合わせをしたあと、「他人はあなたを傷つけかねないようなバカな行動をよく取ります。したがって、相手の考えていることを知っておくのは重要なことです――たとえその考えがどんなに的外れなものだとしても」などと指摘することもできます。そこまで行けば、あとほんの一歩で、自分の決定を下す際に他者の考えを検討することがいかに重要かを指摘できます。フィードバックをシャットアウトすることが相手にとっていかに危険かを例証するのも役立ちます。相手の過去の問題から例を取り上げたり、夫婦や家族で行なっているセッションで現在の例を引いたり、あるいは、皆さん自身がそうした状況を創作したりして、それを例証することができます。

別のやり方としては、相手の意識の心を完全に迂回するという手もあります。メタファーや催眠言語を使い、その人のないがしろのされている部分やあまり意識が働いていない部分に訴えかけるのです。

ときには相手の信念体系を充分に知りつくし、それにとことんペース合わせをしたあと、不一致や矛盾を指摘したり、こちらの混乱を解決してほしいと誠実に頼んだりすることによって、「うっかり」それを破壊することもできます。しかし、これを試すときはくれぐれも用心してください。失敗すれば、ラポールが失われます――永久に失われることもあります――し、相手の現実を破壊するのに成功しても、相手がかなり変になってしまうかもしれません。

これに関する話でわたしたちが気に入っているのは、ある精神病患者の話です。この患者はカリフォルニア州パロアルトの復員軍人病院に入院していて、自分は神だと信じていました。超然としていて冷ややかで、誰ひとり彼とコンタクトを取ることができませんでした。そこで、ドン・ジャクソンという万事に非常によく通じている心理学者が、彼と通じ合う方法を実演しようと申し出ました。患者は部屋に通され、ジャクソンの隣の椅子を勧められました。すると患者は椅子を持ち上げて離れたところへ運び、王者然とした態度でそれに座ると、黙って一同を眺めました。その様子は、いかにも優越を誇り尊大そのものでした。

ドン・ジャクソンは数分患者を観察したあと、患者の前まで行くと慇懃にひざまずき、頭を垂れていいました。「間違いなくあなたは神です。あなたは神なのだから、あなたこそがこの病院の鍵を預かるのにふさわしい人物です」そして、患者のひざに鍵束をそっと置きました。しかしジャクソンは、少し間を置いたのち、再びゆっくりいいました。「しかしながら、もしあなたが神なら、こんな鍵にはまったく用がないはずです」ジャクソンはこういうと立ち上がり、自分の椅子に戻って腰を下ろしました。患者は数分の間そこに座ったまま今いわれたことを考えていましたが、かなり動揺しています。と、いきなり立ち上がり、自分の椅子をジャクソンのところまで引っ張ってきて座ると、ジャクソンの目をじっと覗き込み、きっぱりいいました。「おい、われらはいずれかが狂っておるぞ！」

ドン・ジャクソンは言語的にも非言語的にも患者の世界にペース合わせをしてコミュニケーションを取り、そののちに、そこにある矛盾を指摘しました。この患者は、「たとえ鍵に用はなくても、わたしは神なのだから、とにかくそれはこちらにいただこう」と答えることもできたのに、そうはしませんでした。

ジョン・ローゼンは同じことをもう少しわかりやすい形で行ないます。自分を神だと信じている患者の場合、屈強な助手を四～五人集めて患者を床に組み伏せると、患者の胸にまたがってこういいます。「もしあなたが神なら、どうしてごく普通の人間であるわたしたちがあなたを床に押さえつけて動けなくできるのでしょう？　あなたは手も足も出ない。もし神なら、さあ、わたしたちを破滅させてごらんなさい」ローゼンはコンタクトを取ることを強く要求します。誰かが胸にまたがって大声で語りかけてきたら、とてもではありませんが、身体を強直させたままにしてはいられません。患者が顔をそむけると、ローゼンは頭をつかんで元にもどし、患者が目を閉じれば、それをこじ開けます。患者が必要なら、これを何時間も続けることもいといません。こうしたやり方は荒っぽく見えるかもしれませんが、この患者がおいそれとは無視できない状況を創り出してもいるのです。

リチャード：　ぼくが気づいたのは、内的準拠枠が強い人は両極性の反応も強く示すことがあるという点です。

いいところに気がつきました。これは、てことして利用して、「ところで、もちろんあなたのような人は、自分にとって重要な人に同調することで自分の知性を示せるようになることはまずないでしょう」などということもできます。

極端な内的準拠枠と極端な外的準拠枠はとても興味深く、両者を対比すると、有用な特徴を学ぶことができます。もちろん、たいていの人はこの両極端の間のどこかに位置していて、他人の発言に代わる選択肢を生み出すなんらかの方法や、さまざまな選択肢を比較し評価するなんらかの方法を持っています。選択肢の表象の構築にはサブモダリティが使われますが、内的準拠枠、外的準拠枠というのはそのサブモダリティの持つ一機能のことです。クライアントはその表象の調整を試みるよう指示されると、しばしば目標を達成するためのよりよい方法を見つけることができます。

最後に、準拠枠を重ね合わせるもうひとつの方法について注意しておきたいと思います。これは、見てすぐわかるように行なわれることはあまりなく、しかも有用性はぐっと劣ります。外的準拠枠があれば、その中に内的準拠枠を重ね合わせることができるという点です。カルトの指導者の多くは信者になすべきこと指示するので、内的準拠枠があるように見えますが、その内的準拠枠はある外的準拠枠――自分に賛同する信者の大集団を是が非でも獲得したいという欲求――の中に組み込まれたものなのです。この信念体系はきわめて循環的――唯一の重要な特徴は、ほかにも数多くの人々がそれを信じているということ――であるために、非常にもろいものでもあります。信者が去れば、指導者の世界は崩壊します。人民寺院の教祖ジム・ジョーンズはその典型例ですが、ほかにも同様の例がたくさんあります。ＮＬＰの小さな世界にもいくつかあるくらいです。それについて、ピーター・ゴブレンは以下の詩にうまくまとめています。

売人

信奉者を求める人
宣教師
売人
転向を迫る人
天国への道を
見つけたと断言する人に用心せよ。
彼らは言葉を並べ立てながら
疑いには口をつぐんでいるからだ。
彼らはあなたの転向に成功すると
それを寓意として不安な自分の支えにする。

彼らはあなたを説得しながら
自分を納得させようとあがいている。

あなたには自分が必要だといいながら
彼らはあなたを必要としている。
そこには対称性があるが、
彼らはそれをおくびにも出さない。
説教でも
隠し戸のそばの集まりでも。

連中のひとりひとりを疑うと共に
彼らの言葉にも警戒せよ。
というのも、こうしてあなたに忠告するのは
新しい証拠が上がっているからだ。
その証拠によれば、そこに近道はない。
それ以前に、道がない。
そもそも、行き着くべき先がない。

From *Journey Through the Light* © 1973 by Peter Goblen. Koheleth Publishing Co. San Francisco, CA

第八章　批判に対応するときの戦略

ＮＬＰの基本的前提のひとつに、「失敗というようなものはない、フィードバックあるのみ」というのがあります。これはとてもよい考え方で、非常に有益な方向に向いています。しかし、大多数の人にとって、それは気の利いた一文ではあっても、自動的に自分の体験や反応を変えてくれるものではありません。大部分の人（全体の約七割）は、批判されるとすぐにどうしようもない不快感を感じます。そして、正当化したり、良好な状態にアクセスしようとしたり、客観的になろうとしたりすることによって、今自分が掘った感情の穴から抜け出そうとします。しかし、既に悪い状態に陥っていますから、上のようなことをいろいろやってみても、たいていはあまりうまくいきません。そして、その努力のほとんどはよい状態を取りもどすことに向けられるため、普通、批判に含まれているフィードバックの情報を有効に使えません。この情報を有効活用するとしても、通常はずっとあとになってからということになります。

もう一方の極端な反応として、批判されると、ひたすらそれを拒絶する人もいます（たぶん二割ほど）。そういう人たちはどんな不快な感情も抱かないように自分を守りますが、同時に、浴びた批判の一部は正当なフィードバックや有益なフィードバックなのではないかと検討することすらできなくなっています。

さらに、批判されても、すぐには不快感を抱かないでいられる人もいます（一割以下）。そういう人たちは批判の中に有用なフィードバックが含まれているのではないかと入念に調べ、そのフィードバックを生産的に活用して、未来の行動を修正することもできます。

上記の三グループは、もちろん厳密に分類されているわけではありません。心の状態、状況《コンテクスト》、批判者、枠組みなどのありようによって、たぶん自分の生活の中に三パターンのいずれの例も見つけられるでしょう。悪い状態に陥っているときには、まったく当たり障りのない批判にまで不快感を抱くこともあります。また、非常にいい状態のときには、どんなに厳しく批判されても、それを興味深い情報として淡々と処理できることも多いものです。

批判にうまく対応する「達人」がやすやすとそれをやってのけるのは、どのような内的な構造があるからなのでしょう？　数年前わたしたちはこれに興味を持ち、有用なやり方で批判に対応するのを得意とし、それを自分の特徴としている人々をたくさんモデリングをしました。わずかなばらつきはありますが、彼らは皆、同じ基本的な内的方法を使っています。そして、その戦略は、簡単かつ迅速に人に教えることができます。

例

（一九八七年一月のプラクティショナー・サーティフィケイション・トレーニングで、スティーヴは参加者のカールを相手に、この戦略のインストール方法を実演しました。以下は、その一部を編集したものです。二週間後の追跡調査でカールからもらったコメントも収めました。）

これを実演するに当たって、これからわたしたちはふたつのことをします。ひとつは、この戦略そのもののインストールを実演し、枝別れしているさまざまな道をたどってみること。もうひとつは、戦略のインストールをこっそり行なう方法を実演することです。後者は分離体験の状態で行ないます。で、カール、これはきみにとってちょっと変わった体験になります。というのも、きみが分離体験にはさほど関心がないからなんだが、違ったかな？

カール：んー、いや、ぼくは分離体験するの、好きですよ。

分離体験、できますか？（ええ、まあ）そうですか。それはよかった。きみにしてほしいのは、批判とも取れるある種のフィードバックを誰かから受け取ったという状況にいるカールをここら辺に思い描くことです。そのカールがそこら辺にいるのを見るだけでいいんです。どうですか？（カールは少しそり気味になる）その調子です。その方がいい。けっこうです。自分が取りたいと思うだけ距離を取ってみたらいい。なんなら、ここにプレキシグラス〔飛行機の風防や窓に使われるアクリル樹脂〕を一枚置いてもかまいません。（カールは微笑んでうなずく）ああ、あった方がいいんですね？　わかりました。置きましょう。では、この分離体験の状態に留まっていてください。そして、これから、彼がこの戦略を体験していくのを見ます。つまり、あなたはひたすら観察者を努めるわけです。観察者としての役目は、なんらかの問題があそこの彼に持ち上がったら、とにかくそれに注目することです。そうすれば、それをわたしに知らせることができますし、知らせてもらえば、なにか手を打って間違いを正すこともできます。（わかりました）

さあ、これでよし、と。では、きみはひたすらこれを観察していてください。さて、これをフレーミングする方法ですが、もうひとつ、まずはあっちで試しにやってみて、戦略をインストールするのは、それがすべて済んでからというやり方もできます。それはそれでまったく問題ありません。あその彼にはなにもしないのです。これはちょっと詐欺まがいの方法になりますが、「だめだ、ぼくの大脳にちょっかい出さないでくれ」というような警戒心が強い人には本当に役に立つぺてんです。ある意味、エコロジーの問題を処理しないうちはそれをインストールしないというのは、本来の在り方です。ですから、その部分はぺてんではありません。しかし、あちらでそれを体験している自分の様子を見ているとき、きみは自己のメタファーによって内面で学んでいます。つまり、ここにいるきみこそが、批判に応じる新しい反応をこれから学んでいくのです。たった今受けたばかりの批判のことを考えたらやはり面白くはないでしょうからね。違いますか？

カール：（首を横に振り）本当に不愉快です。気にくわない。

けっこう、けっこう。では、あっちの彼を見てください。今すぐにも誰かが批判とも取れることをいいます。そのとき彼がしようとすることは、非常に重要なことです。彼は受けた批判を分離体験します。（わかりました）では、彼を観察しましょう。
カール：　分離体験しながら、分離体験するんですね。
そう、分離体験しながら、です。（はい、わかりました）
これは恐怖症の治療法に少し似ています。恐怖症の治療では、三ヶ所で分離体験しますが、機能は同じです。さあ、これから誰かがカールになにかをいいます。その内容は、創作してもかまいません。そして、向こうにいるあのカールは、それを完全に評価する機会が得られるまで、なんらかの方法でそれを隔離します。（わかりました）さて、隔離する方法はいくつかあります。たとえば、相手の言葉を聞いたら、それが腕を伸ばしたあたりの空間に印刷されていると想像してもいいですし、相手の言葉を聴くには聴くのですが、ずっと離れた位置で聴いてもかまいません。（わかりました）
隔離の方法はいろいろありますから、きみはここで、彼がどうやるかをよく観察するだけです。では、彼が批判を聞く様子を観察してください。それは、彼に関するなんらかの批判です。彼は腕を伸ばしたあたりのところにそれを隔離するなどの処理をします。このあとは、それを分離体験する状態を保ってください。次に、その批判の内容を表わすイメージを創ります。できれば、映画の方がいいです。では、分離体験したまま、その批判の表象を創ってください。（できました）では、つづいて、なんでもいいのですが、彼が同じ状況に関して持っている最善の情報を映画にして、それと先ほどの映画とを比較します。わかりましたか？（ええ）けっこうです。これをするのは、その批判を評価して、「うーむ、これは筋が通っているだろうか？」といえるようにするためです。批判には納得できる余地がありますか？　さあ、カール、彼の様子を見ていて、彼はなにか納得できそうですか？　彼について誰かがそう批判するのは、うなずける話ですか？
カール：　かなり納得がいきます。

わかりました、かなり納得できるのですね。では今度は、その情報に対してどんな反応を示すことにするのか、彼がそれを判断する様子を観察してほしいのです。もしそれが納得できる話だとすれば、彼はそれまで持っていなかったよい情報を手に入れたことになりますよね？（ええ）それなら、彼は「ありがとう」というかもしれないし、「うわぁ、それに気づかせてもらって嬉しいなあ。なにか手を打てるか、考えてみるよ」というかもしれません。ほかにも、いろいろあると思います。

カール：　彼はもう最低の気分は脱しました。つまり――（笑）

うまく段取りをつけた、と。

カール：　とにかく、ずい分気分はよくなりました。

けっこうです。では、最低の気分は脱したので、そこにどんな情報があるにせよ、今はずっとゆったりした気分でそれを役立てられそうだということですね？

カール：　そうです、そのとおりです。かなり落ち着いて、客観的に受け止められるようになっています。

まさしくそれです。ちなみに、それこそが「客観的」というものです。「客観的」というのは、分離体験しているということです。では、観察を続けて、彼がこの状況にどう反応するのがふさわしいと判断していくのか、そのプロセスに注目してください。将来どのように行動を変えるのかという観点から見てください。彼はなんらかの変化を遂げたいと思うかもしれません。どういう反応でも、適切なことであればなんでもかまいません。受け取ったばかりのこの情報に対する反応として、有益なものであれば。……はい、けっこうです。彼は判断のプロセスをたどり終えました。では、批判への対応として今それをするのが適切なら、彼には実際にそれを実行してもらってください。誰かが彼を批判した。そうですね？　ですから、その人物に対して取るべき対応があるなら、それをしてもらってください。たとえば、「これに気づかせてくれてありがとう」とか、「いやはや、大失敗だったなぁ」とか――

カール：ええ、まさにそれです、彼がしたのは！　彼は相手に感謝しています。これまでになかった反応じゃありませんか？　殴り倒す代わりに感謝するなんて。

カール：本当です。彼はこれまでその人に感謝したことなんてありませんでしたから。以前は、その人に対してそれほど腹を立てていたわけではなく、とにかく自分に腹を立てていたんです。（わかります）でも、もう自分に怒りを感じなくてもいいようになりました。批判を学びとして受け入れることができるんですから。

すばらしい。彼がその人物とのやり取りを完全に終えたら、つづいて、きみにしてほしいことがあります。彼が未来ペースの時間を取り、これまでとは違うことを未来で行なう様子を観察してほしいのです。彼は、自分がこれまで見落としていたこと、気づかないでいたこと、おろそかにしていたことなどについて、なにか決断しましたよね。（そのとおりです）新しい行動はどうすれば未来ペースできるでしょうか？　まずは、どんな新しい行動を取るかを決めなくてはならないかもしれません。これまでとは違うどんな行動を未来で取るのかによく注目して、彼がそれを未来ペースする様子を観察してください。具体的に、いつ、どこで、どのようにこれまでとは違う行動を取って、自分の決断を実践するのかに注目することです。これまでの行動の取り方をざっと確認しておくといいかもしれません。「新しい行動を生み出す法」を使っても、ほかのなにを使ってもかまいません。さあ、彼はもうその変化を遂げましたか？（ええ）それはよかった。

カール：ええ、本当に。彼はなんの緊張も感じていません。そもそも今回のことが起きたことをとても喜んでいます。そこから学びを得ているからです。

これはきみの過去の体験とは多少違っていますか？

カール：彼はこれまで一度もそんな体験をしたことがありませんでした。たったの一度も、です。いかにもそんな感じですね（笑）。たった今空から天使が舞い降りたのを見た、という顔をしていますよ。

カール：最高です。実は、設定した状況は家族に関するもので、彼は——それまで家族とうまくいっていなかったんですが、まさにこのおかげで——そう、彼は今、満面の笑みです。

わかりました。では今度は、さっきのとは少し異なるシナリオを体験してもらいます。もう一度ここに彼を思い描いてください。周りにはもう誰もいませんね。（はい）今度現れた相手は、「いやなヤツ」だの「この、ドジ」だのといった非常に漠然とした批判をぶつけてきます。したがって、彼は時間を取って情報を集めなくてはならなくなります——「ドジ」といわれて、そのイメージを創ってみても、自分自身のイメージとは一致しませんからね。でしょう？（笑）ですから、彼は情報を集めなくてはなりません。「あの、もっと話してくれないか？」とか「具体的に、ぼくがどうドジなの？」

など、「この人物は実際にはなににについてコメントしているのか？」について情報が得られるまで、いろいろ訊ねます。

カール：　なにをいおうとしているのか、ですね？

そう、なにをいおうとしているのか、です。彼はこれを礼儀正しく当たり障りのない言い方でいうことができます。なぜなら、実際に——

カール：　彼は分離体験できるからです。

はい、分離体験してください。とにかく情報がほしいんです。そして、その人物が気にしていることを映画にできるくらい情報が集まったら、またこれを最後まで体験します。……次に、その批判が自分にマッチするかどうかをチェックします。

カール：　詳細がわかったあとで？

詳細がわかったあとで、なにかマッチするもの……少しはマッチするものがありましたか？

カール：　ええ。滑稽以外のなにものでもないことですけど。（わかりました）　でも、もし質問をしなかったら、彼はたぶんそれを知ることはなかったと思います。「具体的に、自分のどこがドジなのか」なんて（笑）、昔だったら、訊き返したりはしなかっただろうな。ただ、「そうだ、おれはドジだ」と思っただけかもしれないし、あるいは、「ふざけんな、おまえこそドジだろうが」ってなもんでしょう。

ごもっとも。ふざけんな、もありでしょう。さて、彼を見てください。彼は再び、この人物に対してどんな対応をすべきかを判断するプロセスに入ります。きみはもうこれを済ませてしまったかもしれません。それが済んだら、未来に移ります。これまでと違う行動を取りたいと思う点はありますか？　なにか有益なものはありますか？　ときには、ふざけていただけなんてこともあります。そういう場合は、ちょっとした冗談のやり取りということで、なんの問題にもなりませんし、実際、行動を変える機動力は生まれません。……

では、きみにはもう一度、これまでと同じことをやっていただきたいと思います。今度はいきなり街中で変人が現れて、まったく意味不明な奇妙なコメントをします。（わかりました）そこで、彼はまた訊ねます。「あの、そのこと、もっと説明してくれませんか？」とか、「具体的には、どんなふうに？」といったことを。ところが、返ってくるのは支離滅裂な「言葉のサラダ」だけです。その人物は病院かなにかから出てきたばかりの統合失調症患者なのです。だから、きみが彼のイメージを描いた映画を作り、今起きた出来事について憶えていることを映画にしても、マッチするわけがありません。（それはそうです）したがって、ある時点で、「どうも。でも、もうけっこうです」とか「これで失礼します」などということになります。全力を挙げてその人物がいおうとしたことを理解しようとしても、もし相手の言葉に本物の情報がなにもないとしたら——あるいは、それが相手の内的な空間から出てきた単なる侮辱で、それをはねつけてもなんの問題もないとしたら、きみにとってはまったく——

カール：理解しようと努力する価値がまったくない。

そう、その価値がありません。未来の行動を変えるために利用しようと思う情報がそれにはないのですから。でしょう？

カール：　それから学べることはありません。

そのとおりです。さてさて、今こうして向こうにいるカールがそれをやり終えるのを見ていると、すごく心地よさそうなんですが、どうでしょう？（すごく心地よさそうです）調子もよさそうですか？（よさそうです）どこかになにか問題はありませんか？　なにか調整したいと思うようなことや心配なことはありませんか？……

カール：　ひとつだけ、ちょっと——こうだったらいいなと思うことはあります。ぼくもあそこにいられたらな、って。ぼく、分離体験していたくないんですけど（笑）。

そうですね、それは次のステップです。でも、あちらは順調に進んでいるようですね。でしょ？（まったく問題ありません）けっこうです、よくできました。

はい、では、そろそろ手を伸ばして、向こうの彼に合図をしてください（スティーヴは自分の両腕を伸ばして、それをゆっくり胸元に引き寄せる動作をしてみせる）。徐々に、徐々に、きみのスピードで、彼を自分のところに引き寄せ、最後は完全に自分と一体化させます。（カールは手を伸ばし、向こうのカールを自分の中に引き入れる。彼がそうしている間、数多くの非言語的な変化——呼吸の深まり、顔色の変化など——が現れ、さまざまな感覚とともに強力な統合が行なわれていることが示される）……

数分かけて、完全に中に引き入れてください。……しばらくそのままの状態でいましょう。……（カールが目をこする）どうだい、ちょっとした体験だったろう？（カールがうなずく）こっちに戻ってきてくれて嬉しいよ。満足です。……では少し時間を取り、しばらくそのままの状態で、すべてを落ち着かせてください。好きなだけ時間をかけてかまいません。わたしはグループの皆さんと今のプロセスを検討しますから、きみはしばらくそのままでいてください。

さあ、皆さん、なにか質問はありますか？　必要なら、要点をまとめたプリントを見てください。はい、どうぞ。

ディー：　えーと、わたしが気づかなかったのかもしれませんが、見た限りでは、彼にさせなかったことがひとつありますね。つまり、彼が**心から**大切に思い、尊敬し、称賛しているすごく親密な人が、ひどく品のない無神経で悪意に満ちたことを彼にいったというケースです。

小グループに分かれたとき、きみは必ずそれをしてもらってください（笑）。

ディー：　わかりました。で、つまり、どうでもいい人がやって来てとやかくいっても、「そんなの、どうだっていいじゃない」っていえば（肩をすくめる）済むってことなんです。でも、大切に思っている人からそうされたら、そんなに簡単にはいきません。確かに違います。ところで、実際のところ、カールは家族の誰かを取り上げていましたよ――

カール：　最初にやったのがそうです。

つまり、今指摘のあったようなことを最初にしたわけです。

カール：　というのも、ぼくとしてはそれが一番つらいことで――いや、一番つらかったことで、ぼくは自分を批判した人物に対して腹を立てていませんでした。思いどおりにそれに対応できない自分自身に腹を立てていたんです。それに、ぼくの家族に関する限り、そもそも家族がぼくを愛してくれているのはわかっているし、家族にしてみれば、批判は建設的なことなんです。ぼくがそんなふうに批判を受け止めていたっていうことですけどね。ただ、ぼくはつい自分のしていたことについて後知恵を働かせて批判し、自動的に、「そうだ、ぼくはこういうダメなやつなんだ」と思ってしまっていいました。つまり、家族がよかれと思ってそうしていることはわかっていて、自分がそれにどう対応するかということだけだったんです。それが、分離体験して、さらに分離体験している自分を見ることができて――

ディー：よくわかりました。でも、もし家族のいったことが、たとえば、あなたにはまったく正当な根拠がないと思えた場合にも、さっきいっていたように「ああ、そうだ、確かにそのとおりだってわかる」と感じたでしょうか？　家族にとっては正当な根拠があったかもしれないし、家族はそう思ったのかもしれない、でも、あなたにはそれが事実だという実感がまったくないとしたら、それでも同じように感じていたでしょうか？

カール：さっきはああいう形で観察していたからかなぁ？　うん、そうだ。ぼくは保護されているんだ。以前は、グサッとここにきていました（胸の中央を指す）。でも、家族のいっていることをイメージ上で見て、それを分離体験できると、ちょうど一〇分間恐怖症治療のように、なにかを体験しても、それから距離を取っていられるようになるんです。そうすると、実体験しないで済むし、そのことでひどい気分にならずに済みます。（それを生理的に理解するんです）そのとおりです。なんなら、今すぐ、なんでもいいからいってみてください。テストしてみましょう。

ディー：いいえ、あなたに失礼なことをいおうと思っても、なにもありません。

わたしはこれまでこの方法を何度も教えてきましたが、きみは本当に飲み込みが悪いなぁ。（カールが顔を上げて微笑む）今のは、テストをしたんです。こういうのを、テストっていうんでしょ？

ディー：　彼にはすごく人の心を動かすものがあると思いました。とてもじーんとしました。

問題になっている状況があると、いつもそれでイライラしたりするものですが、ディー、この方法を最初にやってみる材料としてそういうものを使うのはお勧めしません。車の運転を覚えたてのときに、車に乗り込んでいきなりル・マンに出たり、デイトナ・ビーチの競走場に行ったりはしないからです。最初は、できれば未舗装の道路とかサッカー場とかそんなところで練習したいものです。でも、どうしても受け入れがたい批判があれば、ぜひなんにでもこれを使ってください。相手は、上司だろうと配偶者だろうと子供だろうとかまいません。といっても、さまざまな段階をスムーズにこなせるようになったあとで、活用してくださいね。さもないと、ある段階で行き詰まり、全体が破綻してしまうかもしれませんから。テストも必ずしてください。それから、あなたのコメントの意図だと思う点についてては、わたしも同意見です。先ほどの「あることではうまくいっても、本当につらいことについてはどうですか？」という質問の意図のことです。ぜひ難しい問題にもこの方法を使ってください。システムをしっかりインストールできていれば、難しい問題にも効果があります。この方法では――ちょうど一〇分間恐怖症治療のように――確実に分離体験を使うので、すべてが向こうの離れたところで展開するのを眺められるからです。この方法のすばらしい点のひとつは、もし向こうにいるあなたが「ふざけんな！」といっても――

カール：　それから守られている、ってこと。

そうです、守られています。ただそれを見て、見たあとはその映画のバックアップを取って「わかった」といい、なんらかの調整を行なったら、もう一度ざっと調べてください。そうすれば――

カール：　完全にコントロールできるようになります、たとえなにが起きても。

追跡調査のインタビュー

あれから約二週間ですね。皆さんに近況を話してください。

カール：　実は、批判に対応する戦略をインストールしたあと、この場にいるふたりが――いきなり――ぼくに近づいてきて、ぼくのことをバカだのなんだのいって笑い始めたんです。ふたりはただテストしようとしたわけですが――

つまり、あまりいいテストではなかったんですね？

カール：　ええ。やはり、現実の世界でちゃんとテストをする必要がありました。で、ぼくの仕事なんですが、以前はまったく気づいていなかったことがありました。ぼくは顧客の家に行って、会社が設置した設備を取りはずす仕事をしています。設備を取りはずせば、壁やらなにやらにたくさん穴が残りますが、当然そういうものに対しては、こちらは責任を取らないという契約を最初に交わしています。でも、その場の責任者はぼくで、お客はこのぼくにガミガミ文句をいうわけです。ぼくは自分がそれに悩まされている――無意識のうちに、ですよ――とは、それまでまったく認識していませんでした。でも、この二週間に何度かそういうことがあったとき、ぼくは自動的に一歩下がりました。それを思い出しているので、今一歩下がっていますが――。で、最初にそれが起きたときは、一歩下がるのを意識しました。それから事態を観察し、それに価値があるかどうかを判断して、その後もその位置から行動しました。このプロセスは、回数を重ねるほど、速く進行するようになりました。だから、いっしょに来ている同僚はひたすら作業に取り組めて、ぼくにとって実にすばらしい状況になりました。というわけで、ぼくはほとんどリフレーミングしっ放しでした。そうですね、ちょうど、「おい、その調子でがんばれよ！　これはすごいぞ」という感じでした。

多ければ多いほどよし、と。（ええ）それが、この方法の働き方なんです。この方法のようなシステムを新しくインストールしたときは、稼動させればさせるだけ、自動化が進みます。ところで、さっき、「一歩下がるの意識しました」といいましたね。それに**気づいて**意識したということですね？（そのとおりです）意識的にその動作をしようと思ったということではありませんね？

カール：違います、違います。ひとりでにそうなったんです。ぼくはよく車を運転するのですが、運転中に二、三度もう少しで人を轢き殺しそうになったことがあります。そのときにも、これがとても役立ちました（笑）。特に以前は、ほら例の調子で、「あーあ、おれって運転へたくそだなあ」と思うことがしょっちゅうありましたが、こうして保証つきなら、「うん、まあ、次はもうちょっとましな運転をしなくちゃな」ってなもんです。

いいでしょう。どうもきみの運転の質を落としてしまったようで、一瞬ちょっと心配になりましたが。

カール：そうそう、昨日は最高のテストを受けた気がします。髪をカットしてもらって、それがけっこう気に入ったので、なかなかかっこいいぞと思いながら、ちょっと実家へ寄りました。いえ、実家に住んでいるわけじゃなくて、昨日はちょっと両親の顔を見に行ったんです。そして、「母さん、見てよ、髪をカットしてもらったんだ」といいました。すると母はぼくを見て、「もういっぺんもどったら?」というんです。つまり、実家にもどってこいという意味です。だって、カットし残した部分なんてありませんから。で、母は本気です、「もういっぺんもどったら?」って。だから、即、一歩下がりました。「これって、召喚?」「まさか」いや、実に強力でした。母と接したときも――家族との場でも――心積もりしていたわけではなく、まったく無意識のうちに作動し、しかも本当に強力でした。ということで、ぼくのケースは大成功です。

わかりました。本当にありがとう。

カール：ありがとうございました。

（あれから八ヶ月が過ぎましたが、カールは今も批判にうまく対応しつづけています）

戦略の復習

1. 分離体験の状態で戦略をインストールする　「アン、あなたの正面向こうにいるあなた自身を見てください。あのアンは批判に対応する新しい方法を学ぼうとしています」分離体験の状態を維持するためにすべきだと思うことはなんでもしてください。「向こうのアンとは、好きなだけ距離を取ってかまわないし、彼女を白黒にしてもかまいません。観察者としてここに留まるのに役立つと思うなら、自分の前にプレキシグラスのバリアを置いてもかまいません」

その距離や分離体験の状態を保つために、常に「彼女」「向こう」などの代名詞や場所を表わす言葉を使ってください。また、必ず分離体験を示す非言語的な表現も観察してください。カールは最初にここに出てきたとき、向こうの方に自分の姿を見始めると、やがて肩と頭を引いてそり気味になりました。これは、彼が完全な分離体験の状態に近づいていたことをよく示しています。このように、分離体験をしているときは実体験をしているときとは違って見えますので、それを確認してください。

聴覚を使って分離体験をする方がいいという人も、わずかながらいます。たとえば、空間の別の場所に置いたテープレコーダーから流れてくる自分の声を聴く、というようなやり方をします。また、非常にまれですが、触運動覚を使う人もいて、そういう人たちは、空間の別の場所にいる自分自身を指先で感じる、というようなやり方をします。意識的に視覚化できない人には、「アズ・イフ・フレーム」や催眠言語を使うこともできます。「向こうに自分自身が見えるふりをしてください」、「プレキシグラスの盾の陰にいるのを感じ取ってください」など。

2. 批判を分離体験する　「向こうにいるあのアンはこれから批判されます。彼女はすぐにその批判を分離体験するので、その様子を観察してください。耳もよく澄ましていてください」　これは、さまざまな方法を使って行なうことができます。ひとつは、向こうにいるあのアンが批判される自分の様子を見るという方法。もうひとつは、あのアンが、その腕を伸ばしたあたりの空間に批判の言葉を印刷するか、身体の一歩外へ出て、批判を受ける自分の様子を見るかするという方法です。単純な分離体験だけでは正面のアンをリソースに満ちた状態にしておけない場合は、ほかにそれを補助できるようなサブモダリティの変更を使ってみてください。あのアンに、批判されている分離体験のイメージを小さくさせたり、遠ざけさせたり、透明にさせたり、ぼんやりさせたりします。そのほかにも、彼女の反応を充分に減少させられるサブモダリティの変更なら、どんなことをさせてもかまいません。

分離体験することによって、非常に多くの人がすぐに感じる不快な感情を回避することができますし、次の段階に進むための客観的な視点を手に入れることもできます。

3. 批判の内容を分離体験の表象で表わす　**「批判された内容を映画にしているアンを観察してください」**　向こうのアンはここでもリソースに満ちた状態を保つために、その表象を小さくしたり遠ざけたりすることができます。自分がやった「ひどいこと」をとてつもなく大きく明るいイメージに描き、それをごく間近に置くような人がいますが、そんなふうにすると、リソースに満ちた状態を保つのは非常に困難になります。充分な距離を取るなりなんなりして、はっきり見えるけれども落ち着いていられるようにしましょう。

批判を評価できるようになるには、それ以前にその内容を**理解する**必要があります。相手はなにをいおうとしているのか、です。もし「あなた、二〇分の遅刻よ。もう走っていくか、映画に遅れて行くかしかないわ」といわれれば、その情報について、かなり詳細な内的表象を主な代表システムすべてにおいて簡単に描けます。

しかし、批判というのは漠然としていて、よく理解できないことも多いものです。もし「あなたはバカよ」とか「あなたって軽率ね」などといわれれば、アンは批判者のいおうとしていることを正確に理解するために、具体的な情報をもっと集めなくてはなりません。追加の情報を求め始める前に、相手になんらかの形でペース合わせをすると必ず役立ちます。「あなたがわたしのことをバカだと思ってるなんて、わたし、気になるわ」、「正直にそういってくれて、ありがとう」、「混乱させてしまって、悪かったわ」など。こうしてペース合わせをしてから、「具体的にどんな軽率なことを、わたしはしたの？」などと訊ねます。

「あのアンが情報を集めつづけ、最終的には、主な代表システムにおけるその批判の表象を明快かつ詳細なものにするのを観察してください」

4．必要に応じて情報を集め、批判を評価する　「アンは受けた批判の表象と、その状況に関する入手済みの他の情報すべてとを比較し、それらがマッチするものか、ミスマッチするものかを判断しようとしています。そのアンを観察してください」これを行なうときのもっとも簡単でもっとも直接的なやり方は、アンに記憶している出来事の映画を再上映させて、それらと批判の映画とを比較させることです。批判者の観点、観察者の観点、別の関係者の観点を含め、さまざまな観点から出来事の映画を上映することもできます。ほかの観察者からコメントをもらえれば、その批判に正当で有益な情報が含まれているかどうかを評価するのに、それらを役立てることもできるでしょう。

こうしたことを行なってみて、記憶と批判の間に完全なミスマッチがある場合は、ステップ2へもどり、その批判に関する情報をさらに集めなくてはなりません。たとえば、「叫んでいた」とか「どなり散らしていた」という批判があったとき、批判者は彼女の声の大きさと高さが一割増しになっていたといいたかったとします。批判者は虐待を受けた過去があるために、こうした状況に強い影響を受けるのですが、そういった事情を彼女が理解していなかったということがあるかもしれません。

情報収集を繰り返しても相変わらず完全なミスマッチがある場合は、単に意見の相違だと結論する潮時でしょう。批判者は幻覚を感じていたのかもしれませんし、あるいは、なんらかの形で内的に体験を創り出していたのかもしれません。そういう人のコメントは実はアンに対するコメントではなく、その人自身やその人の過去などについての批判です。もちろん、アンが相手のいっていることについて忘れているのかもしれませんし、彼女の観点が相手の観点と違いすぎているために、相手を理解する方法をまだ見つけていないのかもしれません。理解するためにワークを続ける価値があるかどうかは、状況次第です。

通常、アンの表象と批判者の表象との間には、少なくともいくらかはマッチするものがあるはずです。もしそうなら、アンはマッチする部分については認め、まだ理解できない部分についてはさらに情報を求めればいいのです。

ふたつの表象が完全にマッチする場合は、以下のようにいっているのと同じことです。彼女の最良の情報——これはあればあるだけよい！——によれば、その批判は正確なフィードバックであり、それについて知ることができたのは彼女にとって有益なことである、と。

5. 対応を決定する　「アンが自分のしようと思うことを決定する様子を観察してください」

これまでは、アンは批判者に対してペース合わせをし、情報を集めてきただけです。いよいよ対応するときが来ました。たとえ「この点に気づかせてくれてありがとう。それについては真剣に考えなくてはならないと思う」というような、なんにでも間に合う対応しかしないとしても、対応はしなくてはなりません。アンの対応は、アンがどういう人間か——その目標、判定基準、価値観——によっても、状況や批判そのものによっても変わってきます。謝りたいと思うかもしれません。自分のしたことを償うために損害賠償のようなものまで申し出るかもしれません。逆に、批判者を困らせようと思えば、ただ「察してもらえたんですね」というだけにしておくといいかもしれません。完全なミスマッチがある場合は、「それはわたしが記憶していることとまったく一致しません」と返答するだけでいいでしょう。相手の見解が彼女の行動を解釈した結果として出てきた可能性がある場合は、「それはわたしが伝えたかったことではありませんが、あなたがそう解釈した理由は理解できます。わたしはYをするつもりだったのです」といって、誤解を解きましょう。

「アンが自分の選んだ対応を実行する様子を観察してください」

6．未来の行動の変更を検討する　「向こうのアンに、『この批判から得た情報を活用して、未来では別の行動を取りたいですか？』と訊ねてください」取りたいという返事が返ってきたら、アンが新しい行動を選択し、それを未来ペースするところを観察してください。

ステップ5では、アンが「現時点」で批判者に対応するところを観察しました。ここでは、未来に批判者や他者から別の反応を得るために、自分の行動を調整するかどうかをアンが判断しますので、その様子を観察します。未来には変わりたいと思うなら、今こそ、新しい行動を選ぶなり創造するなりして、それらを適切な状況で未来ペースするときです。今はその時間がないという場合は、少しだけ時間を取って変えたいと思うことを慎重に記録し、時間に余裕のある具体的なときと場所でそれを実行するようにプログラムを組みます。これは、もっと完全にそれを実行できるときに対する未来ペースのプロセスを未来ペースしているのです。

7．繰り返す　この戦略は二度、三度と繰り返すと役に立ちます。各リハーサルでは、前回使わなかった戦略の主要選択要素を複数使うようにしてください。たとえば、最初に例として使った批判が具体的で詳細なものだったら、次に取り上げる批判は漠然としたものにします。アンの場合でいえば、批判の表象を作成するために情報を集めなくてはならなくなるようなものにします。「向こうのアンは別の状況で批判を受けることになります。様子を観察してください。今度の批判は非常に漠然としているため、アンは批判者の意図に関して詳細な情報を集めなくてはなりません。この状況でアンが手順をたどる様子を注意深く観察し、耳もよく傾けましょう」主要選択要素は、以下のとおりです。

a．批判が漠然としている場合の情報収集
b．批判と、同じ出来事に関する自分自身の表象とを比較したときのマッチ、もしくは、ミスマッチ
c．目下の状況における対応の決定
d．未来に備えて新しい行動を選択し未来ペースするための、批判の中の情報活用

新しい戦略をインストールするには、通常、リハーサルは三回もすれば充分です。戦略がインストールされたと思ったら、テストをします。「批判に対応するためのこの方法を充分に理解し、この先いつ批判を受けても無意識のうちにこれを使えるようになったかどうか、アンに訊ねてください」もし返事が「ノー」だったら、どんな理解が欠けているのかを特定して、それを調整するなり、もう二、三回手順を繰り返して、その様子を観察するなりします。

8．この戦略を学んだ自分のパートを再び実体験する。いよいよ分離体験していた自己を再び実体験し、その戦略を組み入れるときが来ました。「あなたの一パートは、有益なやり方で批判に対応する

新しい方法を身につけました。ここまではその様子をただ観察していただけですが、ここでそのパートに対し、こうしてあなたの特別なリソースとなってくれることを感謝してください。……さあ、実際にあなたの手と腕を差し出してあのアンを抱きしめ、彼女をそっと自分の中にもどしましょう。好きなだけ時間をかけてかまいません。それが済めば、未来で批判を受けたことに気づいたときには、いつでもそのすべての学びをすみやかに、かつ無意識のうちに役立てられるようになります」

ＮＬＰのいずれのテクニックについてもいえることですが、この戦略の場合も、途中で発生する可能性のある異議にはすべて敏感に反応し、それぞれに応じて行動を適応させていってください。

インストール

自分に向けられた批判について考え、その内容を使って戦略の手順を踏んでいくところを想像すれば、分離体験のリハーサルを通じてその戦略をインストールすることができます。自分の生活に登場する人々が異なる状況で個々に発する批判の中から、異なる種類のものを数例取り上げ、それらを使ってこの戦略のプロセスを繰り返すと、戦略に含まれるすべての要素を一般化して使えるようになるので、戦略は非常にスムースに、かつ自動的に作動するようになります。この戦略は自分で自分にインストールできますが、批判されるといきなり「病的に」反応する人も非常に多いので、インストールするときには誰かに手伝ってもらって分離体験を確実に行ない、その人には全体の誘導もしてもらうと非常にうまくいきます。

◎要点

1. 分離体験の状態で戦略をインストールする。
2. 批判を分離体験する。
3. 批判の内容を分離体験の表象で表わす。
4. 必要に応じて情報を集め、批判を評価する。
5. 対応を決定する。
6. 未来の行動の変更を検討する。
7. 繰り返す。
8. この戦略を学んだ自分のパートを再び実体験する。

▼テストする

優れたＮＬＰのワークでは、有益な変化が発生したことを確認するために、介入の前後に必ずテストを行ないます。ここでは、クライアントがこれまでは批判に対して実用性のない反応を示してきたということが前提となっています。行動を使ってテストをするのが常にベストなので、「もう何人にもこの方法を教えてきましたが、もっともばかげた質問をしたのは間違いなくあなたです」などといいながら、この台詞と一致する非言語的でアナログな動作も添え、相手の反応を観察するというやり方で、テストをしてもかまいません。前に問題になったさまざまなコンテクスト（人、場所、状況など）の中から主なものを取り上げて、クライアントに想像してもらうという形でテストし、この新しいスキルが完全に一般化されているのを確認するというのも役立ちます。

討論

批判を客観的に評価し、内的に一致した状態でそれに対応する優れた方法は、ほとんどの人が持っていないため、この戦略はたいていのクライアントにとってたいへん有益なものになるとわたしたちは思っています。わたしたちからこの戦略を学んだ人たちは、これを人に教えるのも簡単だったと報告してきています。つまり、作用するのはパターンそのものであり、変化は、特定の個人的な流儀やカリスマ性、偶然の出来事のおかげで起きるわけではないということです。わたしたちの教え子の中には、この戦略の有用性ゆえに、すべてのクライアントに必ずこれをインストールすることにしている者もいます。この方法を人に教えるとき実際にインストールしているのは、ひとつの内的準拠枠、つまり、外的なフィードバックに心を開きながらも、自分自身の内的評価をより重視する方法です。なにか質問はありますか？

ジョアン：　先ほどは、分離体験を二重に使って、この戦略を教えていました。そのあとで例のパートを自分の中にもどしています。では、実際に批判されたときは、分離体験は一回するのでしょうか？　それとも二回するのでしょうか？

一回するだけです。戦略を学ぶときに使った最初の分離体験は既に再統合していますから。

マーク：　この戦略を過去で発生させる方法について、なにかヒントをいただけますか？　昔の批判をいまだに引きずって苦しんでいるあるクライアントのことが頭に浮かびましたので。

さっきは現時点での批判を使いましたが、過去についても同じことができます。かつて自分がひどい打撃を受けた批判のことを考え、その批判を受けようとしている自分を向こうの方に思い描きます。そうしてこの戦略の手順をすべてたどれば、この戦略と自分史を変える方法とを効果的に結びつけることになります。この戦略を使ってややこしい過去の人間関係を見直し、そこから学びを得た人もいます。情報を収集しているとき、学び取った重要な事柄に深く心を打たれ、なにかを決意したり安堵を感じたりすることがよくあります。この種の情報は、持続している人間関係に対して癒し効果を持つこともあります。

シルヴィア：　わたしは人からの批判にはあまり煩わされないのですが、しょっちゅう自分で自分を批判します。わたしはほかの誰よりも自分に対して批判的なんです。これにはどう対処したらいいのでしょうか？

内的な声や自分自身を批判するどんなパートに対しても、同じ戦略を使うことができます。とにかくその声を分離体験することです。それから、ひとつ、すばらしいやり方を教えましょう。頭の中のどこにその声が聞こえますか？

シルヴィア：　頭の中のどこにその声が聞こえるか、ですか？　なんて地理的な――

ええ、そうです。この辺（右を指す）で聞こえますか？　それともこっち（左を指す）？　あるいはここ（頭頂を指す）？　でなければ頭の中心部分とか……？

シルヴィア：　頭の左側で聞こえることが多いです。

今その声を聞くことはできますか？　その声がなにか批判的なことをあなたにいっているところを

想像してください。その声はどんなことをいうのでしょう？　「あれのできは今いちだった」とか――

シルヴィア：　ええ。「なんてくだらないこと、するのよ」とか。

なるほど、「なんてくだらないこと、するのよ」ですか。では、その声が左足の親指から響いてくるのを聞いてください。……（笑）　そうすると、まったく違いますよね？

シルヴィア：　ええ、確かに。

こうすると、距離ができます。つまり、聴覚による分離体験です。こういうふうにしてから、その内的な批判の声に同じ戦略を使えばいいのです。

ビル：　これをインストールをしているときは、次に来るのが批判だと前もって警告されていますから、盾も事前に用意できます。でも、現実はそういうわけにはいきません。まず不愉快になって、それから「あ、今、批判されたんだ」と気づいたときには、既にナイフが刺さっているんじゃないでしょうか？

これが問題になったことは一度もありません。もしそれが問題だと思うのなら、少し時間を取って、批判に対する「早期警告システム」を決めてください。あなたは誰かが自分のことについてなにかをいおうとしているのをどうやって知りますか？　戦略をインストールするための開始の合図として、それを使ってください。お訊ねになったことは論理的にありえることですが、この戦略のインストールにおいて実際的な問題になったことは一度もありません。

サリー：　誰かがあなたに関する批判を別の人に話し、その人を介して批判が入ってきたというような場合、この戦略を使えますか？

もちろんです。入力チャネルは問題になりません。電話で批判されたり、文書で批判されたり、あるいはどんな方法で批判されたとしても、同じ戦略を使えます。入力は完全に非言語的に行なわれることもありえます。「不愉快」そうな表情をしたり、ため息をついたり、「うんざりした」顔でぷいっと横を向いたり、など。絶対確実にしたいなら、各リハーサルで異なる入力チャネルを使い、異なる入力方法に対する一般化をクライアントにさせてもかまいません。

愚痴をこぼす人はほとんどいませんが、批判に弱いのと同様、お世辞にも弱い人がたくさんいることにわたしたちは気づいています。人はほめ言葉に乗せられてご機嫌になり、それに甘えてしまったり、修正が必要な問題行動に目をつぶってしまったりすることがあります。運勢入りクッキーの中に入っているパラドックス・メッセージの中でわたしたちが気に入っているのは、「あなたは頭がよすぎて、おべっかが通用しません」というものです（笑）。ほめ言葉は慎重に評価しないと、真実でない自分の姿を簡単に信じてしまいます。お世辞をいわれて自己欺瞞に陥っている人はフィードバックに対して心を開きにくく、いよいよ目をそらすわけにはいかなくなったとき、かえってひどい打撃を受けるのが普通です。自分の行動と他者の批判との間のミスマッチを調整しなくてはならないだけでなく、自分の行動と自分自身の思い込みとの間のミスマッチも調整しなくてはなりません。批判やおべっかを評価する方法を持たない人はどうしても批判的な人を避け、お世辞しかいわない人を回りに置くようになったりします。その結果、短期的には人生が楽しくなりますが、その一方で数多くの有益な情報を見逃し、たいていは、遅かれ早かれいい気になりすぎて拒否されるという事態に見舞われます。

この戦略は、**ほめ言葉**を評価してから対応したいと思っている人にも同じように役立ちます。プロセスを開始する最初の手がかりの描き方に少し変更を加えるだけで使えます。「批判を分離体験する」という代わりに、「ほめ言葉か批判かに関わらず、自分自身や自分の行動についてのコメントは**どんなものも**分離体験する」という言い方をします。あとひとつ追加しなくてはならないのは、本音だと評価したほめ言葉は確実に実体験するよう、はっきり指示することです。そうすれば、それらを完全に楽しむことができます。

この方法を教えることによって、非常に生成的な結果がひとつ得られます。それは、この方法を学んだ人たちが内的準拠枠を大幅に増やしつつ、同時に外的な情報源から得られる情報に対してこれまでよりずっと心を開く方向に変化していくということです。あらゆる情報源に心を開きながらも、自分自身の価値観や目標、判定基準に則って決定を下せるというのは、世界の在り方として考えうる最上の在り方です。

第九章　触運動覚の状態にアクセスする*

（*）わたしたちはこの方法をリチャード・バンドラーから学んだ。バンドラーは、最初にこれを開発したのはＮＬＰ南部協会会長エド・リースだとしている。わたしたちは状態の再設計に関する部分を発展させてきた。

本章では、触運動覚のリソース状態に深く強力にアクセスする非常に簡単な方法を教えたいと思います。この方法が特に役立つのは、薬物を摂取した状態にアクセスするときです。気晴らしのための麻薬を試したことのある人なら、費用や法律、正常な状態に簡単には戻れないという事実など、薬物には望ましくない結果が伴うことを知っています。薬物は人がさまざまな状態に入るのにたいへん役立ちますが、人はいったんそういう状態に入ってしまうと、なかなか元にもどれません。ときには車を運転して帰宅したり、現実の世界とのコンタクトが必要なことをしたりしなくてはならなくなりますが、薬物を摂取した状態ではしばしばそれをするのが難しくなります。

薬物を使わないで精神的にそういう状態に入ることができれば、その状態から出たいときにはいつでも出られ、数多くの望ましくない結果も発生しないという点で有利です。薬物を摂取した状態になるコンテクストは簡単に設定できるので、生活の他の部分を損なうことはありません。この方法を薬物乱用者に教えれば、彼らはそれを使うことによって、望ましくない結果を発生させることなく、薬物状態に存在するリソースに到達することができるようになります。

この方法はさまざまな形で医学や歯学に応用することができ、特に「疼痛緩和」に役立ちます。医学は驚嘆すべき科学であり、数多くのすばらしいことを行ないますが、どんな薬物にも必ず副作用があります。薬物の中には、特に長期間あるいは大量に摂取した場合、非常に強い副作用が発生するものもありますし、人によっては、特定の薬物に対して過敏症状やアレルギー症状を発症することもあります。

この方法は基本的に、体験を充分に小さくチャンク・ダウンすればなんでも簡単にできるという原則を適用しています。これに関する実例で――あまりに奇妙だという理由で――わたしたちが気に入っているのは、『ギネスブック』に載るために自転車を食べることにした男性の話です。この男性は一台の自転車を非常に小さなかけらに挽き砕き、約三ヶ月余をかけて実際に一台分を食べてしまいました。きっと皆さんなら、チャンキングの原則のもっと有益な使い方を考えるとは思いますが、これは確かに印象に残る利用法です。(笑)

体験を充分に小さくチャンク・ダウンすれば、簡単に状態を変化させることができます。NLPでできるもっとも強力なことのひとつは、移行状態を見つけることです。誰でもその時々によって、すばらしい状態にもなれば最悪の状態にもなります。問題は、「どのように一方から他方に移行するのか？」です。落ち込んでいるときには、幸せな状態を思い出すことはできますが、その状態になるのは困難です。現在の状態とは異なる状態があることを知るだけでは充分でないことがよくあります。**その状態に到達する方法**を知らなくてはなりません。多くの人々が空中楼閣を築きます。ＮＬＰはそこに至る階段を築くことを任務としてきました。ＮＬＰは皆さんをそこへ到達させるテクノロジーです。

向精神薬は意識を変容状態に到達させる非常に強力な手段です。ＬＳＤを服用した人々はまったく異なる現実に入りました。そうした現実の中には、有益なものも、そうでないものもありました。けれども彼らには概して自分でその状態に達する方法はありませんでした。自分の学び、すなわち薬物状態で得た体験と、自分の普段の生活とを結びつける方法はないのが普通でした。その結果、多くがさまざまな薬物を、生理的にではないにしても心理的に常用するようになりました。

実演をする前に、もうひとついっておきたいことがあります。この方法には、薬物状態に入ったときの記憶をいくらかでも持っていることが必要になります。薬物状態に入ったときなにが起きたか、あまりよく憶えていないとしたら、この方法を使うのは少し難しくなるでしょう。しかし、最初はそうは思わないとしても、実際のところ、たいていの人にはこれに関する充分な記憶があります。

では、これからその方法を実演しましょう。どなたか、薬物状態にアクセスしたい人はいますか？薬物そのものについてはなにもいう必要はありません。

顕在化の実演

1．触運動覚が捉えた感覚の配列《シーケンス》

最初のステップでは、**薬物が効き始めるにつれて**発生した触運動覚の感覚を見つけます。スタン、きみには、その状態に入っていきながら、見つけた感覚をかなり小さなかけら、あるいは段階にチャンク・ダウンしてもらいたいのです。たとえば、身体のどこかにちょっとしたのぼせ、うずき、弛緩を感じたりするかもしれません。そうして発生した感覚の配列《シーケンス》を把握してください。一例を挙げましょう。いきなり全身がかっと熱くなったとします。しかし、よく調べてみると、それはある部位で発生し、その後、段階を追ってほかの部位に広がっていったというようなことです。

スタン：　どの薬物を使うか決めかねています。

そうですね、なんでもかまいません、ひとつ選んでください。やり方を覚えてしまえば、残りの薬物に同じプロセスを使うことができますから。方法を学ぶには、どの薬物を取り上げようとまったく関係ありません。

スタン：　わかりました。最初に頭に浮かんだのは、脳幹の一番上に感じた温かさ、軽さ……本当に穏やかで心地よい酔い、振動です。

これは実際のところ、聴覚が捉えた振動ではなくて、触運動覚の振動ですね？　それをさらにチャンク・ダウンしていったとしたら、今いったいくつかの事柄にはなんらかの**シーケンス**がありますか？　まず温かさが来て、次に振動、というような――

スタン：　実際には軽さが最初に来ているような気がします。……次に温かさ、それから振動です。そうした感覚はすべて同じ部位にありますか？

スタン：　はい、基本的には……次に来るのは、窮屈な感じというか——思いつくのは仮面かな。強盗が目を覆うためにつける仮面です。……（スタンの声が非常にゆっくりになる）　その次は、上くちびるの内側が軽くうずいて……

情報を集めている最中には、当然ながら、その状態にアクセスし始めて「どこかへ行ってしまう」気配が強く現れます。だから、皆さんの中には笑っている人がいるんです。スタンの目が陶酔してボーッとなり、身体が傾いて椅子から落ちそうになっているのに気づいたから笑っているんです。さて、スタン、次はなんですか？　ここにもどってきて、わたしたちとコミュニケーションを取ってくださ い。

スタン：　みぞおちのあたりに……興奮というか恐怖というか、そんなものがあります。それがどんな身体的感覚なのか、今突きとめようとしているところです。

「興奮」「恐怖」というのは、感覚を**評価して**分類する表現です。温かさ、うずき、軽さ、重さ、窮屈さというような言葉を使ってその感覚を描写してください。評価する言葉ではなく、**描写する**言葉を使ってください。

スタン：　その感覚は実際にはみぞおちより少し上にあります。食道のあたりに温かさのようなものがあって、赤い感じです（正中線に沿って、胸の上部から下部を指す）。

つまり、首の近くで始まって、下へ向かっているのですね。ほかになにかありますか？　リストには既にいろいろ挙がっています。もうかなりしっかりその状態に入り込んでいますね？

スタン：　はい。

感覚の推移を追うために、リストに挙がったものを任意で六つに分け番号を振りましょう。さて、もう一度列挙してもらいますが、これには理由がふたつあります。ひとつは、それを再検討して、スムースに流れるシークエンスにするためです。もうひとつは、ほかに見落としているものがないか注意してほしいからです。以下は、正しいシークエンスですか？　1．脳幹に感じる軽さ　2．温かさ　3．振動　4．強盗の仮面、目の周りの窮屈さ　5．くちびるのうずき　6．正中線上（喉からみぞおちまで）の温かさ。今度は、自分でそれをたどってください。最後まできちんとたどれるように、わたしが順を追って声をかける方がいいですか？　その方が簡単にできますか？

スタン：　今、たどり終わりました。たどりながら、それらを順に見きわめました。

けっこうです。皆さん、彼の顔に赤味が差しているのに注目してください。わたしたちは彼の内的な体験に興味がありますが、こうした外観から、このシークエンスが変容状態へのアクセスに役立っていることがよくわかります。このやり方について、なにか質問はありますか？　必要なのは、チャンク・ダウンした具体的な触運動覚の感覚から成るシークエンスです。相手が「不安」「恐怖」「興奮」などといった二次的な評価の言葉を挙げても、それは必要ありません。必要なのは一次的な感覚であり、「温かさ」「うずき」「軽さ」「重さ」「広がる感じ」「輝く感じ」など、触運動覚の感覚体験を描写するのにふさわしい言葉です。薬物は一般的に生理に直接働きかけるので、必ず触運動覚のシークエンスがあると思ってけっこうです。薬物による体験は、その薬物が神経系や内分泌系、その他もろもろにもたらした作用の結果生じます。

2. その他のサブモダリティの変化

スタンが薬物状態に入るときの触運動覚の変化が明らかになったので、次は、こうした触運動覚の変化に伴ってほかになにかサブモダリティが変わっていないかどうかを調べます。

スタン、先ほど特定した段階をたどり、視覚や聴覚など、ほかの代表システムでサブモダリティになにか変化が生じていないか、調べてください。脳幹に感じた軽さや温かさ、振動の感覚をもう一度味わってみると、きみの聴覚にはなにか変化がありますか？ 見るものになにか変化が生じますか？ 目は開いていていても閉じていてもかまいません。サブモダリティに、なにかほかの変化が生じたのを感じますか？

スタン：　聴覚が変わります。鋭敏さが増したといおうと思っていました。エアコンのノイズがいつもよりずっと気になるようになりました。それから、段階をたどる間に、視覚の鋭敏さが増してきていて――いつもより詳細な部分によく意識が行くのにも気づきました。

ひとつの領域に集中して、残りを消してしまうのですか？ たとえば、いきなり誰かの鼻とかズボンの色に意識が集中するというような状態ですか？ それとも、もっと別の状態ですか？ もう少し詳しく説明できますか？

スタン：　**変化**をより意識するようになりました。つまり、これまでより小さな増大によく気がつくようになったということです。静物に関する詳細を見わけるということではなく、動きや変化によく気づくようになったということです。

聴覚の変化と視覚の変化の間にはなにかシーケンスがありますか？……それらは触運動覚のシーケンスとどう結びついていますか？

スタン：　聴覚の変動が先に起きました。軽さ、温かさ、振動をたどっているときに、それが始まり、そのあとで目に映る小さな詳細に気づくようになりました。

それは、仮面を感じる前ですか？　知りたいのは、シーケンスなんです。前後がはっきりしないなら、双方向から慎重に試し、どちらの方が内的に一致していると感じるかを調べてください。たとえば、詳細が目に入るようになってから目の周りに窮屈な仮面を感じるようになったという順序を試してもいいですし、まず仮面を感じてから、詳細が目に入るようになったという順序を試してもかまいません。どちらの方が落ち着きますか？　あるいは、自然ですか？

スタン：　仮面が先で、それから詳細が見えるようになった気がします。

つまり、目の周りに仮面があるのを感じてから、動きや詳細がよく見えるようになり、その後、上くちびるの内側がうずくのを感じるのですね。その変化が生じるとき、ほかになにか変わりますか？

スタン：　その結果、首に感じている軽さや温かさ、振動が強まります。

わかりました。くちびるのうずきによって、最初に首に感じていた感覚が強まるのですね。こうした繰り返しはよくあります。異なる出来事が順に発生するのではなく、状態を増幅する単独の出来事が繰り返し起きるというわけです。

食道からみぞおちまで正中線に沿って温かさが移動するのを感じるとき、ほかになにか変化しますか？

スタン：　それも、脳幹の感覚を強めます。

では、スタン、ここまでわかったシーケンスをもう一度たどってください。最後まできちんとたどれるように、順を追ってちょっと声をかけましょうか？

スタン：　ぜひ。

まず脳幹に軽さを感じ、つづいて温かさ、振動を感じます。それらを感じながら、聴覚に少し変化が生じたのも感じます。次に目の周りが窮屈で、仮面をつけているように感じます。その後、目を開いている・いないにかかわらず、小さな動きの詳細に気づくようになります。やがて上くちびるの内側にうずきを感じると、それが先ほどの脳幹の感覚を強めます。それから、正中線に沿って食道からみぞおちまで温かさが広がり、それも脳幹の感覚を強めます。……

こうしてたどっていくと、例の特別な薬物状態に入ったと感じられますか？

スタン：　実際の薬物状態でときおり感じたほど強力ではありませんが、普段の薬物状態で感じるのと同じくらいの強さはあります。

なにか見落としていることはありませんか？　二、三回しかシーケンスをたどっていませんが、ほかになにかありますか？

スタン：　いいえ、見落としはありません。

さあ、これで、この状態にアクセスしたいと思えば、上記の方法を使っていつでもアクセスできます。これは、非常に具体的に段階を追っていく方法であり、比較的簡単にアクセスを可能にする一種のレシピのようなものです。スタン、きみは初めてやったのに、先ほどなんの問題もなくできました。繰り返すたびに、より簡単にできるようになりますし、たいていスピードも速くなります。数回やれば、脳幹にあの感覚を感じ始めるだけで、あとのシーケンスは自動的に進むようになります。

再設計の実演

3．サブモダリティを調整する

次のステップは、再設計です。その状態をさらによくするにはどうすればいいでしょう？　皆さんはたぶん化学者や合成麻薬について耳にしたことがあると思いますが、皆さんも、シーケンスのサブモダリティを変更したり、別のサブモダリティを追加したりすることによって、合成麻薬を摂取した状態を創ることができます。ちょっと実験をして、どうすればその状態を自分の思うように変化させられるかを調べましょう。スタン、ふたつ、三つ試してみますから、結果を教えてください。もし脳幹に感じたあの感覚がさらに上下に広がっていったとしたら、なにが起きますか？……

スタン：　状態が少し強まります。

では、目の周りの窮屈な感じをうずきに変えてみてください。

スタン：　状態が弱まります。

わかりました。では、視覚が捉えた小さな変化ひとつひとつにきらめきを加えてみましょう。……

スタン：　これはすごく強まります。

こんなふうに実験することによって、状態の修正方法を見つけることができるのです。試せることはたくさんあります。それまでの感覚を濃密にしたらどうなるでしょう？　温かい感覚を冷たくしたり、感覚が脳幹から頭骨の表面を上に広がっていくようにしたりしたらどうなるでしょう？　同じ軽さでも、非常にはっきりした境界を持つ泡のような軽さにしてみることもできますし、柔らかな毛でできているかのようなふんわり拡散した軽さにしてみることもできます。大きな泡ひとつの軽さにする代わりに、たくさんの小さな泡の軽さにしてみることもできます。

スタン、この薬物状態に関して、なにか不快に感じる面はありませんか？

スタン：　重苦しいというか無気力というか、そんなところがあって、それはときどき変えたくなります。普段は別にいいんですが。

わかりました。今度は、その重苦しさを軽くして、残りの部分はそのまま維持するにはどうしたらいいか、それを見つける実験をしましょう。たとえば、今その重苦しさを感じてください。……次に、まばゆい小さなきらめきが全身を覆っているところを想像してください。……

スタン：　確かに、重苦しさがかなり軽くなります。

うまく当たったようです。さっき、きらめきが状態を強化することに気づきましたよね。だから、まばゆいきらめきを使えば、きみの気分は「沈む」代わりに「上向き」になるだろうと思ったんです。もちろん、ほかにもたくさん試せることがありますし、中にはこれよりはるかに効果を発揮するものもあるかもしれません。

4．シーケンスを調整する

これまではサブモダリティを変更したり追加したりしてきましたが、シーケンスはそのままになっています。状態を変化させるには、体験のシーケンスを変えるという手もあります。たとえば、スタン、上くちびるの内側のうずきが脳幹の感覚の直後に発生したとしたら、どうなるでしょう？……

スタン：　それはちょっと強すぎるような気がします。脳幹で感じる感覚全体が変わって、頭の中が興奮している感じです。一段階上の強烈さになります。それをやったとき、振動が上昇してきました。

確かに違って見えます。仮に目の周りの窮屈なマスクをまず感じて、それから脳幹の感覚に移っていったとしたらどうでしょう？……

スタン：　それはあまり役に立ちません。

今の変更は彼の反応を弱めました。彼の非言語的な行動を観察していると、外からそれがわかります。今のように変更すると、これまでと同じ状態になるところまで行きません。スタン、温かさ、軽さ、振動の順に感じたら、どうなりますか？……

スタン：　振動を最初に持ってくると、もっとも効果が上がります。

では、最初に振動を感じてみてください。……いや、これは本当によさそうですね！　いろいろ試してみると、状態を強めるものも、弱めるものも出てきます。繰り返しになりますが、状態を変えるために体験のシーケンスを再編する方法は本当にたくさんあります。ここに紹介したものはほんの一部にすぎません。

5．シーケンスを圧縮する

シーケンスを何度もたどっていると、プロセス全体の作動速度が速まる傾向がよく見られます。プロセスは短い時間内に圧縮されると、しばしば緊張が高まります。元々のシーケンスをより速くたどるだけでも、緊張が高まることもあります。スタンは繰り返しシーケンスをたどらされているので、いずれ自動的に行なうようになっていくでしょう。実際の薬物は、効果が現れるまでに一〇分から一五分ほどかかるかもしれませんが、いったんシーケンスを把握すれば、ほんの数秒ですべてをやり遂げられるようになります。さらにこれを数回繰り返せば、能率化が進み、無意識なものになります。ほどなく、最初の感覚にアクセスするだけで、シーケンスの残りの部分は自動的に進むようになるでしょう。波乗りをする感じです。

スタン、なにか具体的な質問はありますか？　きみはたぶん、この状態にアクセスしたいと思うときのことをいろいと想像できると思います。やり方について、なにか質問はありませんか？

スタン：　ありません。きちんと教えていただいたと思います。

けっこうです。どうもありがとう。では、この方法について、各段階を復習しましょう。

◎要点：　触運動覚の状態にアクセスする

A・顕在化

1．触運動覚的体験をチャンク・ダウンして、そのシーケンスにアクセスする。

2．触運動覚のシーケンスの各段階で、視聴覚のどんなサブモダリティが変化しているかを明らかにする。

B．再設計

3．シーケンスのサブモダリティを調整、加減する。

4．シーケンスの順序を変える。

5．シーケンスを圧縮し、作動速度を上げる。

大脳は同時検出器である

わたしたちが知る限りでは、このテクニックは以下のような形で作動しています。大脳は同時検出器です。ラットや犬や心理学者はこれまで莫大な時間をかけて、時空の近接が学習のもっとも重要な決定要素であることを明らかにしようとしてきました。大脳は、時間的・空間的に接近して発生する出来事のシーケンスはなんでも学習します。

皆さんの中で、映画『オール・オブ・ミー／突然半身が女に』を見たことのある人は何人くらいいるでしょうか？　この映画にはヒマラヤから来たグルが登場しますが、彼は水洗トイレを見たことがありませんでした。彼がトイレでハンドルを押すと、水が音を立てて流れ、たまたまそのとき電話が鳴りました。再び水を流したとき、また電話が鳴りました。彼が水を流すタイミングがたまたま完璧だったのです。水を流すたびに電話が鳴り、彼はそれを繰り返しますが、当然ながら、とうとう電話は鳴らなくなりました。すると、彼はトイレが壊れてしまったといわんばかりに、トイレをしげしげ眺めました。これはばかばかしい例ですが、ほぼ同時に発生した二件の外的な出来事を結びつけるとき、わたしたちは常にこれと同じことをしています。

スキナーは、ハトを使って行なったオペラント条件づけの実験のひとつで、ハトがなにをしていようと、数秒ごとにケージの中に粒状の餌を落としつづけました。そのときたまたまハトの取っていた行動がどういうものであれ、その行動は強化されました。つまり、もしそのとき片脚で立っていたり、片方の翼を持ち上げていたりしたら、ハトはその行動を繰り返す傾向を見せたのです。一〇秒後に再び餌が落ちてくると、その行動はさらに強化されました。スキナーのハトはなんとも奇妙に「迷信深い」ハトになりました。というのも、ハトの大脳はわたしたちの大脳と同じで、同時検出器だからです。この場合、大脳は外的な出来事と内的な行動反応とを結びつけています。

最近明らかになったことですが、大脳は免疫反応さえ条件づけすることができます。マウスの免疫反応をある匂いに条件づけする実験が成功したのです。まずマウスにチューブを挿入し、そのチューブを通して免疫系を攻撃するバクテリアを少量与えました。同時に、マウスにはある匂いを嗅がせました。免疫系は反応し、バクテリアを全滅させました。これを数回繰り返し、血液検査を行なって、免疫系がどう反応しているかを調べました。次に、マウスには先ほどの匂いを嗅がせるだけで、バクテリアは与えませんでした。しかし、免疫系はバクテリアの攻撃に遭ったときと同じように反応したのです。この単純な実験には、免疫機能の低下や過剰で知られている疾患のすべて——アレルギー、ガン、関節リウマチのような自己免疫疾患など——にとってきわめて大きな問題が含まれています。

もうひとつ、大脳による免疫反応の条件づけを確認できる例があります。アレルゲンに反応しないリソースに満ちた状態にアクセスし、それをアンカーすることによって、アレルギーが治ってしまうことがよくあるということです。大脳は無数の同時発生に注目して反応しますが、それらは完全に無意識のうちに行なわれます。ミルトン・エリクソンがよくいう「知ってはいても、知っていることを知らない事柄」というような種類の反応なのです。

薬物とアンカー

大脳は同時検出器であるため、ある特定の薬物を服用するたびに、特定の触運動覚の感覚が発生することに気づきます。そうした特定の感覚が特定のシーケンスで発生するのは、その薬物に対して決まった生理的反応を起こすときのみです。薬物は直接生理に影響を与えるため、そのつど働くアンカーになります。薬物がこれだけ多く出回る理由のひとつは、それらが信頼できるからです。ほかになにが起きようと、周りでどんなことが続行していようと、服用すれば効くからです。

もちろん、これは一般化のしすぎです。生理はそのときどきによってそれぞれの反応を示すからです。コーヒーを五〇杯飲んだあとに鎮静剤を服用したら、ハードな長い一日を過ごし、なんの刺激物も摂っていない状態で服用したときとは異なる反応が出るでしょう。患者が非常に不安な気持ちで手術室に入ったとしたら、既に血流内には大量のアドレナリンやその他の化学物質が放出されているために、麻酔医は患者を眠らせるために通常より大量の薬物を使わなくてはならなくなり、その結果、有害な副作用が発生しやすくなるでしょう。

手術の**前日**に時間を取って患者と話をしている麻酔医を、わたしたちは何人か知っています。彼らはリラクセーションと安心のアンカーを設定し、翌日、手術室に向かう途中でこのアンカーを使います。そうした場合は、使う麻酔薬の量は通常の半分で済むことが多いそうです。

薬物に対する反応には個人差もよく見られます。わたしたちの友人のひとりは、反応するのに人より**時間がかかり**ますが、いったん反応すると、人より**強烈に**反応します。以前彼女はこれについて医師に注意を促したことがあります。「わたしの場合、一定の時間で眠ってしまわないからというだけで、二本目を打つのはやめてください」しかし、通常の時間で彼女が意識をなくさなかったために、医師は二本目を打ってしまいました。四八時間後に彼女が目を醒ましたのは幸いでした。

反応にこうした差異があるとはいえ、薬物は非常に強力なアンカーとなって状態を発生させます。薬物を服用すれば、ある特定の状態に連れていかれます。そこへ連れていかれる間のさまざまな体験は、生理的な変化を示す手がかりとなります。その手がかりを再現することによって、薬物を使わずに状態の変化を再現することが可能になるのです。

その状態は、手がかりを変更したりシーケンスを再編したりすることによって強化することもできれば、抑えることもできます。皆さんはたぶん、ある程度はハイになりたいけれど、それほどハイになるのはごめんだと思っているでしょう。薬物で完全な高揚状態になってしまう人もときにはいて、そういう人はやたらに声が大きくなり、ひどく乱暴にもなります。スタンの状態はずっと静かで、はるかに内的でした。

薬物状態の特徴も、変更しようと思えば変更することができます。たぶん皆さんが薬物を使ったときは、内的に興奮して、非常に興味深いイメージが浮かんできたことでしょう。しかし、ときにはもう少し外的な状態を保ち、他者とやり取りができるようにしておきたいと思うこともあると思います。そうした効果が得られるようなサブモダリティの変更は、実験によって見つけることができます。

チャンキング

この方法では、NLPが長年やっていること――リソースに満ちた状態へのアクセス――をチャンク・ダウンします。リソースに満ちた状態へのアクセスは、「そのすばらしい状態になったのはいつですか？　そのとき、どこにいましたか？　どの部屋にいましたか？」といった具合に行ないますが、この方法は、それよりもはるかに小さな断片にすることによって、非常に簡単に使えるきわめて強力な方法になっています。「うぅ……調子が悪い。どうしたら調子を取りもどせるんだろう？　調子のいいときは思い出せるけど、そんなの、今はどこにあるのやら？　どうすればあの状態になれるんだろう？」　誰でもこんなふうに感じる状況になったことがあるはずです。それに再アクセスするのが困難なこともあります。そういうときこの方法を使えば、まっすぐそこへ導いてくれる「黄色いレンガの道」ができ上がります。

男性：　チャンク・ダウンした小片は、シーケンスにいくつ必要ですか？

わたしたちは、五つほど用意するようにしています。**要は、チャンク・ダウンするのはやりやすくするためだということです。**感覚はしばしばある場所で始まって、それが全身に広がっていきます。それはひとつでしょうか？　ふたつでしょうか？　それとも、二〇でしょうか？　数を決めてしまうと、最初に五つ用意したはいいけれど、それはプロセス全体のほんの一部にすぎなかったということになるかもしれません。目標はその薬物状態へ完全に移行する方法を特定することであり、その状態を小片に分けるのは、それへの完全なアクセスを簡単にするためだということです。これを忘れないでください。必要以上にチャンク・ダウンするのは時間の無駄遣いです。

薬物状態を出て、元にもどる

女性：　自己誘発した薬物状態を出られなくなることはありませんか？

ずいぶん以前には、ＬＳＤの「フラッシュバック」について皆さんもよく耳にしたと思います。かつての薬物状態にうっかりアクセスして、そこから出られなくなるというのが、このＬＳＤのフラッシュバックです。最近では、「ベトナム戦争のフラッシュバック」がよく話題になりますが、これも似たようなものです。しかし、皆さんがクライアントに薬物状態への入り方を系統的に教えるのは、なんのコントロール意識もなくうっかりその状態にはまり込むのとはまったく違います。実際には血流に薬物はありませんから、途方もないことをしたり、「火事だ！」と叫んだりしなくてはならないことはあっても、わたしの知る限り必ずその状態を破ることができます。教え子のひとりがアルコール依存症の患者や薬物乱用者と取り組んでいるのですが、彼がいうには、ときには彼らの酔いを醒ますために、冬の寒い日にＴシャツ一枚で戸外を歩かせなくてはならないこともあるそうです。そういうことはあるけれども、彼は必ず彼らをちゃんと元にもどしています。

現実の把握がかなりいいかげんな相手とワークを行なうのであれば、やはり大事を取り、まず相手が薬物状態を**離れる**ときに体験する感覚のシーケンスを見つけておくことが大切です。そうすれば、その状態から出る効果的なシーケンスを確実に用意してから、そこに入る方法を調べられます。ほかにも、薬物状態に入るときのシーケンスを逆にたどって外に連れ出すこともできます。

自分自身の安全を心配するのであれば、もうひとつ、次のようなことをしてもいいでしょう。薬物状態を自己誘発する前に、自分の一パートを「監視員」に設定し、なにか危険なことや予期しないことが起きた場合には、その監視員に警告してもらい、薬物状態から脱出させてもらうのです。これはリフレーミングを使えば可能です。目を閉じて内面に入り、次のようにいってください。「わたしはこれから薬物状態にアクセスします。わたしが安全だと考えているこの場所で実行するつもりですが、その間、わたしの中のいずれかのパートに警戒に当たってほしいのです。なにか危険なことが起きないか、不快な結果を招くような状況になっていないかに注意してほしいのです。危険や不都合を暗示するようなものがあれば、すぐにわたしを元の状態にもどし、薬物状態でない正常な状態で、使えるリソースを総動員してそれに対処できるようにしてください。その役割を進んで果たしてくれるパートはいますか？」無意識からの確認の合図を受け取ったら、自分は守られていると考えて、安心して薬物状態に入ることができます。たいていの人にはこうした機能を果たす保護的なパートが既にいますが、上記のようにすれば、それをはっきりさせることができます。

医学的な利用法

薬物の大部分は疼痛管理と症状軽減のために使われており、この分野には、この方法を直接役立てる使い道がたくさんあります。スティーヴは歯の掃除やいろいろな詰め物をしてもらうときにこれを使っています。以前彼は歯医者の椅子に座るとひどく緊張しました。胃が締めつけられるようになり、治療後も六時間ほどその状態が続くので、憔悴しきって一日を終えていました。それが今は、ボーッとしてリラックスできるからと、歯医者に行くのを楽しみにしているくらいです。

わたしたちの友人のボビィは最近腎感染を患い、かなり具合の悪い日々を送っていました。処方された薬は、感染を治療する抗生物質と、症状を軽減させる鎮痛剤でした。鎮痛剤は、タイレノールⅢかⅣ、もしくはダーボセット１０００ミリグラムでした。彼女はこれらの鎮痛剤を日に四錠服用し、それをひと月以上続けることになっていました。そのうちのひとつは、いったん服用すると六〜八時間はヘロヘロになる薬です。彼女は薬物状態へのアクセス方法を既に知っていましたが、くだんの薬はそれまで服用したことがなかったので、一錠飲んでからテープレコーダの前に座り、薬物状態に入っていくにつれて発生する変化をすべて口述しました。その後テープを再生し、実際に薬を飲んだときなにが起きたのかを正確に把握できるまで、それを数回聞き直しました。そうすることによって、自発的にその状態に入るためのきわめて詳細な情報を入手したのです。こうして、彼女は薬物状態へのアクセス方法を使うことで、痛みをほぼ完璧にコントロールすることができました。薬物の実際の服用は、日に四錠どころか、週に約二錠で済みました。錠剤を服用したのはすべて夜遅い時間で、ひどく疲れていたために、とても集中して薬物状態へのアクセス方法を使えるとは思えなかったときのことでした。もしこの方法がもっと広く知られていたら、医師の処方する錠剤ははるかに少なくて済むでしょう。「学習」のための一回分と、極端な症状が出た場合用の予備として数回分あれば充分なのですから。

疼痛管理やその他の症状軽減を目的としてこの方法で薬物状態にアクセスするときは、その薬物から得られるシーケンスを逸脱しないようにしてください。それは、身体に役立つある特定の働きをするために選ばれたものであるからです。あとは医師の見立てが間違っていないことを祈りましょう。ときには間違っていることもありますので。

医師が適切な薬物を選んでいるとすれば、試してみるべき有用なことがふたつあります。ひとつはその薬物の望ましい効果を強化することで、もうひとつは、吐き気や眠気などといった副作用を取り除くことです。

たとえば、ボビィはタイレノールⅢを服用すると多少の吐き気を感じるので、吐き気を感じ始める直前・直後のシーケンスでなにが起きているのかを調べました。その後、その段階をただ省いただけで、呼吸に変化が生じたことに気づきました。吐き気を発生させていたのは一段階だけで、それは鎮痛効果に不可欠なものではありませんでした。

吐き気はある体験に対するひとつの反応です。外の現実世界にその原因となる体験がない場合は、たぶん内的体験に対する反応なのでしょう。現実世界の体験で、自分にとって吐き気の原因となるものすべてについて考えてください。そうした体験のいずれかを内的に発生させると、それも吐き気を催させるはずです。内的なイメージが周りで傾き始めたり、スピンし始めたり、横滑りし始めたりすることもよくあります。それを変えれば、吐き気は起きなくなります。

その他の薬物——たとえば、抗生物質——の代わりにこの方法を使おうとするのは、かなり慎重にすべきだということを注意しておきます。抗生物質の効果はバクテリアの駆除に特化されていて、生理や知覚への影響は最小限に留められています。しかし、匂いを使って免疫反応を条件づけられるとしたら、可能性がどこまで広がるかは誰にもわかりません。もしどうしても医療の助けを得られなかったり、その薬物に対してアレルギーがあったりすれば、わたしは間違いなくこの方法を試してみると思います。

この方法は、症状軽減に用いられ、かつ知覚に明確な影響を与えるどのような薬物についても、有効に働きます。知覚に対する影響がわずかしかない薬物の場合、知覚の手がかりを使ってその状態にアクセスするのは明らかにかなり難しくなります。

触運動覚による先導

女性：　これまでのご指導では、触運動覚系から始める点を強調されていますが、特定の幻覚剤の場合、わたしが気づいた最初の変化は視覚です。視覚系から始めることはできますか？

全体の目的は、薬物を使わずに自分でこの体験を創り出せるようになることです。仮に触運動覚系が特別に強力に見えたとしても、まず視覚系や聴覚系に取り組み、のちに、それに伴う触運動覚系の変化にもどって取り組んでもかまいません。触運動覚系で始めるのには、いくつか理由があります。まず確実に、分離体験でなく、実体験しているということがあります。視覚や聴覚から始めると、その状態を思い出しながら分離体験している場合もあります。触運動覚が先導するのは珍しいことでもあり、それゆえに主観的に強い印象を与え、効果も上がりやすいということもあります。わたしたちはこうした理由から触運動覚でよく先導しますが、これで確かに効果が上がると納得しています。視覚や聴覚による先導でアクセスを開始するやり方は、ほとんど試していません。

個人差

男性：　こうしたシーケンスは個々に特有のものですか？　それとも、特定の薬物に関する個々の体験にはなにか共通点がありますか？

それは薬物によって大きく変わります。同一の幻覚剤に対する反応には大きな個人差があるのを確認しています。生理に特定の影響を与える薬物――筋肉抑制剤、興奮誘発剤など――の方が共通点は多いですが、それでも、かなりの個人差はあります。

娯楽としての使用

特定の薬物に対する自分のシーケンスを顕在化させたあと、それを他者に教え、他者からは彼らのものを教えてもらうことができます。そうすれば、互いのシーケンスを、その状態に入るための「処方箋」として使うことができます。そんなふうにしてパーティを始めたら、きっと愉快でしょう。なにも買う必要がなく、法律の心配をしなくてもいいし、帰宅時の運転にもまったく問題がありません。近頃「接触陶酔《コンタクト・ハイ》」と呼ばれるようになっているのは、これの一例です。相手に非常にうまくペース合わせをすると、相手が体験しているのと同じサブモダリティを自分も体験するようになるのです。

スティーヴが大学生だったあるとき、彼の周りのほとんどがパーティで酔っ払いました。彼自身はなにも飲んでいませんでしたが、楽しく過ごしていました。すると、ひとりの学生がやってきて、けげんそうに彼の顔を覗き込んでいいました。「きみはなんにも飲んでないのに、ぼくと同じくらい楽しそうにしている。なんでそんなふうにできるんだ？」相手はまったく腑に落ちない様子でした。彼は薬物がなければその状態に入れなかったからです。

薬物乱用

人類は何千年もの間、薬物を利用し、模索しつづけてきました。薬物には価値がありますが、しばしば重大な副作用もあります。わたしたちはといえば、基本的には常用者ではありません。ときどきは試しますが、わたしたちの場合はたいていその後何日も混乱した感じが残るので、それがいやなのです。薬物はわたしたちにとってそれほど魅力のあるものではありませんが、もちろん、魅力に取りつかれて、残りの人生を台無しにしてしまうような人もいます。しかし、薬物には、リラックスできる、楽しめる、憂さを忘れることができるなど、有益な働きもあります。何事にもどこかに役に立つ面があるものです。この方法を使えば、薬物の恩恵を享受するだけで、上記のような問題が生じることはありません。

薬物乱用者とのワークでは、「いつでもその状態に入りたいときに入ることができて、薬物を入手する手間と費用がかからず、必要なときにその状態を出られないせいで発生する問題もなく、法律上の面倒な問題も健康問題もないというのはどうですか？」というような言い方ができます。相手はたいていい、「へえ、いいな。それはいい。売人と手が切れる」というでしょう。これは彼らの現実に完全にペース合わせしていますし、世間が異議を唱えない解決法でもあります。相手が合意したら、薬物状態へアクセスする方法を使い、彼らが自分の状態を自発的にコントロールできるようにしてあげましょう。これを行なうときは、他のＮＬＰのテクニックも使い、彼らが自分のリソースを統合したり再編したりできるようにしてあげれば、薬物状態に対する欲求も減少するでしょう（『リフレーミング』第六章参照）。

その他の触運動覚の状態

薬物状態について詳細に説明してきたのは、これに関しては通常、確固たる触運動覚のシーケンスを当てにできるからです。さらに、薬物状態にアクセスするテクニックは、特にある特定の薬物が持つ副作用の点で、医学に役立つからです。もうひとつ、薬物乱用による広範な問題の対処法として、さまざまな影響を及ぼすからでもあります。

しかし、リソースに満ちた状態が触運動覚の強力な構成要素《コンポーネント》を持つものであれば、どんなリソース状態にもこの方法でアクセスすることができます。たとえば、性感を高めたいと思っている人にはおおいに役立ててもらえます。あるセミナーで、特に視覚の優勢な女性がリラクセーションを促す薬物状態にアクセスしました。そして、その状態を変化させる実験を始めると、彼女はごく自然に強いオーガズムを繰り返し感じ始めました。これをもっと直接的に追求するには、特別に満足できた性的体験にアクセスし、その状態に再アクセスする方法を身につければいいのです。「する気にならない」けれども、感じたいというときに使えます。

さらに、この方法を使えば、不快な反応を顕在化し、そのシーケンスを再設計して、有用な形で反応できるようにすることもできます。たとえば、ある男性はすぐにカッとなりました。この怒りの状態が発生するときのシーケンスには、あごから胃を経由して額に到達し、その後全身へ広がりながら増幅していく圧力が含まれていました。シーケンスの各段階に達するたびに、彼の身体は熱くなっていきました。そこで、シーケンスが展開するにつれて身体が冷えていくようにすると、彼の怒りは見違えるほど小さくなりました。シーケンスの最後には、まるでふくらませすぎた風船のように皮膚の内側に圧力を感じていて、それがとうとう怒りで「破裂」してしまうというのが、これまでの彼の状態でした。この状態も、自分の皮膚が透過性のあるものだと考え、何千という小さな穴から圧力を逃がしていると考えることによって、大幅に軽減することができました。こうして自分の状態を軽減した彼は、それまでよりはるかに自分をコントロールできるようになったと感じ、怒りの状態を発生させていた問題の対応策にも選択肢が増したことに気づきました。

触運動覚の波

皮膚に透過性がないという考え方は、愉快な触運動覚の状態を増幅させるのに利用することができます。まず、これまでに味わったことのある愉快な状態について考えてください。……それから、触運動覚の感覚を少し詳細に調べます。……今度は、その感覚が波のように身体の中をすばやく広がっていき、表皮に到達すると強度を増して跳ね返り、再び身体の中を広がりながら強化されつづけるところを想像してください。……

別のセミナー参加者から聞いた話ですが、彼が乗馬をしていたとき、ひとりの若い女性がハンサムな若い男性のグループといっしょにいたそうです。ところが、馬がつまずいて彼女は放り出され、仰向けに地面に落ちて意識を失いました。彼女が意識を取りもどしたとき、若い男性たちは全員彼女の頭の周りにひざまずき、心から心配して熱心に彼女に話しかけていました。彼女は「有頂天」になり、いきなり笑い出しました。彼女がこの状態に再アクセスしたとき、喜びに満ちた大きな笑い声が部屋中に響きわたったそうです。彼女は実験を通して、伸ばした手を床に触れることでその状態の強度をコントロールできることに気づきました。手を完全に床から離すと、その状態にどっぷり浸かることができ、強烈すぎる場合は、床に指をふれるだけで「有頂天から降りてくる」ことができるのです。彼女はそれまでその状態に完全に入りきろうとしたことは一度もありませんでした。それに支配されて、コントロールを失ってしまうのではないかと心配だったからです。自分のシステムをコントロールする方法が数多く見つかれば見つかるほど、薬物や他者や出来事に頼って有益で楽しめる状態になろうとすることは少なくなります。

第一〇章　サブモダリティを使うその他の介入

サブモダリティを使う介入には、非常に的確で強烈な効果を発揮するものが数多くあります。出会ったら、「**これ**は憶えておこう！」と思う介入法です。リチャード・バンドラーはこれを、「短期療法《ブリーフ・セラピー》」ならぬ、「超短期療法《ブリーフェスト・セラピー》」と呼んでいます。以下に、わたしたちが再三その有用性を確認してきたものを紹介します。

マップアクロス

リチャード・バンドラーの『神経言語プログラミング　頭脳《あたま》をつかえば自分も変わる』には、問題の状態とリソースに満ちた状態とのサブモダリティの差異を明らかにし、その後、マップアクロスを行なって問題の状態をリソースに満ちた状態に変える例がたくさん掲載されています。もっとも詳細な例は第六章に紹介されたもので、ここでは混乱の構造を理解に変えています。本書でも、この方法を使ってタイムラインを調整し、説得力のある未来を創り、抑えがたい衝動を構築し、判定基準や準拠枠のシステムを変更しています。サブモダリティを使う方法としてはもっとも単純なものですが、その適用範囲は無限で、個々が変わるのを手助けするのにも、卓越性の構造をモデリングするのにもおおいに利用されています。

たとえば、わたしたちのトレーニングに参加したプラクティショナーで、非行少年少女のためのプログラムを運営している男性は、両親を憎んでいたある少女に、両親の表象を取り上げ、それを大好きな友人のサブモダリティにマップアクロスする方法を教えました。少女はそれ以降、両親と友好的に対応することができるようになりました。

どのような問題の状態も、このようにしてリソースに満ちた適切な状態にマップアクロスすることができます。無気力を意欲や興奮に、退屈を魅惑に、深刻を滑稽に、行き詰まりを、かつては重大な問題だったが今はどうでもよくなっているなにかに、マップアクロスすることができます。

赤ワインと黒ビールにアレルギーのあった男性は、それらの表象を取り上げて、アレルギーのない白ワインと弱いビールのサブモダリティにマップアクロスすることによって、自分でアレルギーを治してしまいました。多重人格障害のある人の場合、ある人格がある物質にアレルギー反応を示しても、同じ身体に住む別の人格はそれにアレルギー反応を示さないケースがあると報告されています。これが示唆しているのは、異なる人格が自らを区別し分離するのにサブモダリティが重要な役割を果たしているということであり、この情報は異なる人格を統合するのにも役立てられるということです。マップアクロスは、喪失を嘆く人々のために開発した新しい単発のセッションでも重要な要素となっています。

文字どおりのリフレーミング

「リフレーミング（新しい枠に入れること）」という言葉は視覚的な言葉ですが、これを、「言い換えること」という聴覚的なプロセスだと考えている人がたくさんいます。リフレーミングを行なうときは言葉を使いますが、結果的には、通常、問題の出来事を視覚的に異なる枠組みや背景に置くことになります。これは比喩的に行なうこともできますが、非常にシンプルに文字どおり行なうこともできます。

1．そのことを思うと気分が悪くなるというような状況を考えてください。これは過去の記憶でも、現在の問題状況や限界でも、なんでもかまいません。……

2．その問題体験の視覚的な部分をしっかり見てください。……そのあと、そこから一歩下がります。そうすると、その状況の中にいる自分自身が見えます。もし意識的に視覚化できなければ、そうした視覚的な変化を発生させているという「感じ」をつかむだけでかまいませんし、そうしているふりをしてもかまいません。

3．次に、そのイメージの周りに幅一五センチほどの大きなバロック調の金ぴかの枠をはめ、その結果、問題状況の体験がどう変わったかに注目します。……

たいていの人はこれによって、先ほどより軽くてユーモラスな感覚をアンカーすることになります。そうした感覚は問題状況の中に新しい選択肢を発生させるのに非常に役立ちます。

ほかにも利用できる文字どおりの枠組みはたくさんあります。何年も前に古い家族写真や鏡、宗教画などに使われていたような楕円形の枠を使うこともできます。バロック調の金ぴかに反応しない人には、輪郭のくっきりしたステンレススティール製の枠、自然木の枠、色鮮やかなプラスティックの枠の方が役立つかもしれません。

枠を選んだら、いろいろな装飾を加えることもできます。下から灯明で照らすのではなく、美術館のように覆いをかけたライトで上から照らすと、光（light）が変わって「違った見方（light）ができる」ようになります。また、その枠にはまったイメージが美術館の額縁入り絵画の間にあるのを思い描いたり、誰かの家やオフィスにあるのを思い描いたりしても、眺め（perspective）が変わって「別の見方（perspective）ができる」ようになります。

さらに、お気に入りの――あるいは一番嫌いな――画家を選び、自分のイメージをその人の画風に変えるというようなこともできます。もし自分のイメージがレンブラントやモネの作品のように見えたら、なにが起きるでしょう？

笑い転げる

1．豊富な知識と経験に恵まれた友人――できれば自分が信頼している友人――に話しかけていたときの様子を思い出してください。そういう経験がなければ、その様子をありありと想像してください。話の途中で、友人はあなたのいったことがあまりにおかしくて、「笑い転げ」ました。笑いすぎて息もできなくなるほどです。笑いを止めようと思っても止められず、いつまでも笑い転げて涙まで拭う始末です。……

2．さて今度は、今あなたが抱えている問題や限界について考えてください。

3．そして、今抱えているこの問題について、先ほどの友人に話すところをありありと想像してください。問題の要点を話したとたん、友人は「笑い転げて」しまい、あなたがどんなことをしても笑うのを止めることができません。……

4．もう一度、自分の問題について考えてください。それについて、今はさっきと違う感じがしますか？　上記のことを行なった人の約半数は、二度とその問題を以前のように深刻には受け止められなくなります。特に、笑い転げた友人が知恵と知力に恵まれている場合、その傾向が顕著です。その問題状況を変えたいという気持ちに変わりはないのですが、自分は以前よりリソースに満ちているという気がして、状況を変えられるように思うのです。

ユーモアと笑いは誰もが使えるもっともすばらしいリソースですが、もっとも使われていないリソースでもあります。なにかに深刻になるということは、通常、あまりにその状況に没頭する（その状況を実体験する）せいで、たったひとつの考え方に囚われて行き詰ってしまうということです。ユーモアはその罠から抜け出すひとつの方法であり、状況を分離体験し、深呼吸し、物事の見方を変えることよって、それを実現します。

さて、残りの半数はというと、誤解されたとか「真剣に受け止めてくれない」などといって、たいていは激怒します。こうした反応も、正しい方向に向かう第一歩になりえます。というのも、怒りは、悲しいだの力不足だのと情けない気分になって行き詰まるより、はるかに活発でリソースに満ちた状態だからです。怒りによって前向きの力が生まれ、その結果、自分の欲求をはっきり示し、自分にとって大切なものを擁護できるようになることもあります。「カタルシス」は、それだけではほとんど無用の長物です。それを活用して自分の力を感じ取り、目標を特定し、目標達成のためによりよい方法を考え出せるようになってこそ、役に立ったといえます。わたしたちは怒りと暴力とを明確に区別しています。暴力はたいてい選択肢の欠如と無能の現れですが、怒りはときには人に力を与えることができます。

ゴディバ・チョコレートを使う

リチャード・バンドラーはモチベーションを創り出すためにこの方法を開発しました。たぶん皆さんも、ほかの人が意欲的に取り組んでいるさまざまな事柄が、自分にとっては驚きあきれるようなものであったり、ばかばかしく思えるものであったりすることに気づいたことがあるでしょう。それは、たいていの人の動機づけがかなり無作為かつ非体系的に行なわれているからであり、その活動の本質的な価値や恩恵とは必ずしも関係がないからです。

この方法が非常に役立つのは、ある課題をやり遂げたい／やり遂げなくてはならないという思いがあり、その点で内的に一致しているのに、今は楽しんですることができないという場合です。この方法によって、その課題に対する気持ちを変化させることができるのです。それをするのは大切なことだという点で内的に一致しているのであれば、やはり楽しんでした方がいいでしょう。**この方法を使うときは、くれぐれもエコロジーに注意してください。なにかをしたいという強烈な欲求は、無頓着にインストールしてはいけません。**

◎要点

1．動機づけのイメージ　なにがなんでも楽しまずにはいられない事柄もしくは活動（たとえばチョコレート）を、**実体験**のイメージとして思い描いてください。ひとまずそれを脇に置いておきます。

2．課題のイメージ　したい／しなくてはならないと**内的に一致して**思っているのだから、楽しんでやった方がいいのに、楽しめない——そういう課題に自分が取り組んでいる様子を、**分離体験**のイメージとして思い描いてください。

3．エコロジーのチェック　自分の中のパートで、しなくてはならないと思っている課題を**楽しんで**することに反対しているパートはいますか？

4．絞りを使う

a．まず課題のイメージ（＃2）を心に思い描き、その真うしろに動機づけのイメージ（＃1）を置きます。すばやくイメージ＃2の中央に小さな穴を開け、その穴からイメージ＃1が見えるようにしてください。そして、イメージ＃1に対する感覚の反応を充分に味わえるように、その穴を必要なだけ、急速に大きくします。

b．つづいて、その穴を急速に小さくします。ただし、イメージ#1に対する感覚の反応を維持できる速さに**とどめる**こと。

c．ステップ4aと4bをあと数回、できるだけ速く繰り返します。目標は、動機づけのイメージの感覚を課題のイメージに結びつけることです。

5．テスト　課題のイメージ#2を見てください。それに惹きつけられますか？　もし惹きつけられないなら、ステップ4を繰り返すか、これまでの各ステップにもどり、それぞれの要素が正しいものかどうかを確認します。

この方法は、セラピーはもちろんビジネス面でもさまざまに応用することができます。有用であっても本質的に楽しめない内容の仕事に取り組む従業員にも使えますし、「電話癖」や「訪問癖」のある販売員が意欲的に「勧誘電話」や「予約なしの訪問販売」をできるようにするときにも使えます。

崩壊させる

邪魔になっている内的表象をただ崩壊させるのも、しばしば非常に役立ちます。ホラー映画や新聞に載っていた写真などのことを考えつづけるような人がいますが、そういうことをすると、たとえ有用な目的を決めることができても、まったく意味がなくなります。

この方法を使うときは、事前にエコロジーのチェックを入念に行なってください。内的表象を崩壊させると、記憶喪失が発生します。そのイメージはなんらかの点でクライアントに役立っているかもしれません。未来になにをすべきか、なにを避けるべきかについての情報を含んでいるかもしれません。そういう場合は、有用な情報をまず抜き出し、古いイメージを崩壊させる前に新しいイメージの中に挿入するなり、記憶喪失を発生させない他の介入を使うなりすることが非常に重要です。

強化ガラスが割れるときには表面に細かいひびが入り――車の後部窓や横窓がそうですが――無数の細かい粒になって砕け散ります。自分が避けたいと思っている視覚的なイメージが車の窓のようなものであったり、そういう窓に描かれたものだと想像してください。それをハンマーで思い切り強く殴りつけ、それが無数の細かい粒になって砕け散るのを眺めます。完全で永続的なものにするには、これを数回繰り返さなくてはならないかもしれません。

ある晩遅く、女性が電話をかけてきました。ひどく動揺していて、話もほとんど筋が通っていませんでした。なんとか事情を聞き出すと、生々しいホラー映画を観終わったところで、主役たちが両親を殺したのだといいます。その映像に「付きまとわれ」、うろたえているのでした。その感覚は映画によってインストールされたものでしたから、わたしは彼女が繰り返し映画を再生して悪い状態になることには有益な情報価値はなにもないと判断しました。そこで、その映画を崩壊させると、彼女の声はまたたくまに冷静になり、わたしはその後少し時間を取り、彼女自身の生活の中になにか処理すべきことがないかを調べました。

別の女性はマイケル・ジャクソンのイメージに取りつかれていました。ハンマーで一撃を加えると、白い手袋だけが残りました。さらに二回ハンマーを振り下ろすと、手袋も始末することができました。イメージは完全に消えなくても、いくつかサブモダリティを変更して、イメージを小さくしたり遠ざけたり、白黒にしたりすると、気にならなくなるという報告もあります。

映画を「裏返しにして」観るよう、指示することもできます。わたしたちにはそれがどういう意味かはわかりませんが、相手はこの指示に応じて、頭の中で有益で興味深いことを行ないます。「裏返しにして」をどう考えるかですが、ひとつは、元の映画の中央にあるものをすべて外縁に移動させ、端の方にあったものをすべて中央に圧縮するというやり方ができます。

内的表象を崩壊させる参考体験としては、見ていた映画フィルムの動きが中断し、映写用の電球が各コマに焦げ穴を開けていくというのがあります。イメージを燃やして灰にしてしまうだけでもかまいません。

そのほかの有用な参考体験としては、万華鏡を回す、雨の中で歩道上の水彩画を見る、イメージを映し出していた鏡が粉々に砕け散る、イメージを浮かべていた池面が乱れる、などがあります。

この方法は逆の使い方をすることもできます。わたしに電話をかけてきたある女性は、「あまりに多くの事柄の動きを一度に追いかけようとしているみたいで」自分が分裂してしまいそうだといって取り乱していました。彼女はふと浮かんでは移動していくイメージをたくさん思い描いていました。そこでわたしは次のように想像するよう指示しました。「あなたは今、これがすべてまとまって池の水面に浮かんでいるのを見ています。そこへ暴風が吹いてきて、池面が乱れました。しかし、風が収まると、水面は次第に静かになり、分裂したイメージは徐々に合体し始め、ひとつの系統だったイメージにもどり始めました」数分もしないうちにイメージは元どおりになりました。彼女は落ち着いてリラックスでき、次にすべきことを理解しました。

自己を状況《コンテクスト》から切り離す

第二章で論じたように、他者や出来事に対する不快な感情に悩んでいる人はたくさんいます。こうした不快な因果関係は崩壊させて、もっと楽しい因果関係が生まれる余地を作るようにすると、しばしば非常に役立ちます。以下はその一方法です。

1．不快な記憶について考え、それを短い映画にして上映してください。自分が今その記憶にどう反応するかに注目します。……

2．分離体験して、イメージの中の自分を見てください。どんなサブモダリティでもかまいませんから、簡単に使えるもの――大きさ、色、距離、透明度など――を使って、自分自身とコンテクストとを区別します。たとえば、イメージが白黒だったら、自分自身をカラーにします。イメージが遠くにあったら、自分自身は近くに置きます。

3．その状態で映画を進めますが、**分離体験している自己は倍速で進め、コンテクストは半分の速度で進めてください**（逆にしないこと！）。そうすると、自己の方がコンテクストより先に結末に達するので、コンテクストが追いつくまで、そこで待たなくてはなりません。……

4．つづいて映画を逆向きに進めますが、今度は**自己を半分の速度で、コンテクストを倍速で勧めます**（逆にしないこと！）。そうするとコンテクストの方が自己より先に終点に達します。……

5．ここで、いつもどおりに映画を上映します。自分の感覚に変化が生じているかどうかを調べてください。

6．変化がない場合は、もう一度上記のプロセスを繰り返しますが、今度は実体験に切り替え、自分自身がコンテクストよりも大きくなるようにサイズを設定します。

この方法を使ったあとは、「脳がぐちゃぐちゃになった」ような感じがするという報告がよくあります。これは、アンカーされているコンテクストと自己との間の因果関係を崩壊させるのに非常に役立つ方法です。自分が倍速で進んでいるときは、きっかけが発生する前に、そのきっかけに対する反応が生じます。この方法では、テンポを使って因果関係のシーケンスを崩壊させます。原因の前に結果が生じたら、そのとたんに筋が通らなくなります。この方法を夫婦や家族のセラピーで使って、不快な古い因果関係を「帳消し」にすれば、なにかもっと楽しい関係をインストールできるようになります。

内的状態を外的行動から切り離す

同じアンカーされている因果関係でも、ほかの誰かの行動と自分の内的状態との因果関係ではなく、自分自身の行動と自分の内的状態との因果関係を崩壊させなくてはならないこともあります。たとえば、その自分の行動以外に、気分が滅入るようなことは周囲ではほとんど起きていない状況で、やはり落ち込んでしまうというようなケースはこれに当たりそうです。スティーヴ・ランクトンが担当したクライアントに、自分の太腿を手でさすりながら「痛い、痛い」とつぶやいている年配の女性がいました。スティーヴがその手を太腿から持ち上げると、手は空気をさすりつづけましたが、太腿にはふれなくなりました。すると、彼女はびっくりした顔をしていいました。「おや、痛みがなくなった！」

自分自身の外的行動と内的状態との区別には、どんなサブモダリティを使ってもかまいません。自分にとってもっとも適切だと思われる方法で行なってください。区別がついたら、映画を実体験で上映します。このとき内的状態は倍速で、外的行動は半分の速度で進めます。つづいて逆向きに上映しますが、このときは内的状態を半分の速度で、外的行動を倍速で進めます。

内的状態を内的計算（思考）から切り離す

自分自身の思考のせいで悪い状態になり、外からはたいした助力も得られないという場合は、同じ手順でこの因果関係を崩壊させることができます。今回は、自分の思考と内的状態とを区別することになりますが、サブモダリティはやはりなにを使ってもかまいません。区別がついたら、内的状態は倍速に、内的計算は半分の速度にして映画を上映します。つづいて逆向きに上映しますが、このときは内的状態を半分の速度で、内的計算を倍速で進めます。この場合は、実体験と分離体験双方を試して、どちらが自分にうまく働くかを調べてください。

卓越性をモデリングする

サブモダリティを使う新しい方法を見つけようと思ったら、なにかをうまくやっている人をモデリングして、その人がそれをどうやっているかを調べるのが一番です。通常、上級コースのグループには、モデリングできるスキルを互いの中から見つけてもらうようにしていますし、わたしたちも機会があれば互いにそうして楽しんでいます。

先日のことですが、わたしたちはコロラドのロッキー山脈を縫うつづら折りをドライブして夏合宿に向かっていました。車中ではプレゼンテーションの計画を練っていましたが、集中していたのとつづら折りとが重なって、わたし（コニリー）は吐き気を感じ始めました。すると、スティーヴがいいました。「じゃ、ぼくになるといい。ぼくは気分爽快だから」スティーヴはただ冗談でそういっただけだったのですが、わたしはこれはいい考えかもしれないと思いました。そして、スティーヴになったつもりになり、彼の声の調子やテンポ、姿勢、筋緊張などを取り入れました。そのとたん、吐き気は消えて、気分がよくなりました。

そこでわたしたちが関心を抱いたのは、なにによってこういう効果が生じたのかということでした。わたしが「スティーヴになった」とき、どんな内的変化が発生して、吐き気が消えたのでしょう？最初はまったく気づきませんでしたが、考えを進めるうちに、わたしは自分が「スティーヴ」として、周囲に広がるパノラマを意識していることに次第に気づき始めました。わたしが注目していたのは、空に届かんばかりの山々がはるか遠くに描く円陣でした。その遠い円陣はまるでわたしの皮膚——わたし自身の境界——のように感じられました。視界をさえぎられる峡谷を走っているときでも、内的には、円陣をなす遠い山々がわたしの周囲のあるべきところに必ずパノラマとしてありました。心の中にこれがあるおかげで、乗っている車の動きは相対的に瑣末なことに感じられたのです。わたしは、相対的に重要でない車の動きにではなく、広大な周囲の環境の安定性にもっぱら反応していたのでした。

ドライブ中に気分が悪くならないようにするには遠くの一点を見るといいと以前いわれたことがあったので、それも試しましたが、効果がありませんでした。効果があったのは、単に遠くの一点を見ることではなく、安定した周囲の全景を感じ取ることでした。それ以降、つづら折りをドライブするときは、最初に周囲の地形のパノラマに注目し、それを定位置に置いて自分の状態を維持するようになりました。以来、車酔いすることはありません。

これはわたしたちにとって非常に興味深いことでした。互いの内的体験について既に気づいていたことに適合していましたし、互いの理解を深めることにもなりました。スティーヴの頭の中には常にこのパノラマがあります。山の中をドライブするときに限りません。どういう場所で暮らすのかが、彼にとっては常に重要な問題なのです。わたしたちはたいてい屋内のオフィスで仕事をしているので、わたしはこれまで、「都会で暮らそうと、山の中で暮らそうと、どんな違いがあるっていうの？」と彼によくいったものです。でも、今はもうよく理解できます。彼には常に自分を取り巻くこのパノラマがあるために、大きな違いがあるのです。周囲が雑然としているときも、彼は仕事にうまく集中できなくなります。わたしは周りの環境がどうあれ、たいていは彼より楽に集中することができます。今のところ、わたしは周囲の人の方が気になります。地形的な美しさもいいとは思いますが、どういう場所に住むかについてはかなり融通が利きます。

さて、上のケースでわたしは、スティーヴにサブモダリティのことを訊ねる代わりに、彼の外的な行動にペース合わせすることによって彼になりきりました。外的な行動は内的なサブモダリティが現れたものですから、相手にしっかりペース合わせすれば、相手のサブモダリティを取り入れることにもなるのです。

この「別の誰かの立場に身を置く」という方法は、「深いトランス状態による同一化」とか「指示指標の交換」とも呼ばれています。この方法から得た学びを――自分はもちろん他者も――未来で簡単に使えるようにするには、その状態を特徴づけている具体的な内的サブモダリティを特定することが重要です。

この方法は、ある意味、平凡に思えるかもしれません。しかし、この方法を使えば、人々のもつすばらしいスキルや能力をいくらでも発見することができます。スキルを持つ人になりきり、学んだことをサブモダリティにコード化することによって、その人の「天性の」スキルを理解し、それを簡単に人に教えられるようになります。

わたしたちはこの「深いトランス状態による同一化」を何年も前に学びました。個人的にはこの方法はとても有用だと思いましたが、その使用を通して学んだ事柄の本質的な構造を特定することができませんでした。正確なサブモダリティの特徴を学んでこそ、誰かになりきったときに到達する状態を入念に特定することが可能になります。わたしたちは公園やショッピングモールで人々を観察し、テレビに登場する有名人を観察して、彼らの姿勢や動き方、声の調子などを取り入れ、自分の内的サブモダリティが変化する様子を調べるのを楽しんできました。他者の状態が自分自身の状態とどんなに違うかを詳細に理解するところから始めるといいでしょう。クライアントになりきったとき、相手が暮らしている世界について貴重で詳細な情報を得ることができます。幻覚を起こす危険性は常にあるので、得た情報は真実としてではなく、吟味が必要な仮説として取り扱うことをお勧めします。「それによって、もっと効果的にクライアントと取り組めるようになるだろうか？　それによって、これまで理解しきれずにいたスキルをうまく使えるようになるだろうか？」と自問しましょう。

サブモダリティのモデリングはとてつもなく強力で有用な方法です。既存のテクノロジーでできることはたくさんありますが、できないこともまだまだあります。今ある方法の限界はまだ調査の対象になっていませんし、限界どころか、新たな開発と発見があれば、それらはさらに効果的なものになるでしょう。本書で取り上げた方法を完全にマスターしたら、ぜひその他のスキルや能力のモデリングをつづけていってください。

「トト、わたしたち、もうカンザスじゃないところにいるみたい」

――ドロシー

NLP用語集

アクセシング・キュー（Accessing Cues）：特定の考え方をするために、呼吸や姿勢、しぐさ、目の動きによって体を調整する方法。

「アズ・イフ」フレーム（As-If Frame）：なんらかの出来事が起きたつもりになり、「まるで」それが起きた「かのように」考えること。障害のように見えるものを心の中で飛び越え、望ましい目標に到達することによって、創造的な問題解決を促進する。

アナログ／デジタル（Analog / Digital）：アナログは照明の減光スイッチのように、ある範囲内で連続に変化すること。アナログの「サブモダリティ」は明るい状態から暗い状態へと変化するのに対し、デジタルの「サブモダリティ」はオンとオフの切り替えで機能する。例えば、あるイメージを実体験か分離体験のどちらかで見る、というのがデジタル。

アンカーする（Anchoring）：ある刺激や表象（外的であれ内的であれ）がひとつの反応と結びつき、その結果、その刺激や表象をきっかけにして同じ反応が発生するプロセス。アンカーは自然にも意図的にも発生する。

一般化（Generalization）：ある具体的な体験が同じ種類の体験全体を代表するようになるプロセス。三種類あるＮＬＰのモデリングのひとつ。

インストール（Installation）：新しい心的な戦略（やり方）を「心‐身」に適用して、それが自動的に作動するようにするプロセス。アンカー、梃《てこ》の原理、メタファー、たとえ話、リフレーミング、未来ペースなどを使って行なわれることが多い。

エコロジー（Ecology）：考えやスキルや反応と、それより大きな環境やシステムとの間の総体的な関係。内的なエコロジーは、その人と、思考、戦略、行動、能力、価値観、信念との間の総体的な関係をいう。あるシステムにおける構成要素が力学的にバランスを保っている状態。

キャリブレーション（Calibration）：前もって観察し調べておいた非言語的なシグナルを読むことによって、相手の心理状態に波長を合わせること。

顕在化（Elicitation）：言葉、行動、しぐさなどの刺激によって、ある状態を引き起こすこと。非言語的シグナルを直接観察したり、メタ・モデルを使った質問をしたりして、情報を集める。

状況《コンテクスト》（Context）：出来事が発生して、コンテンツに意味を与える際の設定、枠組み、プロセス。

内容《コンテンツ》（Content）：ある出来事の具体的な詳細。「何？」や「なぜ？」の答え。プロセスや構造と対をなす。

神経言語プログラミング（Neuro-Linguistic Programming）：卓越性の研究。体験の構築プロセス、主観的体験の構造を示すモデル。人間が、情報を処理しコード化し回収するために使っているさまざまな言語によって、まさに自らの神経の中に「考え - 感じる」プログラムや行動するプログラムをどう組み込んでいくかを示すモデル。

スイッシ（Swish）：基本的な変化の技法の一つ。問題状況の実体験のイメージを大きく近く描き、リソースフルな分離体験の自己イメージを遠く小さく描く。その二つのイメージを急速に入れ替えることで生成的な結果を手に入れることができる。

前提（Presupposition）：コミュニケーションが成立するために当然のこととされる考えや仮定。

戦略（Strategy）：目標を達成したり、ある体験を発生させたりするために、「思考 - 行動」を配列すること。直線的なＴＯＴＥモデルに整理できる主観性の構造。

対照分析（Contrastive Analysis）：望ましい状態（例えば「自信に満ちて集中している」）と問題の状態（「行き詰まって気が散っている」）の相違点（サブモダリティ、姿勢など）を比較し、構造を明らかにすること。

代表システム（Representation System）：感覚システム（視覚、聴覚、触運動覚、嗅覚、味覚）を使って情報を内的にコード化する方法。

タイムライン（Time-Line）：記憶や想像に関するイメージ、音、感覚をどう保存しているかを表わすメタファー。「時」の構造をコード化し処理する方法。

チャンキング（Chunking）：さまざまな段階やロジカル・レベルを上下して、認知を変化させること。チャンク・アップはあるレベルを上に移動することをいう（帰納する、帰納法）。これは抽象化を進める。チャンク・ダウンはあるレベルを下へ移動することをいう（演繹する、演繹法）。これは具体化を進める。

パート（Part）：何らかの重要な心理体験によって作り出されたサブパーソナリティで、無意識な部分。意識部分と縁のない分離した機能を持ち、ひとり歩きし始めている部分。内的不一致がある場合、個人内葛藤の原因となる。

ペース合わせ（Pacing）：相手の言葉遣いや信念、価値観、現在の体験などに合致することを話すことによって、相手の世界モデルに加わり、相手とのラポールを築いて維持すること。ラポールを築くために、きわめて重要な作業。

マップアクロス（Mapping Across）：対照分析を行ってサブモダリティなどを変化させ問題の状態からリソースフルな状態に移すこと。

未来ペース（Future Pace）：ある出来事を、それが起きる前に心の中で練習（リハーサル）するプロセス。達成した目標を確実に永続させるために欠かせないプロセスで、たいていのＮＬＰの介入がしばしば用いる重要なもの。

メタ（Meta）：～より上に、～を越えて、～に関して、上位レベルの、上位のロジカル・レベルの、ということ。

モデリング（Modeling）：他者がうまくやり遂げた活動や行動を観察して複製するプロセス。ある課題をやり遂げることを可能にした内的表象と行動の配列を見極めるプロセス。加速学習の基礎。

ラポール（Rapport）：相手と結びついているという感覚、友愛や信頼の感覚。ペース合わせ、ミラーリング、マッチングによって発生する。共感や知覚の第二ポジションの状態。

リソース（Resource）：目標を達成するために利用できるあらゆる媒体。生理、状態、思考、戦略、体験、人、出来事、富。

リフレーミング（Reframing）：ある準拠枠を使って、これまでとは違って見えるようにすること。これまでとは異なる視点から出来事や考えを提示することによって、それに別の意味を持たせること。コンテンツのリフレーミング（＝意味のリフレーミング）、コンテクストのリフレーミングがある。変化を起こすパターン。

監訳者あとがき

NLPに初めて接する方へ

ＮＬＰはあなたがどのように見たり、聞いたり、感じたり、また考えたりしているかを調べ、どうしたらもっと楽しく生きられるかを追求する技です。その中身は言われてみれば当然のことで、昔からの人間の知恵と一致することがたくさんあります。例えば本書のテーマであるサブモダリティもそのひとつです。

サブモダリティについて

モダリティというのは視覚、聴覚、触運動覚のことをいいます。それに「サブ」がついて、その内容を細かく分けて描写するのがサブモダリティです。例えば視覚なら明るさ、色彩、イメージ（例えばある人物）の形、大きさ、距離、方向、輪郭がはっきりしているか、動きがあるかなど。またある体験のイメージの中に自分の姿が見えるか（分離体験）、その体験にひたっている自分の目で見たことが見えるか（実体験）の区別もサブモダリティといいます。聴覚に関しては、音量、音源の方向、音源からの距離、音の高さ、声ならば誰の声か、音調、リズム、内的な（考える自分の）声などの区別があります。触運動覚（単に体感覚ともいいます）の区別では位置、圧力、範囲、肌触り、温度などです。

このような区別は誰でも日常経験していますが、そのことは普段意識していません。NLPはちょっと気がつかないが（気がついてみれば）常識的なことを意識して応用する技だといってもいいでしょう。

この本は初心者がNLPを学ぶための「裏技」に用いていただきたい本です。例えば中学生が理科の勉強のとき、ある教科書で勉強することを考えましょう。教科書は学習指導要綱に基づいて作られますが、教科書それぞれに発行者が先生向けに「指導書」を作ります。「指導書」には例えば、ある実験のとき生徒にはこういう点に注目させるとより理解させやすいなどのコツが書いてあります。もし生徒がたまたま「指導書」を授業を受ける前に読んでいたらどうでしょう。難しいと思っていた授業がすらすらとわかるかもしれません。

NLPの入門書は「読んだだけでは判らない」というのが今までの評価でした。しかし、本書が出てからは情勢が一変するでしょう。本書を丁寧に、アンドレアス夫妻の実際的な知恵とユーモアを味わいながら読んでください。その後で『NLPのすすめ』のような入門書を読んでください。もちろん料理の本を読んだからといってすぐに食卓にご馳走が並ぶわけではありません。NLPは日常生活で少しずつ上達する技なのですから自分の体験に生かしながら「上達すること」を楽しんでください。「NLP何時でも何処でも誰とでも」をモットーに！

NLPを体験したことのある方へ

アンドレアス夫妻はNLPの発展の初期段階に一般向けの書籍を次々に発表し、NLPの普及に大きな功績を残しています。一九七九年にNLPの創始者ジョン・グリンダーとリチャード・バンドラーのセミナーから*Frogs into Princes*『あなたを変える神経言語プログラミング』を編集したのを始めとして*Trance-Formations*『催眠誘導―エリクソン・メソード決定版』(一九八一年)*Refaming*『リフレーミング』(一九八二年)またバンドラーのサブモダリティに関するセミナーから*Using Your Brain for a Change*『神経言語プログラミング』(一九八五年)をそれぞれ編集しています。そして本書は自分たち自身が開いたセミナーをもとに一九八七年に出されたものです。さらにこの本の続編として*Heart of the Mind*『心の扉を開く』を一九八九年に出版しています。本書の訳出によってこれら六冊がすべて邦訳されたことになります。一九八〇年にはロバート・ディルツ、ジュディス・ディロージャとグリンダー、バンドラーの四人の共著*Neuro-Linguistic Programming: vol.1*(邦訳なし)が出版されています。この本の序文ではNLPこそは「主観の構造の研究をする行動科学の新しい分野である」という意味のことが高らかに宣言されています。そしてその興奮と期待がアンドレアス夫妻のセミナーにもまだ色濃く残っています。

もちろんNLPは科学でもあり、芸術でもありますから日々進歩を続け、それを用いる人の魂の中に育っていくものです。したがってこの本をお読みになって「具体的に」判ることは単なる第一歩にすぎません。この二〇年の間にＮＬＰの技法にもいろいろな工夫が加えられ、現に第一章のタイムラインにしても今はずいぶん違った応用法が行われるようになっています。しかし、そのことが本書のタイムラインの価値をいささかも貶めることにはなりません。この本で何よりもアンドレアス夫妻のセミナーの参加者との間の「息づかい」を行間から読み取ってください。必ずやあなたのＮＬＰ生活の向上に役に立つと信じます。

本書も前回手がけた『ＮＬＰハンドブック』とおなじく浅田仁子さんの翻訳によるものですが、監訳者としての負担は今までと比べて格段に少ないものでした。というのも浅田さんのＮＬＰに対する理解力には素晴らしいものがあり、その調査能力と相まって信頼しきっていられたからです。厚くお礼申し上げます。また春秋社の永田透さんには細心の気配りを頂いたことを深く感謝申し上げます。尚、アンドレアス夫妻のホームページwww.nlpco.comを開くと多くの小論文が見られます。本やＤＶＤの購入も可能です。是非ご参照ください。

橋本敦生

❖著者・訳者紹介

スティーブ&コニリー・アンドレアス

20余年間NLPの指導・開発に携わり、数多くの論文や書物を著してきた。世界有数のNLPトレーニング・センター“NLP Comprehensive”の創立者。共著には、ほかに『心の扉をひらく：神経言語プログラミング実践事例集』（東京書籍）、コニリーには、タマラ・アンドレアスとの共著『コア・トランスフォーメーション』（春秋社）がある。夫妻は編集者として、バンドラーの『神経言語プログラミング　頭脳を使えば自分も変わる』、バンドラー&グリンダーの『あなたを変える神経言語プログラミング』（東京図書）『リフレーミング』（星和書店）にも携わっている。

橋本敦生（はしもと・あつお）

1930年生まれ。横浜市立大学医学部卒。湘南内科医院前院長。内科医および心療内科医としてプライマリ・ケア、心身医療に励んでいる。著書に『用と遊ぶ』（日本医事新報社）、訳書にオコナー&セイモア『NLPのすすめ』（チーム医療）、監訳に『RESOLVE 自分を変える最新心理テクニック』『NLPハンドブック』『医療・看護・ケアスタッフのための実践NLPセルフ・コーチング』（春秋社）などがある。

浅田仁子（あさだ・きみこ）

お茶の水女子大学文教育学部文学部英文科卒。社団法人日本海運集会所勤務、BABEL UNIVERSITY講師を経て、英日・仏日の翻訳家に。訳書に、『ミルトン・エリクソンの催眠テクニックⅠ・Ⅱ』、『NLPヒーローズ・ジャーニー』（以上、春秋社）、『パクス・ガイアへの道』（日本教文社）、『強迫性障害の認知行動療法』、『セルフ・コンパッション［新訳版］』、『サイコロジカル・ファーストエイド　ジョンズホプキンス・ガイド』、『感じやすいあなたのためのスピリチュアル・セルフケア　エンパスとして豊かに生きていく』（以上、金剛出版）などがある。

こころを変えるNLP
—— 神経言語プログラミング基本テクニックの実践

2007年 2月1日 初 版第1刷発行
2024年 11月20日 新装版第1刷発行

著者 スティーブ・アンドレアス&コニリー・アンドレアス
監訳者 橋本敦生
訳者 浅田仁子
発行者 小林公二
発行所 株式会社 春秋社
〒101-0021 東京都千代田区外神田2-18-6
電話 03-3255-9611（営業）
03-3255-9614（編集）
振替 00180-6-24861
装丁 高木達樹
印刷 株式会社シナノ
製本 ナショナル製本協同組合

ISBN978-4-393-36070-5
https://www.shunjusha.co.jp/

定価はカバー等に表示してあります。